Eller, Strahm, Wombacher
Karriere mit Berufsbildung

Ea Eller, Rudolf H. Strahm, Jörg Wombacher

Karriere mit Berufsbildung

Warum der Arbeitsmarkt Fachkräfte mit Berufslehre am meisten begehrt
Ein Wegweiser zur Berufsbildung

Die technische Herstellung dieses Buches wurde von der
Fachhochschule Nordwestschweiz FHNW finanziell unterstützt.

Abbildung Umschlag: SVK

Ea Eller, Rudolf H. Strahm, Jörg Wombacher
Karriere mit Berufsbildung
Warum der Arbeitsmarkt Fachkräfte mit Berufslehre am meisten begehrt
Ein Wegweiser zur Berufsbildung
ISBN Print: 978-3-0355-1964-8
ISBN E-Book: 978-3-0355-1965-5

Bibliografische Information der Deutschen Nationalbibliothek:
Die Deutsche Nationalbibliothek verzeichnet diese Publikation
in der Deutschen Nationalbibliografie; detaillierte bibliografische
Daten sind im Internet über http://dnb.dnb.de abrufbar.

1. Auflage 2023
Alle Rechte vorbehalten
© 2023 hep Verlag AG, Bern

hep-verlag.ch

DIE MACHER UND MACHERINNEN DIESES BUCHES

Die Autorin und Autoren
(Curricula am Schluss des Buches)
Ea Eller
Rudolf H. Strahm
Jörg Wombacher

Der Verlagslektor
Christian de Simoni, Germanist

Der Buchgestalter und die Buchgestalterin
Joel Kaiser, Typograf
Barbara Büschi, Typografin

Der Korrektor
Frank Giesenberg, Philosoph, Germanist

Die Druckerin
Zdenka Šimková, Drucktechnologin

Die Werberin
Sonja Schneider, Marketingexpertin

VORWORT – IHR NUTZEN AUS DIESEM WEGWEISER

Die Wahl «Berufslehre oder Gymnasium» berührt das Leben junger Menschen geradezu existenziell und treibt auch ihre Eltern um. Eine solche Richtungswahl ist ein Schlüsselentscheid in jeder Familie mit Oberstufen-Kindern. Sie ist auch ein ständig neu diskutiertes Kernthema in der schweizerischen Bildungspolitik. Denn sie beeinflusst auch die Fachkräfteproblematik und die arbeitsmarktliche Zukunft des Landes.

Dieses Buch vermittelt als Ratgeber und Wegweiser verständliches Grundwissen zum schweizerischen Bildungssystem und zu den Bildungsentscheiden. Es ist von Praktikerinnen und Praktikern mit Erfahrung für Eltern, Lehrpersonen und Berufsberaterinnen verfasst. Und es dient ebenso den Berufsbildnerinnen, Berufsbildnern und Chefs und Chefinnen in den Lehrbetrieben.

Die duale schweizerische Berufslehre wird zwar allseits gelobt und als karrierefördernd und unentbehrlich für die Wirtschaft bewertet. «Dual» bedeutet die Kombination von betrieblicher Praxisausbildung und staatlicher Berufsfachschule. Doch in der Praxis des Richtungsentscheids «Berufslehre oder Gymnasium» gibt es viel Unkenntnis und Verunsicherung. Eltern mit akademischem Hintergrund, die die schweizerische Berufslehre und die arbeitsmarktlichen Realitäten nicht aus eigener Erfahrung kennen, drängen ihren Nachwuchs ins Gymnasium oder in die Kantonsschule.

Aber auch viele Eltern, die die Berufslehre früher durchliefen, wissen nicht, dass das Bildungssystem heute durchlässig ist nach dem Motto «Kein Abschluss ohne Anschluss». Und auch nicht, dass es karriereorientiert ausgestaltet ist.

Expats und Eltern mit Migrationshintergrund wiederum kennen die schweizerische Bildungssystematik nicht. Sie betrachten aus der Optik ihres Herkunftslandes allein das Abitur, das Baccalauréat oder andere Lyceumsabschlüsse als unerlässliche Vorbereitungen für die Berufskarriere. Gerade zu solchen Ansprüchen an das schweizerische Bildungssystem mit der unentwegten Forderung nach mehr Gymnasiumsklassen bringt dieser Wegweiser klärende Analysen.

Dieser vielseitige Akademisierungsdruck seitens der Bildungselite führt dazu, dass viele Jugendliche sich lustlos durchs Gymnasium quälen müssen und sich dabei von einem prekären Notendurchschnitt zum nächsten hangeln. Und nach der Maturität fühlen sie sich dennoch verloren in der Studienwahl. Es gilt die Faustregel, die wir in diesem Buch belegen, dass nur etwa die Hälfte jener Jugendlichen, die ins Untergymnasium eintreten, einen Bachelor-Abschluss an der Uni erreichen, der dann für sich oft nicht einmal arbeitsmarktbefähigend ist.

Wir zeigen auch, dass heute nach vielen universitären Abschlüssen eine feste Anstellung weniger garantiert ist als nach einer Berufslehre mit Weiterbildung. In aller Stille hat sich der Arbeitsmarkt gewandelt: Fachkräfte mit einer berufspraktischen Grundbildung (Berufslehre und danach Berufsmaturität und Fachhochschule oder auch Abschluss in Höherer Berufsbildung) werden heute in manchen Wirtschaftszweigen des privaten Arbeitsmarktes mehr begehrt als Diplomierte mit akademischem Abschluss.

Die schweizerische Berufsbildung fördert und qualifiziert neben der schulisch-kognitiven Wissensaneignung auch die praktische Intelligenz, also die Fähigkeit, Fachwissen in der Berufspraxis anwenden zu können. Und zudem vermittelt die Berufslehre «Soft Skills», also jene betriebliche Arbeitskultur, die von Exaktheit, Zuverlässigkeit, Termintreue, Verantwortungsbewusstsein und Teamfähigkeit geprägt ist. Aus all diesen Gründen hat die Schweiz mit dem System der dualen Berufsbildung und verglichen mit den andern Berufsbildungsländern die tiefste Jugendarbeitslosigkeit und gleichzeitig die höchste wirtschaftliche Performance.

In diesem Buch stellen wir die Berufswahlentscheide in einen Beurteilungsraster. Eine erfahrene Berufsberaterin aus unserem Autorenteam zeigt die Tücken und Probleme der oft schwierigen Berufswahlentscheide. Sie geht auf die Fragen ein, die sich Eltern und Lehrpersonen beim Richtungsentscheid «Berufslehre oder Gymnasium» stellen müssen. Sie zeigt auch, welche Kriterien in der Szene der Berufs- und Laufbahnberatung angewandt werden. ▶ **Erstes Kapitel**

Das heutige Berufsbildungssystem mit seiner Durchlässigkeit und den zahlreichen Karrieremöglichkeiten mit Berufsmaturität, Höherer Berufsbildung, Höheren Fachschulen und Fachhochschulen wird von einem erfahrenen Ökonomen beschrieben, der bei der Berufsbildungsreform hautnah mitgewirkt hatte. Auch die heutigen Institutionen der dualen Ausbildung mit der Kombination von betrieblicher Lehre und staatlicher Berufsfachschule und deren Anforderungen werden beschrieben. ▶ **Zweites Kapitel**

Wir zeigen mit Statistiken die heutigen Karrierechancen im schweizerischen Arbeitsmarkt. Wir spüren zweifellos einen Fachkräftemangel bei ausgewählten akademischen Mangelberufen wie Ärzten, Informatikern, Ingenieuren (MINT-Berufe). Aber zahlenmässig noch dringender zeigt sich der Fachkräftebedarf besonders bei jenen, die eine Berufslehre absolviert und danach eine Höhere Berufsbildung oder eine Fachhochschule durchlaufen haben. Der Ärztemangel in den Spitälern wird heute überlagert durch den Mangel an diplomierten Pflegefachpersonen aller Stufen. Der Ingenieurmangel in der Energieszene wird überlagert durch den der Monteure und Installateure in Gebäudetechnik. Der Wirtschaft fehlen die Techniker, Teamchefs und mittleren Kader mit Berufslehre und Weiterbildungen.

Es zeigt sich auch, dass die Digitalisierung der Wirtschaftswelt gerade nicht nur auf der akademischen Bildungsstufe, sondern bei fast allen Berufen und in allen Berufsfeldern gefragt ist. Die sich stets wandelnden digitalen Kompetenzen lassen sich nicht ein für alle Mal in einer Grundbildung oder einem Grundstudium erwerben. In den nächsten Jahrzehnten sind neue, heute noch nicht entwickelte Digitaltechniken auf allen Stufen gefragt, und deshalb erhält die fachspezifische Weiterbildung im Sinne des lebenslangen Lernens immer grössere Bedeutung. ▶ **Drittes Kapitel**

Fachhochschulen gelten heute als Königsweg der Fachkräfte-Ausbildung für die Wirtschaft. Ein Fachhochschuldozent in unserem Autorenteam beschreibt die spezifischen Anforderungen und er erklärt die Reform-Baustellen in den Fachhochschulen. Er thematisiert auch den Zugang zu den Fachhochschulen und deren schwierige Position zwischen Universitäten und Höheren Fachschulen. ▶ **Viertes Kapitel**

Die Schweiz ist im internationalen Performance-Vergleich unter den reichsten westlichen Industriestaaten geradezu «unanständig» konkurrenzfähig. Dies trotz hoher Löhne und Preise. Anhand eines Bündels von Wirtschaftsindikatoren werden hier internationale Performance-Vergleiche mit Grafiken präsentiert. Die Länder Europas, die eine duale Berufslehre kennen, stehen meist in der industriellen Konkurrenzfähigkeit an der Spitze. Wir präsentieren hier aktualisiert jene Vergleichsindikatoren, die wir zuvor in einem für China publizierten Buch zum schweizerischen Berufsbildungssystem mit dem Titel 有教无类, 因材施教. 瑞士双轨制职业教育体系 zusammengestellt hatten. ▶ **Fünftes Kapitel**

Das Bildungssystem muss sich wandeln und weiterentwickeln. Im sechsten Kapitel beschreiben wir die wichtigsten Baustellen der schweizerischen Berufsbildungspolitik und besprechen die Reformanforderungen an das Berufsbildungssystem. ▶ **Sechstes Kapitel**

Wenn wir dieses Buch vor allem auf das Berufsbildungssystem und dessen Institutionen und Weiterbildungsstufen fokussieren, heisst das nicht, dass wir den akademischen Bildungsweg der gymnasialen Maturität zur Universität abwerten. Wo Jugendliche stark sind in der Schule und gerne weitere Jahre zur Schule gehen, sollen sie für den gymnasialen Weg gefördert werden. Wir widersetzen uns aber jener elitären Bildungsdoktrin, die eine «Matura für alle» propagiert oder die Digitalisierung zur Rechtfertigung für eine Akademisierung nach dem Muster der lateinischen und südeuropäischen Länder benützt.

Ein Wort zur gewählten Sprache in diesem Buch. Dieser Wegweiser soll auch ausserhalb der pädagogischen Fachkreise verstanden werden. Wir benutzen deshalb die traditionellen umgangssprachlichen Ausdrücke wie «Berufslehre» oder «Lehrling» gleichwertig wie die neugesetzlichen Begriffe «berufliche Grundbildung» und «Lernende» gemäss Berufsbildungsgesetz BBG. Die wissenschaftlichen und statistischen Quellen benennen wir nur dort, wo es um die Daten der Grafiken und wichtige Zitate geht. In einem kleinen Serviceteil verweisen wir auf wichtige Adressen und Links. Auf weiterführende Literatur verweisen wir in jedem Kapitel. Bei den genderspezifischen Bezeichnungen halten wir uns in der Regel an die Empfehlungen der Erziehungsdirektoren-Konferenz EDK.

Wir hoffen, mit diesem Wegweiser zu einer fruchtbaren Diskussion über die Berufsbildung und die Akademisierungstendenzen im Lande beizutragen. Und wir möchten damit auch allen Lehrpersonen, Berufsbildnern, Ausbilderinnen, Berufsberatenden, interessierten Eltern und natürlich auch allen Lernenden zu mehr Selbstvertrauen verhelfen. Kurz, wir möchten dem schweizerischen Berufsbildungssystem, das unser Land reich machte, zu jener gesellschaftlichen Bedeutung verhelfen, die es verdient.

Ea Eller, Rudolf Strahm, Jörg Wombacher

Bern und Basel, im März 2023

INHALTSVERZEICHNIS

	Abkürzungsverzeichnis	12
1	Wie weiter nach der Schule: Berufslehre oder Gymnasium? Ea Eller	15
2	Wie das Berufsbildungssystem in der Schweiz funktioniert – und warum es funktioniert Rudolf H. Strahm	45
3	Wie die Wirtschaft die Berufspraxis bevorzugt Rudolf H. Strahm	95
4	Mit Lehre zum Studium Jörg Wombacher	129
5	Bildungssystem und Stärken des Wirtschaftsstandorts Schweiz Rudolf H. Strahm	159
6	Wie das Berufsbildungssystem weiterentwickelt wird Ea Eller, Rudolf H. Strahm	183
	Die Autoren	202

ABKÜRZUNGSVERZEICHNIS

ABU	Allgemeinbildender Unterricht während einer beruflichen Grundbildung (EBA und EFZ)
BBG	Berufsbildungsgesetz
BBS	Bildungsbericht Schweiz
BFS	Bundesamt für Statistik
BIZ	Berufsinformationszentrum, in jedem Kanton vorhanden
BM	Berufsmaturität, parallel oder nach einer EFZ-Ausbildung machbar
BMS	Berufsmaturitäts-Schule
BP	Berufsprüfung, ein Weiterbildungsabschluss
BRIC	Brasilien, Russland, Indien, China
BSc/BA	Bachelor of Science, Bachelor of Arts, erster Abschluss auf FH/PH/Uni/ETH-Stufe
EBA	Eidgenössisches Berufsattest, nach Abschluss einer 2-jährigen beruflichen Grundbildung
EDK	Erziehungsdirektoren-Konferenz der Kantone
EFZ	Eidgenössisches Fähigkeitszeugnis, nach Abschluss einer 3- oder 4-jährigen beruflichen Grundbildung
EHB	Eidgenössische Hochschule für Berufsbildung
EQR	Europäischer Qualifikationsrahmen
ETH	Eidgenössische Technische Hochschule
EU	Europäische Union
Eurostat	Statistiksystem der Europäischen Union (Statistk Schweiz ist beteiligt)
FaGe/FaBe	Fachangestellte Gesundheit/Betreuung
FH	Fachhochschule
GfS	Gesellschaft zur Förderung praktischer Sozialforschung (Marktforschung)
HBB	Höhere Berufsbildung, umfasst BP, HFP und HF
HF	Höhere Fachschule, eine längere Weiterbildung nach beruflicher Grundbildung.
HFP	Höhere Fachprüfung, ein Weiterbildungsabschluss
ICT /IKT	Informations- und Kommunikationstechnologie, Branchenbezeichnung
IMX	International Management Development Institute
INSOS	Branchenverband der Dienstleister für Menschen mit Behinderung
Invol	Integrations-Vorlehre
KMU	Kleinere und mittlere Unternehmen in der Schweiz (< 250 Mitarbeitende)

KV	Kaufmännischer Verein, umgangssprachlich Synonym für eine berufliche Grundbildung im kaufmännischen Bereich.
LENA	Lehrstellennachweis der Kantone, zu finden auf berufsberatung.ch
MINT	Mathematik, Informatik, Naturwissenschaft und Technik
MSc/MA	Master of Science, Master of Arts, zweiter Abschluss auf FH/PH/Uni/ETH-Stufe
NQR	Nationaler Qualifikationsrahmen
OdA	Organisation der Arbeitswelt (Verbände Arbeitgeber und Arbeitnehmer)
OECD	Organisation für wirtschaftliche Zusammenarbeit und Entwicklung
PH	Pädagogische Hochschule
PPP	Public-Private-Partnership
PrA	Praktische Ausbildung nach INSOS
QV	Qualifikationsverfahren zum Abschluss der beruflichen Grundbildung
RAV	Regionale Arbeitsvermittlung, die Aussenstelle der Arbeitslosenversicherung
SBFI	Staatsekretariat für Bildung, Forschung und Innovation
Seco	Staatssekretariat für Wirtschaft
SKBF	Schweiz. Koordinationsstelle für Bildungsforschung
ÜK	Überbetriebliche Kurse im Rahmen einer beruflichen Grundbildung
VA	Vorläufig aufgenommene Migrationspersonen
WEF	World Economic Forum
ZGB	Zivilgesetzbuch

1

Wie weiter nach der Schule: Berufslehre oder Gymnasium?

Wegweiser für die Berufswahl

Sie finden in diesem Kapitel Antworten auf folgende Fragen:

A   Was passiert nach der Schule?

B   Wer begleitet auf dem Weg zu einer ersten Berufsentscheidung?

C   Welche Möglichkeiten gibt es nach der obligatorischen Schulzeit?

D   Was ist richtig, falsch oder passend?

E   Wie das Richtige finden?

F   Was ist das ideale Timing für den Ablauf?

Wegweiser für die Berufswahl

Wie gehts weiter, nach der Schule? Jedes Jahr endet für rund 85 000 Jugendliche in der Schweiz die obligatorische Schulzeit. Diese Jugendlichen stehen an einem entscheidenden Punkt: Ein neuer Abschnitt in ihrem Leben beginnt. Die erste grosse Berufsentscheidung steht an. Und das in einem Alter, das alles andere als einfach ist.

Welche gesellschaftlichen Normen spielen in diesen Entscheid hinein? Welche Erwartungen müssen erfüllt werden? Welchen Einfluss haben zum Beispiel die Eltern auf ihre Kinder? Dieses Kapitel handelt vom Einfluss der Erziehungsberechtigten und erklärt, welche weiteren Akteure an diesem Prozess beteiligt sind. Es ist heute ein gut eingespieltes System aus Schule und Berufsberatungen, welches den Jugendlichen Unterstützung und Begleitung anbieten kann.

Damit ein guter Entscheid getroffen werden kann, wird differenziert, was die verschiedenen Auswahlmöglichkeiten voneinander unterscheidet – denn Vor- und Nachteile gibt es bei allen Optionen, sie werden individuell aber sehr unterschiedlich bewertet.

Diese Kapitel bietet ausserdem Hilfestellung für alle Beteiligten, indem es aufzeigt, wie man das Passende finden und Schritt für Schritt dem Entscheid näherkommen kann. Ein ungefährer Fahrplan wird aufgezeigt und auch dem Umgang mit Absagen und Entscheidungsschwierigkeiten wird Platz eingeräumt.

Die grosse Freiheit nach der Schule?
Die obligatorische Schulzeit lässt kaum Raum für eigene Entscheidungen. Die Schulfächer werden von einem Lehrplan definiert, die Teilnahme ist obligatorisch. Und dann plötzlich, zu ihrem Ende, steht für die Jugendlichen eine erste grosse Entscheidung an. Und eine, die man auch noch selbst verantworten muss. Eine solche Verantwortung für sein Leben zu übernehmen, ist schon für erwachsene Menschen nicht einfach. Ganz besonders schwierig ist sie aber für Jugendliche, denen bisher immer das Systeme (die Schule) oder Erwachsene (die Eltern oder Erziehungsberechtigten) alles vorgegeben haben.

Aber auch der Zeitpunkt der Entscheidung (und alle Schritte, die davor nötig sind) ist herausfordernd. All das muss nämlich passieren, während die Jugendlichen noch in der Schule sind, und somit noch ganz andere Erwartungen auf ihnen lasten. Sie müssen neuen Schulstoff lernen, sich mit ungeliebten Fächern herumschlagen, Prüfungen bestehen, sich im Klassenverband zurechtfinden, Freundschaften knüpfen und Erlebnisse mit anderen sammeln.

Gleichzeitig befindet man sich, im Alter von ungefähr 14 Jahren, mitten in der Pubertät – das Gehirn wird gerade grundlegend umgebaut. Die Wichtigkeit der Eltern als Bezugspersonen nimmt langsam ab, die Wichtigkeit der Gleichaltrigen nimmt langsam zu und trotzdem ist man noch nicht volljährig und damit unabhängig. Dieser Prozess läuft meistens nicht ohne Störgeräusche ab, er stellt das Leben ziemlich auf den Kopf.

Da erstaunt es nicht, dass auch Eltern und Erziehungsberechtigte sich nicht selten schwer damit tun, ihrem Kind diesen Entscheid zu überlassen. Schliesslich ist man (zumindest formal) ja auch noch verantwortlich und möchte nur das Beste für sein Kind.

Für die Jugendlichen selbst stellen sich vor dieser ersten grossen Entscheidung viele verschiedene Fragen. Was geschieht, wenn meine Vorstellung gar nicht so einfach umzusetzen ist? Was, wenn meine Noten dafür nicht reichen? Was ist, wenn die Arbeitswelt oder die gewählte weiterführende Schule nicht so ist, wie ich sie mir vorgestellt habe? Was passiert, wenn die Arbeitswelt sich verändert und mir das in zehn Jahren alles nichts mehr nützt? Was ist, wenn meine Eltern oder Freunde meine Wahl nicht verstehen? Was, wenn meine Familie sich meinen Wunsch nicht leisten kann? Was kann ich tun, wenn ich mich nicht bereit fühle, jetzt zu entscheiden? Was ist, wenn ich mir gar nicht sicher genug bin, was ich will? Und was passiert eigentlich ganz generell, wenn ich mich falsch entscheide?

Die Wahl ist zudem auch gar nicht so frei, wie sie den Anschein macht. Formal existieren zwar ungefähr 250 verschiedene Angebote (Lehrberufe oder weiterführende Schulen). Auf der individuellen Ebene gibt es jedoch viele Faktoren, die die Wahlfreiheit einschränken. Die Schulnoten und das Schulniveau sind die offensichtlichsten Einschränkungen – je nach Noten und Niveau fallen gewisse Wahlmöglichkeiten als erster Schritt nach der Schule weg. Auch persönliche Eigenschaften schränken die Wahl ein: Stärken, Schwächen, Interessen, Persönlichkeitseigenschaften etc. passen nicht zu allen Möglichkeiten.

Der Arbeitsmarkt und das Angebot an Lehrstellen sind zudem regional sehr heterogen. Gewisse Berufslehren sind in Teilen der Schweiz für viele Jugendliche zugänglich, in anderen Regionen gibt es wenige bis keine Lehrstellen. Es gibt Branchen, die nicht sehr viele Lernende ausbilden oder sehr begehrt sind, so dass es nicht einfach ist, dort unterzukommen. Gleiches gilt für die schulischen Wege – nicht alle Schulen oder Schultypen sind überall in der Schweiz zu finden, nicht alle Kantone pflegen die gleichen Strukturen.

Dass sich die Jugendlichen und Eltern oft ein bisschen überfordert fühlen von der Gesamtsituation, ist daher kein Wunder: viele Anforderungen treffen auf viele Unsicherheiten.

Zum Glück steht der Entscheid nicht von einem Tag auf den anderen an. Und die weitere gute Nachricht: Man wird begleitet in diesem Prozess.

Die Begleiterinnen: Wer kann mithelfen auf dem Weg der Entscheidungsfindung?
Damit man sich sicher sein kann, richtig zu entscheiden, braucht es Vorbereitung. Verschiedene Begleiterinnen machen den Weg der Entscheidungsfindung weniger einsam. Dabei haben unterschiedliche Begleiterinnen unterschiedliche Kompetenzen und nehmen entsprechende Rollen ein.

Die Schule

Die Rolle der Schule hat sich im Bereich «Berufswahl» in den letzten Jahren stark verändert. Das Fach «berufliche Orientierung» wurde obligatorisch in den Lehrplan aufgenommen – und damit haben die Jugendlichen aller Niveaus in der Sekundarstufe mindestens eine Jahreslektion Unterricht, der sich um Berufsthemen dreht. In der Regel wird dieses Fach von einer Lehrperson betreut, die sich in ihrer Ausbildung dafür vorbereitet hatte. Es werden zahlreiche Methoden und Mittel eingesetzt wie Führen eines Berufswahltagebuchs, Vorstellung verschiedener Berufe oder Berufsfelder, Firmenbesuche, BIZ-Besuch, Üben eines Bewerbungsschreibens und so weiter. In einigen Kantonen wird das Fach mit je einer Wochenstunde von der 7. bis 9. Klasse behandelt, in anderen Kantonen nur in der 8. Klasse.

Inhaltlich geht es darum, die Jugendlichen in ihrem Prozess der Wahl ihrer zukünftigen Bildungs- und Berufsziele zu unterstützen und anzuleiten. Wie dies inhaltlich umgesetzt wird, ist von Kanton zu Kanton unterschiedlich. Die Jugendlichen knüpfen im Unterricht Kontakte zur Arbeitswelt, sie lernen verschiedene Ausbildungen und Berufe kennen (über Vorträge, Recherchen im Internet, Besuche von Betrieben etc.), werden darauf vorbereitet, dass sie sich bewerben müssen (Wie schreibt man ein Bewerbungsschreiben? Was ist ein Lebenslauf?).

Die verwendeten Lehrmittel sind ähnlich aufgebaut. Die Jugendlichen lernen sich selbst und ihre Möglichkeiten besser kennen und erhalten Information und Anleitung zu Bewerbungen, Schnupperlehren und Vorstellungsgesprächen Den Lehrpersonen ist es ein Anliegen sicherzustellen, dass alle in der Klasse eine Anschlusslösung finden. Dabei kann eine Lehrperson begleiten und anleiten, vor allem im Klassenverband. Wenn es Schwierigkeiten gibt oder Unsicherheiten entstehen, kann sie auch an weitere Stellen verweisen (zum Beispiel die Berufsberatung).

Die Lehrpersonen legen zudem Wert darauf, dass die Jugendlichen selbst einschätzen können, was zu ihnen passen könnte.

Die Eltern oder Erziehungsberechtigten

Aus der Forschung wissen wir: Die Eltern sind nachweislich die wichtigsten Begleiter im Berufswahlprozess *(siehe Neuenschwander, Stamm)*. Sie

1.1

Wer die Wahl «Gymnasium oder Berufslehre» am stärksten beeinflusst

Akteure beim Richtungsentscheid nach der obligatorischen Schule.

1. Eltern/Herkunft
Einstellung der Eltern zur Berufslehre
Hohe Bildung/Bildungsferne
Kenntnis des CH-Berufsbildungssystems

2. Lehrperson Oberstufe
Persönliche Beziehung zum Schüler
Beurteilungsvermögen
Kenntnis des Bildungssystems
Fach «Berufliche Orientierung»

Berufswahlentscheid

3. Berufsberater/Coaching
Personenbezogene Beratung
Kenntnisse der Berufe und des Bildungssystems
Individuelles Coaching/Mentoring

4. Betriebe/Schnuppereinsätze
Image des Berufs/der Branche
Zulassung zu Schnuppereinsätzen
Kontakte zu BIZ und Schulen

Quelle: Markus P. Neuenschwander et al.: Schule und Beruf © Strahm

sind die wichtigsten Gesprächspartner der Jugendlichen und auch aus rechtlicher Sicht in der Pflicht als Verantwortliche für die Erstausbildung ihres Kindes. Wie sich die Rolle der Eltern im Berufswahlprozess ausgestaltet, ist unterschiedlich, je nach Situation, vorhandenen Ressourcen und Beziehung zueinander.

Viele Eltern stellen sich die Frage: Was können wir tun, damit wir unser Kind gut unterstützen? Es gibt eine ganze Reihe an Möglichkeiten, was hilfreiche Unterstützung sein kann:

- *Zeit nehmen:* Die Berufs- oder Schulwahl ist ein Prozess, das Thema wird sich nicht innert zwei Wochen lösen lassen. Wenn man sich bewusst ist, dass ein solcher Prozess Zeit braucht, kann man sich auch

Zeit nehmen, an den verschiedenen Fragen und aktuellen Schritten dranzubleiben. Die Vorbereitungen auf die Wahl passieren teilweise schon recht früh; bereits in der 7. Klasse wird Berufswahl in der Schule zum Thema – obwohl der definitive Entscheid erst später folgt. Aber diese Vorlaufzeit ist wichtig, um langsam dem Entscheid näher zu kommen.

- *Sich informieren:* Die Berufs- und Schulwelt hat sich verändert, seit die Eltern selbst vor der ersten grossen Wahl standen. Neue Berufe sind entstanden, neue Schulen haben sich etabliert, gewisse Branchen haben sich grundlegend geändert. Als Eltern kann man sich einen Überblick über das Angebot und die jeweiligen Vor- und Nachteile verschaffen. Das Internet, die Berufsberatung und die Schulunterlagen der Jugendlichen sind gute Quellen.
- *Strukturieren helfen:* Die Berufs- oder Schulwahl ist für Jugendliche eine schwer zu überblickende Aufgabe. Eltern können behilflich sein, eine Struktur zu finden und den ganzen Prozess in kleinere Teilschritte zu unterteilen – zum Beispiel abzumachen, dass für die nächsten Ferien eine Schnupperlehre organisiert werden sollte. Damit wird der Prozess fassbarer und lösbarer. Es ist auch spannend zu hören, was in der Schule gerade behandelt wird, damit man die familieninternen Schritte mit dem, was in der Schule passiert, abgleichen kann.
- *Über Berufliches sprechen:* Das Thema Arbeit und Beruf wird in dieser Zeit wichtiger. Eltern können auch vom eigenen Beruf erzählen, vom eigenen Werdegang und von den eigenen Wünschen. Dies hilft, eine realistische Vorstellung davon zu entwickeln, was «Arbeiten» eigentlich heisst und wie andere Menschen diesen Entscheidungsprozess gemeistert haben.
- *Fremdeinschätzungen abgeben:* Was man besonders gut kann oder wo die Talente und Stärken liegen, ist für Jugendliche teilweise noch schwer zu beantworten. Eltern und weitere Bezugspersonen kennen die Jugendlichen aus einem anderen Kontext als der Schule – und können so wertvolle Inputs beisteuern, wo Talente liegen oder Stärken sind.
- *Kontakte vermitteln:* Aus dem eigenen Familien-, Freundes- oder Bekanntenkreis können sich über Kontakte gute Gelegenheiten für

Schnupperlehren ergeben – so kann man mithelfen, Einblicke zu erhalten. Auch Schnuppertage bei Bekannten oder erste Gespräche sind hilfreich.
- *Offenheit:* Was die Wünsche der Jugendlichen sind und welche Traumberufe sie auch haben – vielleicht gibt es noch Alternativen, die man nicht kennt, oder andere Wege, um zum Ziel zu kommen. Eltern können diese Offenheit fördern, wenn sie selbst auch offen bleiben.
- *Unterstützen und ermutigen:* Der Prozess kann lang und manchmal steinig sein – auch Absagen und Misserfolge kommen oft vor – und dies ist schmerzhaft. Eltern können in solchen Phasen Mut machen und dazu ermutigen, trotzdem weitere Schritte zu unternehmen und auch bei Schwierigkeiten dran zu bleiben.

Zwei Punkte sind in Bezug auf die Rolle der Eltern wichtig zu erwähnen:

Begleiten heisst nicht selbst machen: Eltern, die für ihre Kinder in einem Lehrbetrieb anrufen oder gleich Bewerbungen schreiben – das kommt in den meisten Fällen nicht gut an. Die Jugendlichen müssen langsam selbständig werden. Das heisst auch, dass sie Dinge anders machen, als die Eltern sich das vorstellen, oder länger dafür brauchen. Das ist nicht einfach auszuhalten, die Rolle der Eltern verändert sich aber, das Kind wird immer selbstständiger und soll diese Schritte selbst erledigen können.

Eltern und Jugendliche sind sich nicht immer einig: Die Wünsche der Eltern und die Interessen der Jugendlichen können sich unterscheiden. Das ist auch in Ordnung so. Wichtig ist es, trotzdem im Gespräch zu bleiben. Was erhoffen sich die Jugendlichen von ihrer Wahl? Warum haben die Eltern andere Ideen? Was spricht dafür oder dagegen? Gibt es vielleicht noch Alternativen? Im Zweifelsfall hilft vielleicht auch das Gespräch mit anderen Personen, seien es Freunde, Bekannte oder Fachpersonen wie die Berufsberatung.

Die Berufsberatung
Wenn der Berufs- und Schulwahlprozess ins Stocken gerät, kann man sich in allen Kantonen kostenlos an die Berufsberatung wenden. Die spezifisch ausgebildeten Fachleute können in einer solchen Situation als

Aussenstehende neue Inputs bieten, was meistens viel Bewegung in den Prozess bringt.

Der Vorteil liegt darin, dass die Berufsberatenden neutrale Personen sind. Neutral heisst: Sie haben keine Meinung, welcher Weg «der Beste» ist, sondern sind daran interessiert, individuell die bestpassende Lösung zu finden. Sie kennen die Arbeits- und Ausbildungswelt, verschiedene Alternativen und auch ungewöhnliche Wege und Varianten, es ist schliesslich ihr Job, sich jeden Tag damit auseinanderzusetzen.

Das kann Inputs bringen, an die bisher noch niemand gedacht hat, oder Vorurteile entkräften, die auf verschlungenen Wegen entstanden sind.

Zudem sind die Fachleute der Berufsberatung psychologisch geschult und können auf viele Hilfsmittel und diagnostische Verfahren zurückgreifen. Mit dem Einsatz von Testverfahren entstehen zusätzliche Erkenntnisse, die auf dem Weg zum Entscheid weiterhelfen.

Manchmal ist es hilfreich zu wissen, dass sich eine Fachperson Zeit nimmt, die Lage in Ruhe zu besprechen, nachzufragen und gemeinsam Schritte festzulegen, wie es weitergehen könnte.

Wer also unsicher, unentschieden oder unter Druck geraten ist, eine neue Perspektive braucht, eine Sicht von aussen oder schlicht die Zeit und den Raum, um sich mit sich selbst und den Möglichkeiten auseinanderzusetzen, kann von der Berufsberatung profitieren. Die Services sind in der ganzen Schweiz für die Jugendlichen kostenlos.

Nicht alle Jugendlichen kommen im Berufswahlprozess mit der Berufsberatung näher in Kontakt. Die meisten Jugendlichen haben aber Berührungspunkte: Sie sind vielleicht im BIZ und benutzen die Infothek, sie haben ein kurzes Gespräch im Rahmen einer Schulhaussprechstunde oder besuchen zusammen mit den Eltern eine Infoveranstaltung.

Indirekt hat die Berufsberatung mit der Schule zusammengearbeitet (Absprachen mit den Schulen, Organisation von Infotagen, Weiterbildungen für die Lehrpersonen, Konferenzen mit den Lehrpersonen), damit möglichst viele Bausteine gut aufeinander abgestimmt sind.

Reflexionsfragen für Eltern, Lehrpersonen und Berufsberatende

Bei Begleitprozessen lohnt es sich, seine eigenen Bilder und Vorstellungen genauer anzuschauen – damit man merkt, welche bisher vielleicht unbewussten Ideen, Vorstellungen oder auch Vorurteile man hat. Hier sind Fragen zusammengetragen, die diese Reflexion unterstützen.

Wie erlebe ich Arbeit? Ist Arbeit für mich das Gleiche wie Erwerbsarbeit? Macht mir arbeiten Freude? Würde ich lieber etwas anderes machen? Falls ja: Warum? Falls nein: Warum nicht?

Wie sieht meine Berufswahl-Biografie aus? Welche Ausbildung(en) habe ich gemacht? Warum? Welche hätte ich gerne gemacht? Warum? Welche habe ich ausgeschlossen? Warum?

Wie hat sich mein Berufsweg entwickelt? Warum habe ich in den jeweiligen Situationen so entschieden – und nicht anders? Welche Alternativen hätte es gegeben? Welche Faktoren und Personen haben für mich eine Rolle gespielt?

Wenn ich in der heutigen Welt und in der jetzigen Situation wieder 14 Jahre alt wäre – was könnten für mich interessante Optionen sein? Warum sind für mich gewisse Optionen interessanter als andere?

Habe ich eine eigene Meinung dazu, welche Wege und Möglichkeiten für wen passend sind? Hat der Charakter der Person einen Einfluss – und wenn ja, welchen? Hat das Geschlecht der Person einen Einfluss – und wenn ja, welchen? Hat die Herkunft der Person einen Einfluss – und wenn ja, welchen? Hat das Schulniveau der Person einen Einfluss – und wenn ja, welchen? Welche Wege oder Ausbildungen kann ich aus vollem Herzen empfehlen? Welche nicht?

Wie erlebe ich den Zusammenhang von Arbeitsinhalten und Arbeitsumfeld? Ist mir das eine wichtiger als das andere? Gibt es weitere Faktoren, die für mich wichtig sind?

Was hat mein persönlicher Weg damit zu tun, was ich anderen Menschen wünsche? Welche Erfahrungen im beruflichen Kontext haben mich geprägt? Habe ich Vorbilder, was berufliche Biografien angeht? Welche und warum?

Die Möglichkeiten: Was gibt es überhaupt nach der Schule?
Wer nach der obligatorischen Schulzeit vor der Wahl steht, hat in der Schweiz viele verschiedene Optionen zur Verfügung.

Für einen direkten Anschluss gibt es einerseits die Möglichkeit einer beruflichen Grundbildung (auch Lehre genannt, EBA oder EFZ). Je nach Beruf und Region sind sie unterschiedlich gut verfügbar. Auch die Anforderungen, sowohl schulisch wie persönlich, sind sehr verschieden. Es gibt nebst den klassischen Lehren in einem Betrieb auch teilweise die Option, die Lehre in einer Schule zu machen, verbunden mit einem längeren Praktikum (z. B. WMS – Wirtschaftsmittelschule – entspricht einer kaufmännischen Grundbildung).

Eine berufliche Grundbildung kann bei guten Schulleistungen mit einer *Berufsmaturität* (BM) kombiniert werden. In vielen Berufen gibt es die Möglichkeit, die BM parallel zur Grundbildung zu machen (BM1), man erhöht dadurch den Schulanteil während der Ausbildung. Ist eine parallele BM nicht möglich, kann man diese auch nach Abschluss der Grundbildung noch anhängen (BM2) – in Vollzeit oder Teilzeit. Die BM öffnet den Zugang zum Studium an einer Fachhochschule. Via Passerelle (Ergänzungsprüfung gymnasiale Maturität) öffnet man sich den Weg an die Universitäten und ETH.

Auch verschiedene schulische Optionen sind wählbar, wenn die Noten genügen. Ein *Gymnasium* oder eine *Fachmittelschule* sind allgemeinbildende Schulen. Die Fachmittelschule ist fachlich auf ein Gebiet orientiert (Profile sind Gesundheit oder Gesundheit/Naturwissenschaften, Soziale Arbeit, Pädagogik, Kommunikation und Information, Gestaltung und Kunst, Musik und/oder Theater). Sie zielen darauf ab, im gewählten Fachbereich eine weitergehende Ausbildung anzuschliessen. Mit Abschluss der Fachmittelschule steht der Weg an eine höhere Fachschule offen, mit Abschluss der Fachmaturität zusätzlich auch der Weg an eine Fachhochschule.

Das *Gymnasium* ist allgemeinbildend mit einem Schwerpunkt. Die Wahl des Schwerpunktes hat keine direkten Auswirkungen auf die Anschlüsse nach dem Abschluss. Die gymnasiale Maturität eröffnet den direkten Zugang zu allen Studiengängen an den Universitäten, einzig bei Medizin und Sportwissenschaften gibt es zusätzliche Aufnahmeprüfungen. Die Wahl des Schwerpunktes während des Gymnasiums ist die Möglichkeit, die eigenen Neigungen und Interessen bereits zu vertiefen. Wer naturwissenschaftlich-technisch interessiert ist, wählt vielleicht schon am Gymnasium einen mathematischen oder naturwissenschaftlichen Schwerpunkt; das macht den späteren Anschluss in ein entsprechendes Studium ein bisschen angenehmer – zwingend ist es nicht. Mit einem anschliessenden Praktikumsjahr, im anvisierten Fachbereich, kann man nach der gymnasialen Matura auch an einer Fachhochschule mit prüfungsfreiem Zugang studieren.

Brückenangebote, Vorkurse, Praktika
Wem der direkte Übertritt nach der obligatorischen Schule in eine Grundbildung oder eine weiterführende Schule ein zu grosser Schritt ist, wer keine Anschlusslösung gefunden hat oder noch schulische Lücken schliessen möchte, hat wiederum verschiedene Möglichkeiten.

Je nach Kanton gibt es verschiedene offizielle Angebote (Brückenangebote, Vorkurse, Vorlehren, SeMo – die Begriffe variieren). Neben der Anmeldeprozedur und den Voraussetzungen variieren auch die Angebote von Kanton zu Kanton.

Auch verschiedenste Zwischenlösungen, unabhängig vom kantonalen Angebot, sind je nach finanzieller Situation denkbar: ein Praktikum, ein Sprachaufenthalt, ein Au-pair-Aufenthalt oder eine Kombination von verschiedenen Varianten. Sie sind unterschiedlich teuer, von kostenneutral (z. B. Praktika oder gewisse Au-pair-Aufenthalte mit Sprachkurs) bis sehr teuer (z. B. ein schulisches Zwischenjahr in den USA mit Gastfamilie oder eine Privatschule).

Zum Bildungssystem
Das Bildungssystem der Schweiz lässt sich mit einer Gebirgslandschaft vergleichen. Diese Bildungslandschaft hat zwei besondere Merkmale: Erstens gibt es auf jeder Bildungsstufe mehrere Bildungsgänge und mehrere staatlich zertifizierte Abschlüsse. Je nach Neigung und Kompetenzen können Jugendliche nach der obligatorischen Schule eher vollschulische oder eher praxisorientierte oder kombinierte Bildungsgänge wählen. Dadurch können auch Menschen mit eher praktischer Intelligenz und

1.2

Bildungslandschaft Schweiz: Kein Abschluss ohne Anschluss!

Jede Bildungsstufe ist durchlässig und wird für die nächste Bildungsstufe anerkannt.

Tertiärstufe A

Tertiärstufe B

Sekundarstufe II

Volksschule

Quelle: Laufbahnzentrum der Stadt Zürich © Strahm

praxisorientierten Neigungen eine hohe Berufsqualifikation erwerben. Zweitens ist jede Abschlussstufe mit weiterführenden Wegen zu allen anderen höheren Abschlüssen und Diplomen verbunden. Es gibt für jede Berufskarriere mehrere Bildungswege. Jeder Abschluss wird für die weiterführende Ausbildung anerkannt und angerechnet.

Das Grundprinzip des Bildungssystems lautet: Kein Abschluss ohne Anschluss!

Damit können Kompetenzen aus der vorlaufenden Ausbildung im Leben eines Menschen berücksichtigt und angerechnet werden. Und es können verpasste Bildungselemente später nachgeholt werden.

Details über das Bildungssystem, die Anschlüsse und Häufigkeiten sind im *Kapitel 2* zu finden.

Hier den Überblick zu behalten und alle Optionen zu kennen, ist nicht einfach. Das Feld verändert sich dauernd, die Ausbildungen werden alle paar Jahre reformiert, verändern sich inhaltlich und auch namentlich, werden zusammengelegt oder aus einem Beruf mehrere gemacht. Neue Berufe entstehen, bestehende gehen ein. Das ist richtig und wichtig, denn so besteht nicht die Gefahr, dass Ausbildungen am Bedarf im Arbeitsmarkt vorbeigehen. Wo es Ausbildungsplätze gibt, gibt es in der Regel auch nach Abschluss Arbeitsplätze, denn die Lehrbetriebe haben ein Interesse daran, dass die jungen Berufsleute in ihren Berufsfeldern bleiben.

Im Kasten haben wir nützliche Links zusammengetragen. Dort findet man alle Informationen, um eine gute erste Wahl zu treffen.

Nützliche Links für weitere Informationen

www.berufsberatung.ch – Grosses Schweizer Informationsportal über alle Berufe und weitere Themen rund um Arbeit und Bildung. Ein riesiger Schatz an Informationen über alle möglichen Wege, Berufe und Möglichkeiten. Es gibt Beschreibungen aller Berufe, gute Berufsfilme, die einen kurzen Einblick geben, eine Übersicht über alle Möglichkeiten, Daten zu Löhnen, Vorlagen und Checklisten. Zudem findet man auch eine Übersicht über die offenen Lehrstellen in der ganzen Schweiz und viele Daten für Veranstaltungen wie Schnuppertage und Besichtigungen. Alle Informationen sind gut aufbereitet, aktuell und neutral. Nicht nur für die Grundbildung findet man diese Informationen, sondern auch für alle Weiterbildungen und Studiengänge. Neben Deutsch, Französisch und Italienisch gibt es viele Merkblätter und Infos auch in Fremdsprachen.

www.berufsbildung.ch – Informationsportal für die Berufsbildung, vom Lehrvertragsmuster bis zur Erklärung von einzelnen Begriffen.

www.anforderungsprofile.ch – Die Anforderungen in den verschiedenen Berufe unterscheiden sich. Die Anforderungsprofile zeigen, welche Bereiche in welchen Berufen wichtig sind. Man kann auch die eigenen Fähigkeiten vergleichen mit den Anforderungen der Berufe.

www.arbeitsmarktinfo.ch – Wie sieht der Arbeitsmarkt in den interessanten Berufen aus? Wie die Löhne? Gibt es viele offene Stellen? Die aufbereiteten und gut verständlichen Informationen zeigen dies und mehr.

www.watchado.ch – Viele Videos von jungen Auszubildenden und erfahrenen Berufsleuten, die einen Einblick geben. Umfasst aber nicht nur die Schweiz (kann man filtern) und ist von Firmen gesponsert – also nicht mehr ganz neutral.

www.yousty.ch – Kommerzieller Anbieter, der viele Lehrstellen aus der ganzen Schweiz sammelt und anzeigt. Da sich das Portal auch über Werbung finanziert, sind gewisse Unternehmen grösser angezeigt als andere – das Portal ist also nicht ganz neutral.

www.jugendprojekt-lift.ch – Starthilfe-Vermittlung zum Berufseinstieg für Jugendliche

www.rentastift.ch – Lernende erzählen im Klassenzimmer vom Berufsalltag (Vermittlung von Lehrlingen)

Das Richtige, das Falsche – oder das Passende?
Wem dank guten Noten in der Schule und persönlicher Reife viele Türen offenstehen, sowohl schulisch als auch in der Grundbildung, stellt sich die Frage: Was ist der beste Weg?

Diese Frage lässt sich nur auf einer individuellen Ebene beantworten, eine «Beste Lösung für alle» gibt es nicht.

Wichtig: die erste Wahl ist nicht die letzte Wahl. Letztendlich geht es «nur» darum, zu entscheiden, was für die nächsten 3–4 Jahre das Passendste ist. Die Durchlässigkeit des Bildungssystems ermöglicht, dass der eingeschlagene Weg noch mehrere Male gewechselt werden kann, wenn man das möchte. Nach einer Lehre mit BM als Schreiner oder Schreinerin kann man problemlos Pflege an der Fachhochschule studieren, nach einer gymnasialen Maturität kann man eine verkürzte berufliche Grundbildung als Gebäudeinformatiker*in machen – um nur zwei Beispiele zu nennen.

Es gibt Eltern, die befürchten, dass ihre Kinder durch eine berufliche Grundbildung später beruflich schlechter gestellt sind (weniger verdienen, weniger Karrierechancen haben), als wenn sie eine gymnasiale Maturität und ein Studium machen.

Das stimmt grösstenteils nicht. Einerseits gibt es in vielen Branchen einen Fachkräftemangel, und zwar genau jener Fachkräfte, die eine höhere berufliche Ausbildung gemacht haben (also nach Abschluss der Lehre noch eine BP, HFP oder HF angehängt haben). Andererseits sind die Studiengänge an den Universitäten in vielen Fällen keine Garanten für einen einfachen Übertritt ins Berufsleben und gute Karriere- und Verdienstmöglichkeiten.

Nur wenn man eine Berufliche Grundbildung ohne jegliche spätere Weiterbildung vergleicht mit einem Studienabschluss in einem Feld, das stark geregelte Berufe kennt (z. B. der Vergleich einer beruflichen Grundbildung als Florist mit einem Studienabschluss als Jurist) kann man von besseren Karriereaussichten und höheren Löhnen sprechen.

Vergleicht man hingegen eine berufliche Grundbildung inklusive Weiterbildung mit einem Studienabschluss ohne klare Berufsabsichten, sieht das Bild ganz anders aus (z. B. der Vergleich einer Grundbildung als Maurerin mit einer Weiterbildung zur Bauleiterin mit einem Studienabschluss in Kunstgeschichte und Philosophie).

Wir werden im dritten Kapitel aufzeigen, dass häufig Berufsfachleute mit Berufslehre und Weiterbildungen im Arbeitsmarkt mehr begehrt werden als Leute mit Universitätsabschluss ohne spezifische Berufsausbildung.

Wer also mit 14 breites Interesse mitbringt, gerne zu Schule geht, gute Noten hat, sich vorstellen kann, nach der obligatorischen Schulzeit weitere 4 Jahre in der Schule zu bleiben und danach ein Studium machen möchte – für den*die ist das Gymnasium eine gute Wahl. Das Gymnasium fördert und fordert die Schüler*innen breit und erwartet ein hohes Leistungsniveau. Mit der Matura soll man jedes Studium an einer Universität beginnen können. Diese «allgemeine Studierfähigkeit» bringt es mit sich, dass man am Gymnasium nur einen Schwerpunkt wählen kann, aber trotzdem eine breite Palette an Schulfächern hat. Ob das eine tolle Gelegenheit oder eher mühsam ist, ist eine individuelle Betrachtungsweise und hängt auch von den Neigungen in der bisherigen Schule ab.

Auf der anderen Seite steht die Berufliche Grundbildung mit Berufsmaturität. Diese zielt darauf ab, dass man nach 3 bis 4 Jahren (je nach EFZ) einen Beruf erlernt hat. Der Unterricht und die Praxis im Lehrbetrieb sind fokussiert auf den Beruf und die dazugehörigen Wissensbereiche. Ergänzend gibt es Allgemeinbildenden Unterricht (ABU). Der schulische Unterricht zur BM ergänzt dazu die allgemeinen Schulfächer, ähnlich dem Gymnasium. Wer eher spezifischere Interessen hat, gerne einen Beruf erlernen möchte und sich die Option offenhalten möchte, im Anschluss ein Studium zu machen, für den*die ist die Berufliche Grundbildung mit BM eine gute Wahl. Auch wer zu den Jugendlichen gehört, die «schulmüde» sind – also die Aussicht auf weitere Jahre in der Schule nicht interessant finden, hat eine gute Alternative mit der Berufslehre.

Es sprechen aber noch viele weitere Argumente pro und kontra:

Gymnasium: was dafür und dagegen spricht

Pro	Kontra
Schulisches (vertrautes) Umfeld	Verbleiben in der Schüler*innenrolle, weniger Selbstständigkeit
Breite Allgemeinbildung, noch keine Wahl nötig	Keine Wahl möglich – auch ungeliebte Fächer bleiben erhalten
Allgemeine Studierfähigkeit, Zugang zu allen Universitäten	Noch keine berufsqualifizierende Ausbildung, man muss danach noch eine Ausbildung/Studium anhängen. Zugang zu den Fachhochschulen via Praktikum.
Hohes Anforderungsniveau, zügiges Tempo	Wenig Rücksichtnahme, wenn man nicht mitkommt (Leistungsdruck)
Noch viele Ferienzeiten	Noch längere Zeit kein eigenes Einkommen, Eltern müssen Unterhalt leisten

Berufliche Grundbildung mit BM, was dafür und dagegen spricht

Pro	Kontra
Einstieg in die Arbeitswelt, nicht mehr weiter nur in die Schule gehen	Nicht mehr das vertraute Umfeld, sondern eine Umgebung mit Erwachsenen
Kombination von Theorie und Praxis: der Lernstoff der Schule kann konkret angewendet werden im Beruf	Weniger breite Allgemeinbildung
Selbstständigkeit erlangen: Lohn verdienen	Nicht mehr gleich viel Ferien
Nach Abschluss sind viele Weiterbildungen möglich, aber nicht sofort notwendig	Bei Umorientierung braucht es zusätzlichen Aufwand
Grosse Varianz: man kann das wählen, was passend ist (Fähigkeiten und Interessen)	Wählen ist nicht einfach: es braucht Zeit, die Optionen und sich kennen zu lernen. Nicht alle Optionen sind einfach erreichbar (Plan B haben).
Nach der Lehre mit BM kann man direkt an einer Fachhochschule studieren	Für den Wechsel an die Uni braucht es zusätzlichen Aufwand (Passerelle)

Ist es denn nicht noch zu früh für den Entscheid?

In der Tat ist es früh, wenn man mit 14 Jahren die Weichen für die Zukunft stellt. Zudem sind nicht alle Jugendlichen bereits gleich weit in der Entwicklung. Das ist aber nicht weiter tragisch – mit ersten Kontakten in die Berufswelt verändert sich das erfahrungsgemäss sehr rasch.

Wichtig für alle Beteiligten ist: Der erste Entscheid ist nicht unumstösslich. Berufswege entwickeln sich, die Arbeitswelt ist in Bewegung. Eine Erstausbildung ist heute nicht mehr ein Entscheid für die gesamte berufliche Laufbahn. Gefällt einem der Beruf, kann man sich vertiefen oder weiterentwickeln, ganz nach dem Leitgedanken: «Kein Abschluss ohne Anschluss.» Gefällt einem der Beruf nicht mehr, kann man sich weiterbilden oder neu orientieren. In der Schweiz arbeiten, Stand heute, nur noch 40 Prozent der Erwerbstätigen in ihrem angestammten Beruf. Weiterbildungen, Wechsel und Neuanfänge sind heute üblicher denn je und werden in Zukunft noch viel öfter passieren. In zwanzig Jahren wird es neue Berufe geben, die heute noch nicht denkbar sind. Umso wichtiger ist es, einen ersten Schritt zu tun, eine Ausbildung zu erlagen, um später darauf aufbauen zu können.

Wie das Richtige finden? Schritt für Schritt dem Entscheid näher kommen

Um einen guten beruflichen oder schulischen Entscheid zu fällen, braucht es einen ganzen Prozess, gerade wenn man einen solchen Entscheid zum ersten Mal fällt. Verschiedene Schritte machen es einfacher, sich dem Entscheid anzunähern. Das Tolle an diesen Schritten ist: Alle dabei erworbenen Kompetenzen sind auch später für Laufbahnentscheide wieder verwendbar, man spricht von «Laufbahngestaltungskompetenzen», die über die ganze Berufslaufbahn wichtig bleiben.

Sich selbst besser kennenlernen

Das Selbstbild ändert sich im Laufe der Zeit immer wieder, wir entwickeln uns weiter. Wenn es um berufliche Weichenstellungen geht, lohnt es sich, diese Selbstbilder zu aktualisieren, indem man sich gut betrachtet und sich Fragen stellt.

Fragen, die jetzt wichtig sind:
- Wer bin ich? Was macht mich als Person aus?
- Was kann ich gut (wo liegen meine Stärken)?
- Was liegt mir (noch) nicht so (wo liegen meine Schwächen oder Entwicklungsfelder)?
- Welche Charaktereigenschaften zeichnen mich aus?
- Was ist mir wichtig? Welche Werte sind für mich wichtig?
- Was interessiert mich? Für welche Themen kann ich mich begeistern?
- Was kann ich mir vorstellen, beruflich zu machen? Was eher nicht?
- Wie müsste eine Arbeit sein, damit ich mich wohlfühle?
- Was könnte ich mir vorstellen, in 10 Jahren zu machen?

Solche Fragen sind nicht einfach zu beantworten, aber es lohnt sich, sich dazu Gedanken zu machen – ein geschärftes Selbstbild ist entscheidend, um zu beurteilen, ob Optionen passend sind.

Natürlich kann man das Selbstbild auch noch mit Meinungen anderer Menschen ergänzen – ein Fremdbild einholen. Man kann also diese oder ähnliche Fragen auch anderen Menschen stellen – Eltern, Freunden, Kollegen. Vielleicht tauchen da nochmals neue Aspekte auf, die einem nicht so bewusst waren. Oft werden von aussenstehenden Menschen auch andere Dinge erwähnt, als man selbst erwähnenswert findet.

Die Möglichkeiten kennenlernen

Natürlich kennt man einen Teil der Möglichkeiten bereits, wie es weitergehen könnte. Man hat schon Vorstellungen davon, wie ein bestimmter Beruf oder eine Schule aussehen könnte. Das ist ein guter Start. Jetzt gilt es, das Bild zu komplettieren. Es gibt sicherlich noch weitere Berufe oder Ausbildungswege, die auch infrage kommen könnten, die man aber noch gar nicht kennt oder von denen man nur eine vage Idee hat.

Die Möglichkeiten besser kennenlernen kann man auf sehr viele Arten. Einerseits bietet es sich an, im Internet nach bestimmten Wegen und Berufen zu recherchieren. Man findet meistens gut gemachte Videos, die den Arbeitsalltag vorstellen *(Links dazu im Kasten auf Seite 29)*. Nebst Videos gibt es auch schriftliche Zusammenfassungen, Anforderungsprofile und vieles mehr.

Haben sich ein paar Favoriten ergeben, kann man erste Kontakte in die Arbeitswelt knüpfen: An Berufsmessen (gibt es in den Kantonen, überregional oder auch bei den Swiss Skills) oder Infoveranstaltungen bekommt man einen Einblick, meist kann man sich mit Berufsleuten unterhalten und diese befragen. Auch Bekannte, Freunde von Freunden oder Verwandte kennen diese Option vielleicht und sind bereit, darüber zu sprechen.

Danach kann man in einem nächsten Schritt Schnupperlehren oder Besuchstage machen. Damit kann man den einen Eindruck mit der Realität im Alltag abgleichen und findet heraus, ob der Weg tatsächlich so ist, wie man sich das vorgestellt hat. Nicht in allen Berufen und Branchen ist es einfach, mehrtägige Schnupperlehren zu machen. Manchmal finden aber immerhin Besuchstage oder Besichtigungen statt.

Schnuppertage oder Einblicke sind, gerade wenn man mit 14 Jahren noch keine Arbeitserfahrung hat, auch sehr wichtig, um sich der Arbeitswelt anzunähern. Wer schon ein paar Jahre Arbeitserfahrung gesammelt hat, kann sich leichter eine Vorstellung davon machen, wie der Arbeitsalltag in einem anderen Beruf oder in einer anderen Branche aussehen kann, denn man hat einen Grundstock an Erfahrungen, die einen Bezugsrahmen bieten.

Für Jugendliche ohne Berufserfahrungen, dienen Schnupperlehren und Besuchstage auch dazu, sich erstmals einzufühlen in einen Arbeitsalltag – man ist nicht mehr mit einer grossen Gruppe Gleichaltriger zusammen, man hat keine Lehrperson, die durch den Tag führt. Solche Eindrücke sind ein wichtiger Grundstein, um später entscheiden zu können. Insofern muss auch ein Schnuppereinsatz nicht zwingend nur in den Berufszweigen erfolgen, die man favorisiert. Und auch wer plant, weiter in die Schule zu gehen, kann davon profitieren, ein wenig Arbeitsluft zu schnuppern.

Entscheiden
Nach Erkundigungen und verschiedenen Erfahrungen kommt irgendwann der Punkt im Prozess, an dem Entscheide anfallen.

Diese Entscheide fallen den meisten Menschen nicht leicht, seien es Jugendliche bei der Berufswahl, Maturand*innen bei der Studienwahl oder Menschen, die in ihrer Laufbahn einen weiteren Schritt machen.

Um einem Entscheid näher zu kommen, helfen verschiedene Strategien. Hier eine Sammlung:

Entscheidungstipps und Strategien

- «Notieren» – Optionen schriftlich festhalten. Das Schreiben hilft, die Gedanken zu sortieren.
- «Vor- und Nachteilsliste» – die Vor- und Nachteile aller Varianten aufschreiben. Meist sieht man schon an der Länge der Liste, ob es Favoriten gibt. Falls die Liste nicht zu mehr Klarheit führt, kann man in einem zweiten Schritt alle Vor- und Nachteile gewichten – welche sind wichtige Vorteile? Wiegen diese die Nachteile auf?
- «Spiegelblick» – Optionen mit dem Selbstbild vergleichen: Was passt am meisten zu mir?
- «Reihenfolge» – eine Reihenfolge machen (z. B. auf Kärtchen): Was ist am spannendsten, was weniger?
- «Schwanger gehen» – man setzt sich in Gedanken für ein paar Tage in die Situation A (z. B. ich mache eine Lehre als Schreinerin) und verbietet sich, über Optionen B oder C oder D nachzudenken. Wie geht es einem in der Situation? Geht es mir gut, fühle ich mich gut, ist das ein Hinweis auf eine gute Wahl. Schläft man schlecht und fühlt sich nicht super, kann das ein Hinweis sein, dass die Wahl nicht passt.
- «Teich definieren» – manchmal macht die Entscheidung auch Probleme, weil man immer wieder abschweift und sich überlegt, ob nicht auch andere Varianten infrage kämen. Da lohnt es sich, die Frage zu beantworten: Welche Optionen sind realistisch erreichbar? Damit definiert man seinen Teich und muss nicht mehr im grossen Meer fischen.
- «Katastrophenfrage» – welche Entscheidung verursacht den kleinsten Ärger, wenn sie sich im Nachhinein als falsch herausstellt?
- «Münze werfen, würfeln» – man hat alle Argumente abgewogen, alle Optionen überdacht und kann sich nicht entscheiden. Dann kann man eine Münze werfen oder den Würfel entscheiden lassen. Danach unbedingt das Ergebnis anschauen: Macht das zufrieden? Dann bestätigt das eine unbe-

wusste Entscheidung. Ist man enttäuscht oder unzufrieden? Dann wäre vielleicht doch eine andere Option besser.
- «Telefonjoker» – einfach andere Leute fragen, was sie entscheiden würden, und aufschreiben, was die Antworten sind. Ergibt meist gute Argumente und Gespräche.
- «Entdeckerreise» – Entscheide fallen oft schwer, weil man zu wenig Informationen über die Optionen hat. Macht man sich auf die Reise, um in Erfahrung zu bringen, was das alles beinhaltet (z. B. Informationen sammeln, Schnupperlehren machen, Gespräche führen), wird es meist klarer.

Umsetzen

Der Entscheid ist gefällt, nun geht es um die Umsetzung. Auch dieser Schritt kann Hürden beinhalten.

Am einfachsten ist es, wenn man sich einen Überblick verschafft, was denn überhaupt erledigt werden muss.

Geht es um eine Schulanmeldung, muss man vielleicht Zeugnisse zusammensuchen und Formulare ausfüllen, sich anmelden für einen Abklärungstermin, Prüfungstermin oder Ähnliches. Im Fall von Aufnahmeprüfungen, sollte man sich anschauen, was geprüft wird, damit man sich vorbereiten kann.

Wenn es um die Suche einer Lehrstelle geht, ist die Sache meist ein bisschen aufwendiger.

Zuerst identifiziert man mögliche Ausbildungsbetriebe, die Lehrstellen sind (meistens) im Internet ausgeschrieben. Auch Verzeichnisse von Lehrfirmen (unabhängig davon, ob sie gerade eine Stelle ausgeschrieben haben) findet man *(siehe Kasten)*. Wer im Internet nicht fündig wird, bekommt auch im BIZ Unterstützung.

Hat man freie Lehrstellen gefunden, bewirbt man sich. Vielleicht kennt man auch aus der Schnupperphase bereits Lehrbetriebe, die infrage kommen. Die Bewerbungsunterlagen wurden in der Schule schon vorbereitet, jetzt passt man diese an auf die spezifische Bewerbung. Diese soll klar machen, warum man motiviert ist, genau diesen Beruf bei genau dieser Firma zu erlernen.

Je nach Branche und Kanton ist es auch üblich, weitere Tests beizulegen – die Firmen vermerken das fast immer auf ihren Lehrstelleninseraten – im Zweifelsfall kann man immer nachfragen.

Gewisse Firmen laden dann ein zu Schnupperlehren, die jetzt nicht nur der Berufserkundung dienen, sondern auch bereits der Selektion. Bei anderen Firmen gibt es Einladungen zu Vorstellungsgesprächen. Auch auf die Vorstellungsgespräche bereitet man sich am besten nochmals genau vor. Eine hilfreiche und gute Sammlung von Tipps, wie man sich am besten auf Vorstellungsgespräche vorbereitet, gibt es hier: *www.berufsberatung.ch/dyn/show/38708*.

Absagen – und was nun?
Es wird auch Absagen geben, das ist normal (und mühsam). Wir wissen, dass sich Jugendliche im Durchschnitt auf 10 Lehrstellen bewerben müssen, bis es klappt. Diese Zahl schwankt sehr – und auch nach der siebten

1.3

Wer eine Lehrstelle sucht, muss sich meist mehrmals bewerben

Anzahl Bewerbungen von Jugendlichen zwischen 14 und 16 Jahren, bis sie eine geeignete Lehrstelle gefunden haben, Durchschnittswerte 2019.

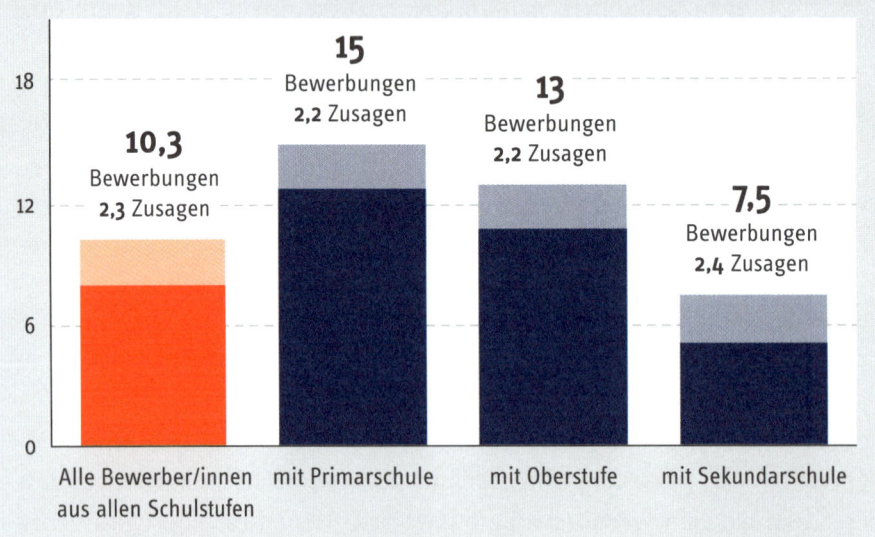

	10,3 Bewerbungen 2,3 Zusagen	15 Bewerbungen 2,2 Zusagen	13 Bewerbungen 2,2 Zusagen	7,5 Bewerbungen 2,4 Zusagen
	Alle Bewerber/innen aus allen Schulstufen	mit Primarschule	mit Oberstufe	mit Sekundarschule

Quelle: SBFI/GFS, Nahtstellenbarometer Detaillierter Ergebnisbericht, August 2019, Grafik 23, S. 28 © Strahm

oder zwanzigsten Absage den Mut nicht zu verlieren, ist schwierig. Alle Begleitpersonen können dabei unterstützen, indem sie trösten, Mut machen, helfen dranzubleiben, sich die Bewerbungsunterlagen nochmals genau anschauen oder die Bewerbungsstrategien zusammen besprechen. Vielleicht findet man Ansatzpunkte, woran es liegen könnte, dass es nicht geklappt hat (in Absagebrief, Absage-Gespräch, Schnupperlehrauswertung, bei Rückfrage). Vielleicht kann man auch noch Kontakte herstellen zu Firmen, die noch nicht berücksichtigt wurden.

Manchmal liegt es daran, dass die Bewerbungsunterlagen nicht so gut sind, die Noten nicht zum Ausbildungsziel passen oder das Ziel unrealistisch gesteckt ist. Manchmal hat man selbst keine Ahnung, warum es nicht klappt mit der Bewerbung, oder keine Idee, was nun kommen könnte.

In diesen Momenten macht es Sinn, sich in der Berufsberatung Unterstützung zu holen. Sie kann neue Ideen geben oder einschätzen, woran es liegen könnte. Das kann Mut machen, es nochmals zu probieren, oder alternative Wege einzuschlagen. Der Umgang mit Absagen erfordert eine intensive Betreuung des oder der betroffenen Jugendlichen. Denn es ist für sie in der Regel das erste Mal im Leben, eine Bewerbungsabsage zu erhalten und verkraften zu müssen.

Alternativen – der Plan B und C
Spätestens wenn sich abzeichnet, dass der ursprüngliche Plan nicht Realität wird, sollte man sich mit Alternativen beschäftigen. Vielleicht gibt es noch andere Wege zum gleichen Ziel? Vielleicht gibt es ähnlich interessante Tätigkeiten?

Nicht alles auf eine einzige Karte zu setzen, ist während des ganzen Prozesses eine gute Idee, oftmals gibt es ja tatsächlich auch zwei oder drei Favoriten, die man dann genauer verfolgen kann.

Wenn es aber tatsächlich nichts wird mit Plan A: Es ist nicht einfach, sich von einer gefassten Idee mindestens vorübergehend zu verabschieden. Für Eltern und weitere Begleitpersonen im Prozess ist jetzt auch wichtig, den Frust oder die Trauer darüber ernst zu nehmen und auszuhalten. Es ist völlig verständlich, dass das demotiviert und an sich zweifeln lässt.

Das heisst aber nicht, dass man nicht trotzdem nach Alternativen suchen kann. Vielleicht hilft es, sich eine Woche oder zwei Zeit zu geben, um zu verdauen, dass es mit Plan A nichts wird, und dann mit neuer Frische auf die Suche nach Plan B zu gehen.

Eine hilfreiche Frage dabei ist: Was würde ich machen, wenn es meinen Plan A gar nicht gäbe? (Wenn ich also Informatikerin werden möchte und das nicht klappt: Was würde ich machen, wenn es den Beruf Informatikerin gar nicht gäbe?). Man kann auch den Weg von den Interessen aus denken: Gibt es noch weitere Wege, um die Interessen auszuleben? Gibt es verwandte Berufe/Schulen? Auch wichtig ist, sich zu erinnern: Nicht alle Berufswege und Ziele lassen sich sofort und in einem Schritt erreichen. Man kann auch Zwischenschritte und Umwege machen. Diese sind auf alle Fälle lehrreich und man hat, als guter Nebeneffekt, in der Zwischenzeit viel persönliche Reife erlangt.

Das Bildungssystem macht diese Zwischenschritte und Umwege möglich. Das System funktioniert tatsächlich und nicht nur auf dem Papier: Studierende an einer Universität, die ursprünglich eine Berufslehre gemacht haben oder Absolvent*innen einer höheren Fachschule, die von der gymnasialen Maturität kommen, sind heute keine Seltenheit mehr.

Bewerbungsunterlagen und Checks

Je nach Branche, Kanton und Lehrstelle sehen die Bewerbungsunterlagen unterschiedlich aus.

Sicherlich dazu gehören:
- ein Motivationsschreiben/Bewerbungsbrief
  (Warum möchte ich diese Ausbildung machen?)
- ein Lebenslauf
- die letzten Zeugnisse aus der Schule.

Ergänzend passen dazu: Schnupperlehrberichte (als Mini-Arbeitszeugnis), Ergebnisse von Checks (Multicheck, Basic-Check, Kompass, Stellwerk …), Zeugnisse/Diplome von ausserhalb der Schule und vielleicht noch ein (thematisch passendes) Titelblatt.

Bei Lehrstelleninseraten findet man oft die Angabe, ob und welche zusätzlichen Tests oder Checks verlangt sind. Je nach Branche und Region sind ver-

schiedene Tests gefragt. Man kann sich auf alle Fälle vorher über den Inhalt des Tests informieren und meistens auch Probeaufgaben lösen, um sich gut vorzubereiten.
Im Zweifelsfall kann man auch beim Lehrstellenanbieter nachfragen.

Viele gute Tipps zu den Bewerbungsunterlagen:
https://www.berufsberatung.ch/dyn/show/38701

Das ideale Timing: Berufswahlfahrplan
Nicht zu früh und nicht zu spät – das ideale Timing zu erwischen, um sich mit der Zukunft zu beschäftigen, ist nicht einfach. Damit sich alle Parteien auf einen ungefähren Zeitplan einigen können, wurde in der Schweiz an vielen Orten ein sogenannter «Berufswahlfahrplan» eingeführt. Er zeigt schematisch auf, wer wann was tun sollte, damit es am Ende klappt.

1.4

Fahrplan der beruflichen Orientierung

1. Sek (9. Schuljahr)	2. Sek (10. Schuljahr)	3. Sek (11. Schuljahr)
Berufswelt und Berufswahl kennenlernen (berufliche Orientierung in der Schule)		
Berufe kennenlernen: Zukunftstag, Besuch BIZ		
	Einblicke in Berufe: Berufsmessen, Projektwoche, Infoanlässe	
	Eltern- und/oder Klassenorientierung BIZ	
	Persönliche Berufsberatung (im BIZ oder Schulhaussprechstunde)	
	Individuelle Schnupperlehren und Bewerbungen	
		Lehrstellen suchen, bewerben
		Lehrvertrag unterschreiben
		Anmeldungen weiterführende Schulen

Quelle: eigene Darstellung nach Praxis BS/BL/BE © Eller

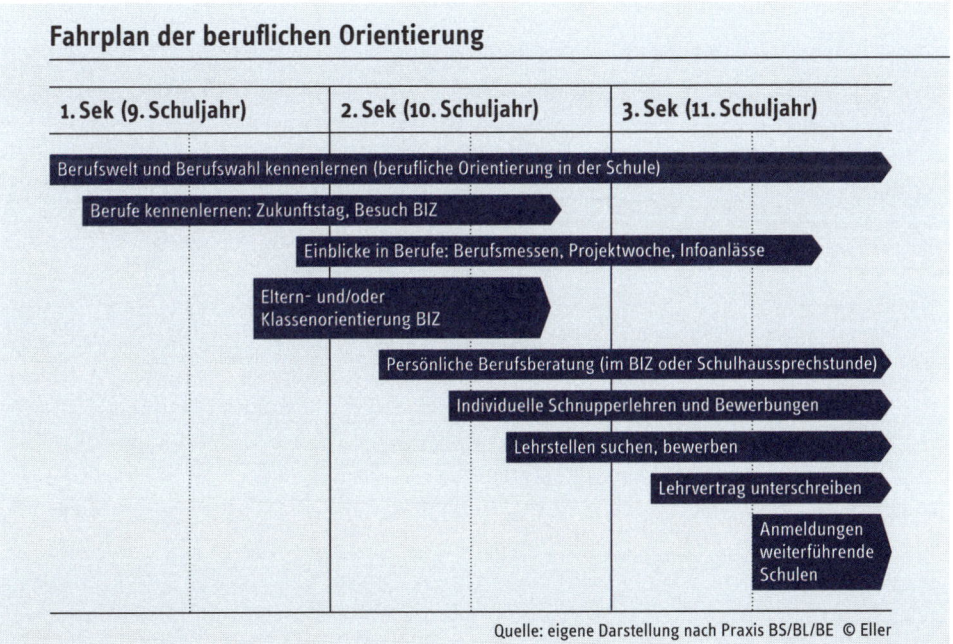

Die Anmeldefristen für weiterführende Schulen und Brückenangebote sind darauf abgestimmt. Mit den Anbietern von Lehrstellen werden laufend Gespräche geführt, die tripartite Berufsbildungskonferenz hat im Jahr 2022 Grundsätze festgelegt *(https://tbbk-ctfp.ch/de/themen/commitment-der-verbundpartner)*: Offene Lehrstellen sollen frühestens ab 1. August des Jahres vor Lehrbeginn ausgeschrieben werden, abgeschlossene Lehrverträge werden ab dem 1. September von den Kantonen bewilligt.

Wie geht es der Jugend?

Regelmässig gibt es repräsentative Befragungen der Jugendlichen in der Schweiz (Credit-Suisse-Jugendbarometer, durchgeführt vom Forschungsinstitut gfs).

Werden die Jugendlichen und jungen Erwachsenen von heute (im Alter von 16–25 Jahren) gefragt, welche Werte und Lebensvorstellungen ihnen wichtig sind, finden knapp 80 Prozent «ein[en] spannende[en] Beruf» sehr wichtig, dicht gefolgt von «Freizeit und Beruf im Gleichgewicht halten». Bei der Frage, welche Ansprüche sie an Arbeitgeber haben, zählen zu den wichtigsten Eigenschaften: Eine gute Chefin oder einen guten Chef haben, Grosszügigkeit und Toleranz gegenüber den Mitarbeitenden und ein guter Lohn.

Besonders blendend geht es den 16- bis 25-Jährigen in der Schweiz nicht: Weniger als die Hälfte der Befragten bezeichnen sich als «eher zuversichtlich» in Bezug auf ihre eigene Zukunft. Sorgen machen ihnen vor allem die Altersvorsorge und der Umwelt- und Klimaschutz.

Quelle: Credit Suisse Jugendbarometer 2022, siehe www.credit-suisse.com/jugendbarometer

Quellen und weiterführende Literatur

www.berufsberatung.ch – unter dem Direkteinstieg gibt es eine Themenseite speziell für Eltern/Erziehungsberechtigte

Viele Dossiers zum Thema Berufswahl, Begabung, Jugendliche und vieles mehr gibt es bei Margrit Stamm, Professorin für Erziehungswissenschaften:
www.margritstamm.ch/dokumente/dossiers.html

Margrit Stamm: **Goldene Hände.** Praktische Intelligenz als Chance für die Berufsbildung, hep Bildungsverlag 2017

Studien zu Bildungsverläufen, Lebensläufen und Berufswahl gibt es auch von Markus Neuenschwander, Professor für Pädagogische Psychologie und Leiter Zentrum «Lernen und Sozialisation» der FHNW:
www.fhnw.ch/de/personen/markus-neuenschwander

Detaillierte Resultate der Jugendbefragungen, im Zwei-Jahres-Rhythmus:
Credit Suisse Jugendbarometer 2022:
www.credit-suisse.com/jugendbarometer

Für Eltern und Erziehungsberechtigte, die das System in der Schweiz nicht gut kennen, hat der SDBB-Verlag ein Heft «Was nach der Schule?» in Deutsch und acht weiteren Sprachen im Angebot. Es ist auch in vielen Kantonalen BIZ erhältlich:
https://shop.sdbb.ch

Foto: Tatjana Schnalzger/SwissSkills

2

Wie das Berufsbildungssystem in der Schweiz funktioniert – und warum es funktioniert

Institutionen und Prozesse

Sie finden in diesem Kapitel Antworten auf folgende Fragen:

A   Wie ist die Berufsbildung im Bildungssystem eingeordnet?
    Karriere mit der Berufsbildung: Kein Abschluss ohne Anschluss.

B   Wie der Bildungsentscheid beeinflusst wird. Institutionen
    der Berufsberatung.

C   Wie läuft die Ausbildung in den Lehrbetrieben und in der Berufs-
    fachschule? Die eigentliche Lehre kennen lernen.

D   Wie sind die Weiterbildungen nach der Lehre gestaltet?
    Die Berufsmaturität und Höhere Berufsbildung in der Praxis.

E   Wie bewältigt das Bildungssystem die digitale Revolution?

In diesem Kapitel stellen wir das schweizerische Berufsbildungssystem vor. Wir zeigen hier die Bildungssystematik der Schweiz mit den Abschlüssen, Übergängen, Weiterbildungen und Institutionen der Bildungsstufen. Sodann beschreiben wir die Spezialausbildungen für Migrationspersonen und Menschen mit Beeinträchtigungen.

Viele Eltern und Lehrpersonen kennen das moderne Berufsbildungssystem der Schweiz nicht gut genug. Sie betrachten die Berufslehre als eine Art Sackgasse auf dem Karriereweg. Oder sie meinen, die Berufslehre sei ein Bildungsgang für die Schwächeren. Dabei ist die Berufslehre für viele der geeigneteste Einstieg in die Berufskarriere und zum beruflichen Aufstieg. Und sie ist der Schlüssel zu einer konkurrenzfähigen, innovativen Wirtschaft, wie wir im fünften Kapital darstellen.

Wir erkennen in diesem Kapitel, dass das moderne Berufsbildungssystem heute eine durchlässige Weiterbildungsstruktur darstellt, welche Karrieren und Spezialisierungen in vielen Richtungen ermöglicht. Nicht alles Wissen kann heute während der Berufslehre im Alter von 16 bis 20 erworben werden. Vieles kommt später hinzu. Denn die Digitalisierung, die neuen Technologien und die traditionellen Berufe verändern sich schnell und fordern alle Berufsleute zum lebenslangen Lernen heraus.

Genau diese neuen Technologien mit modernstem Digitalwissen, neuartigen Materialien, effizienteren Produktionsmethoden verändern die Anforderungen an die Berufe ständig. Deshalb müssen die Berufsanforderungen im Laufe der Berufskarriere mit Weiterbildungen aktualisiert und an den Strukturwandel der Arbeitswelt angepasst werden.

2 INSTITUTIONEN UND PROZESSE

Die Berufsbildung in der Bildungssystematik

Diese Grafik zeigt die schweizerische Bildungssystematik mit den korrekten Bezeichnungen. Wie schon in der symbolischen Gebirgslandschaft

2.1

Die Bildungssystematik der Schweiz: Kein Abschluss ohne Anschluss!

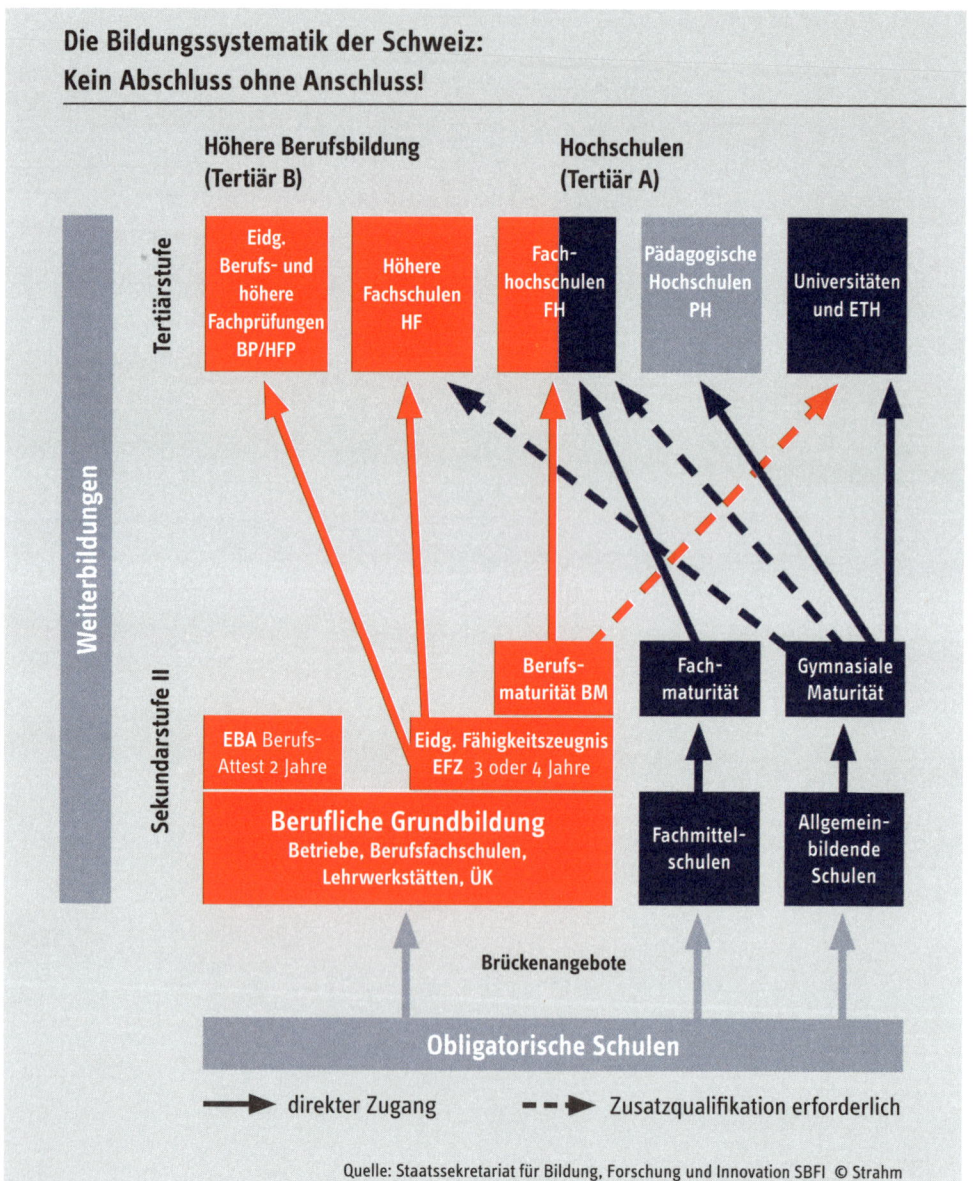

Tertiärstufe

Höhere Berufsbildung (Tertiär B):
- Eidg. Berufs- und höhere Fachprüfungen BP/HFP
- Höhere Fachschulen HF

Hochschulen (Tertiär A):
- Fachhochschulen FH
- Pädagogische Hochschulen PH
- Universitäten und ETH

Sekundarstufe II

- Berufsmaturität BM
- Fachmaturität
- Gymnasiale Maturität
- EBA Berufs-Attest 2 Jahre
- Eidg. Fähigkeitszeugnis EFZ 3 oder 4 Jahre
- **Berufliche Grundbildung** Betriebe, Berufsfachschulen, Lehrwerkstätten, ÜK
- Fachmittelschulen
- Allgemeinbildende Schulen

Weiterbildungen

Brückenangebote

Obligatorische Schulen

→ direkter Zugang   ⇢ Zusatzqualifikation erforderlich

Quelle: Staatssekretariat für Bildung, Forschung und Innovation SBFI © Strahm

(im ersten Kapitel, Bild 1.2) ist das System gekennzeichnet durch eine vertikale Durchlässigkeit nach dem Prinzip: Kein Abschluss ohne Abschluss. Das heisst, jede Bildungsstufe mit anerkanntem Abschluss ermöglicht eine berufliche Weiterbildung oder Spezialisierung auf einer höheren Bildungsstufe bei entsprechendem Lohnanstieg.

Zur Sekundarstufe II
Die Sekundarstufe II umfasst die Bildungsgänge nach der obligatorischen Schule in der Regel im Alter zwischen 16 und 20. Sie umfasst die Mittelschulen (Gymnasium und Fachmittelschule) und die Berufslehren oder Berufliche Grundbildung und die damit verbundene Berufsmaturität BM.

Beide Ausdrücke sind gleichbedeutend und gleichwertig: «Berufliche Grundbildung» ist der Ausdruck im Berufsbildungsgesetz BBG – «Berufslehre» ist die Bezeichnung in der Umgangssprache.

Analog dazu sind auch die Ausdrücke «Lehrling» oder «Lernende» gleichbedeutend: Das Berufsbildungsgesetz BBG schreibt von «Lernenden», im Umgangssprachgebrauch ist häufig von «Lehrlingen» (Männer und Frauen) oder, etwas populärer, auch von «Stiften» die Rede.

Hier also die Bezeichnung der einzelnen Bildungsstufen und Bildungsgänge.

Die vollschulische Ausbildung: Gymnasium, Kantonsschule, Fachmittelschule (Sekundarstufe 2A): Nach der obligatorischen Grundschule (Sekundarstufe I, Alter 16 Jahre) besuchen im Durchschnitt rund 26 Prozent der Jugendlichen ein Gymnasium (22 %) oder eine Fachmittelschule (3 %) oder eine andere, spezielle Mittelschule mit Allgemeinbildung. Die gymnasiale Maturität ermöglicht den direkten Zugang zu einer Universität, die Fachmaturität mit einem Praktikum den Zugang zu einer Fachhochschule:

Die Berufliche Grundbildung (Sekundarstufe 2B): Rund 65 Prozent der Jugendlichen zwischen 16 und 20 Jahren absolvieren zuerst eine duale berufliche Grundbildung (Berufslehre) von 3 oder 4 Jahren. Die duale Berufslehre ist eine Kombination von Ausbildung in einem privatwirtschaftlichen oder öffentlichen Betrieb und einer staatlichen Berufsfachschule. Wer eine Berufslehre oder berufliche Grundbildung erfolgreich abgeschlossen hat, erwirbt das *Eidgenössische Fähigkeitszeugnis (EFZ)*. Dieser Titel ist vom Bund anerkannt und schweizweit geschützt. Nur mit der erfolgreich abgeschlossenen Berufslehre darf das EFZ bei Bewerbungen genutzt werden.

Alle 245 zertifizierten Berufe mit EFZ werden vom Bund in Zusammenarbeit mit den wirtschaftlichen Berufsverbänden der betreffenden Wirtschaftszweige definiert. Die Ausbildungspläne (Curricula) werden alle fünf Jahre an die neuen Technologien angepasst – diese Praxis ist arbeitsmarktbezogen eine echte Public Private Partnership.

Als Spezialfall gilt das *Eidgenössische Berufsattest (EBA)*. Dies ist eine verkürzte Berufslehre in etwa 100 Berufsbereichen für jene Jugendlichen, die die EFZ-Lehre nicht auf Anhieb schaffen. Die EBA-Lehre (früher wurde sie «Anlehre» genannt) dauert zwei Jahre und ist ebenfalls ein geschützter Abschluss. Wer später das EFZ erwerben will, erhält die EBA-Ausbildung angerechnet.

Zur Sekundarstufe II gehört auch die *Berufsmaturität BM*, die den prüfungsfreien Zugang zu einer Fachhochschule ermöglicht. Die BM kann – was viele nicht wissen – nur in Kombination mit einer Berufslehre auf der Stufe EFZ erworben werden. Dabei gibt es zwei Möglichkeiten: Die Berufsmaturitätsschule 1 BMS-1 wird während der Lehre mit rund einem Schultag mehr pro Woche durchlaufen, die Berufsmaturitätsschule 2 (BMS-2) kann nach dem Lehrabschluss EFZ während eines Jahres vollschulisch absolviert werden. Die Berufsmaturität gibt es erst seit 1995 und ihr Anteil ist massiv im Vormarsch. Etwa 16 Prozent aller Jugendlichen (oder ein Viertel aller Berufslehr-Absolventen und -Absolventinnen, Zunahme geht weiter) machen mit oder nach der Lehre eine BM. – Weiterführende Angaben zur BM und die weiterführenden Fachhochschulstufen finden sich im vierten Kapitel (Abschnitt: Studieren an einer Fachhochschule).

Wie erwähnt, erlaubt die BM den prüfungsfreien Eintritt in eine Fachhochschule. Neu ist in einigen Kantonen (wie Bern) auch der Eintritt in eine Pädagogische Hochschule PH möglich. Im eidgenössischen Parlament laufen Bestrebungen, den BM-Absolventinnen und -Absolventen schweizweit den hürdenfreien Eintritt in eine PH zu ermöglichen.

Tertiärstufe

Die Tertiärstufen umfassen die Berufsausbildungen und Studien nach der Sekundarstufe II und sind in der Regel für 20- bis 25-Jährige vorgesehen. Die Höhere Berufsbildung jedoch ist als höhere Qualifikationsstufe auch für 25- bis 40-Jährige oder ältere Berufsfachpersonen mit berufsbegleitenden Lehrgängen möglich. Hier ist ein Überblick über die Bildungsgänge der Tertiärstufen. Im vierten Kapitel werden die Fachhochschulen in ihrem Kontext dann vertieft analysiert.

Zu den Tertiärstufen A gehören:
- Universitäten und Eidgenössisch Technische Hochschule ETH (Romandie EPFL) mit den Abschlüssen Bachelor, Doktorat
- Fachhochschulen FH mit den Abschlüssen Bachelor und Master
- Pädagogische Hochschulen PH mit den Abschlüssen Bachelor und Master
- Weiterführende Angaben zu den Fachhochschulen finden sich im vierten Kapitel

Sodann auf der Stufe Tertiär B: Höhere Berufsbildung nach der Berufslehre, mit folgenden drei vom Bund anerkannten Abschlüssen:
- Eidgenössische Berufsprüfung BP mit dem eidgenössischen Fachausweis
- Eidgenössische Höhere Fachprüfung HFP (früher auch Meisterprüfung) mit dem Abschluss des eidgenössischen Diploms
- Höhere Fachschule HF mit Abschluss Diplom HF oder Höheres Fachschuldiplom

Zugänge zur Tertiärstufe

Für den Zugang zu einer akademischen Bildung der Stufe Tertiär A (Universität oder ETH) ist eine gymnasiale Maturität oder eine Berufsmaturität plus ein Jahr schulische Zusatzbildung (Letztere wird als Passerelle bezeichnet) erforderlich. Wer eine gymnasiale Maturität erworben hat, kann umgekehrt nach einem Jahr Berufspraktikum auch in die Fachhochschule eintreten, was immer häufiger vorkommt.

Wer die Berufslehre absolviert hat, kann nach einer Berufsmaturität BM prüfungsfrei an einer Fachhochschule (ebenfalls Tertiär A) studieren.

Für Absolventen einer gymnasialen Maturität gibt es eine Sonderregelung, in der Regel mindestens ein Jahr strukturiertes Berufspraktikum.

Nach der Berufslehre mit EFZ können sich die Fachleute auch ohne Maturität berufsbegleitend in einer höheren Berufsbildung der Tertiärstufe B spezialisieren. Die höhere Berufsbildung ist häufig berufsbegleitend für Fachleute, die schon im Beruf arbeiten. Dies ermöglicht, dass Berufsfachleute auch mit 25, 30 oder 40 Jahren die neuesten Technologien und Verfahrenstechniken erlernen. Die höhere Berufsbildung ist nur für jene möglich, die zuvor ein EFZ erworben haben. Sie ist auf Kader ausgerichtet und dient der Verbreitung der modernsten Techniken in der Wirtschaft.

In gewissen Berufsfeldern, vor allem bei den Pflegeberufen, wird die Höhere Fachschule auch vollschulisch während zwei Jahren (verbunden mit Praktika) mit dem Titel «diplomierte Pflegefachfrau» oder «Pflegefachmann» angeboten.

Hier geht es um die Bildungssystematik und die Typologie der Bildungsgänge und Übergänge. Im vierten Kapitel sind die Tertiärausbildungen noch detaillierter beschrieben, und im dritten Kapitel werden die Karrierechancen auf dem Arbeitsmarkt dargestellt.

Zur Quartärstufe (Weiterbildungen nach dem Diplom)
In der vorstehenden, offiziellen Bildungssystematik *(Grafik 2.1)* nicht eingezeichnet sind die Weiterbildungsstufen, die als Quartärstufe zusammengefasst werden. Diese Weiterbildungsgänge werden von Universitäten, ETH, Fachhochschulen und Höheren Fachschulen angeboten und gelten als nonformale Weiterbildungen. Sie basieren auf dem Weiterbildungsgesetz, werden vom Staat nicht finanziert und die Diplome sind vom Bund nicht anerkannt.

Jede Hochschule kann selbst definieren, was sie als weiterbildungsrelevant betrachtet und wie sie die Curricula festlegt. Die Hochschulen bezeichnen die nonformalen Abschlüsse häufig mit
- Certificate of Advanced Studies CAS,
- Diploma of Advanced Studies DAS,
- Master of Advanced Studies MAS
- sowie mit Master of Business Administration MBA.

Bei diesen nonformalen Weiterbildungsgängen gibt es einen unübersichtlichen Wirrwarr an Angeboten von unterschiedlicher Qualität. Sie erhalten keine eidgenössische Anerkennung, sondern stützen sich auf das Prestige und die Werbung der anbietenden Fachhochschule oder Hochschule.

Spezialprogramme für Menschen mit besonderem Bedarf
Neben den formalen (d. h. gesetzlich verankerten und geschützten) Bildungsgängen gibt es Spezialprogramme für besonderen Ausbildungsbedarf. Wir nennen hier deren drei.

Die Insos-Lehre: Für Menschen mit Beeinträchtigungen gibt es die oft von der Invalidenversicherung finanzierten, praxisbezogenen Lehrgänge, die den Absolventinnen und Absolventen die Integration in den Arbeitsmarkt ermöglichen. Sie werden vom Branchenverband der Dienstleister für Menschen mit Beeinträchtigungen (INSOS) entwickelt und durchgeführt. Wir kennen mehr als zwanzig solcher Praktischer Ausbildungen (PrA), die stark auf die Art der Behinderung zugeschnitten sind: etwa für Büroarbeiten, Logistik, Schreinerei, Küche und Restaurant, Carosserie, Detailhandel, Industrie, Gartenbau, Haustechnik, Landwirtschaft, Malerei, Mechanik, Pferdepflege, Plattenlegen, Printmedien, Uhrenarbeiten, Zweiradbehandlung.

Die Integrationsvorlehre: Die vom Bund finanzierte Integrationsvorlehre (Invol) richtet sich an anerkannte Flüchtlinge, vorläufig Aufgenommene (VA) und an spät zugewanderte Migrationspersonen aus EU-Ländern und Drittstaaten, die motiviert sind, in der Schweiz eine Berufsausbildung zu absolvieren. Ziel ist, später eine formale Berufslehre mit EFZ oder EBA zu durchlaufen. Die Invol-Lernenden arbeiten 3,5 Tage in einem Vorlehrbetrieb der Privatwirtschaft und besuchen in der Regel 1,5 Tage in der Woche den berufsspezifischen Unterricht an der Berufsfachschule. Je nach Kanton unterschiedlich werden einjährige Integrationsvorlehren in etwa zehn gewerblichen Berufsfeldern angeboten. Ein wichtiges Teilziel der Invol ist der Erwerb und das berufsbezogene Einüben der Landessprache.

Anerkennung von Bildungsleistungen: Die «Validation des Acquis» ist vorgesehen für Zugewanderte aus Drittstaaten, die in ihrem Herkunftsland eine Hochschule oder andere universitäre Bildung durchlaufen hatten. Weil Universitäten in Herkunftsländern ein – nach unseren Massstäben – sehr unterschiedliches, unbekanntes und oft ungenügendes Kompetenzniveau vermitteln, braucht es eine vom SBFI geprüfte Einordnung der Bildungsleistungen, damit sich die Absolventen/Absolventinnen auf dem Arbeitsmarkt ausweisen können. Das Verfahren ist hilfreich, aber administrativ aufwendig. (Nach bisherigen Erfahrungen bringt auch die Validation des Acquis häufig nicht den Erfolg bei Bewerbungen – mit einigen Ausnahmen bei international standardisierten

2.2

Die wichtigsten Akteure in der Berufsbildung

Eltern

BIZ
Berufsinformationszentrum
Berufsberatung

10.
Brückenangebote
10. Schuljahr

Lehrling
(Lernende)

Lehrbetrieb
ÜK

Berufsfachschule
KV-Schule

Staatliche Aufsicht

Quelle: Staatssekretariat für Bildung, Forschung und Innovation SBFI © Strahm

Kompetenzfeldern wie zum Beispiel Informatik, Unternehmensmanagement, Banking, internationale Logistik oder Linienpiloten.)

Das schweizerische duale Berufsbildungssystem ist eine echte Public-Private-Partnership PPP zwischen Staat und ausbildender Wirtschaft. «Dual» bedeutet in der Bildungssystematik eine Kombination der Ausbildung in privaten oder öffentlichen Lehrbetrieben mit einer staatlich organisierten und finanzierten Berufsfachschule.

Die Lehrlinge oder Lernenden und ihre Eltern sind selbst verantwortlich für die Lehrstellensuche bei privaten Firmen oder öffentlichen Betrieben, wobei der Staat durch Gratis-Berufsberatung (Berufsinformationszentren BIZ) und durch das obligatorische Oberstufenfach «Berufliche Orientierung» die Berufswahl fördert und unterstützt.

Die *Ausbildungsbetriebe* sind für die praktische Ausbildung der Lehrlinge verantwortlich. Dabei bietet der Staat die Kurse für die Ausbildung der Bildungsverantwortlichen (früher hiessen sie Lehrmeister oder Lehrmeisterin) in den Betrieben an, welche die Lernenden betreuen.

Die *staatlichen Berufsfachschulen und kaufmännischen Schulen KV* sind gratis und für den Unterricht sowie für die Qualifikationsverfahren QV (Lehrabschlussprüfung) zuständig. Der Berufsfachschulunterricht umfasst je nach Beruf ein bis zwei Tage pro Woche. Er ist unterteilt in den Allgemeinbildenden Unterricht ABU (mindestens 3 Wochenstunden) und den Fachunterricht (5 bis 10 Wochenstunden). Häufig bieten die Berufsfachschulen ausserhalb der Arbeitszeit noch Freifächer, zum Beispiel für Fremdsprachen oder für Prüfungsvorbereitungen, an. Die meisten Berufsfachschulen bieten auch spezielle Klassen für die Berufsmaturität an, und zwar für Lernende während der Berufslehre (BMS-1) sowie auch BM-Lehrgänge in einem Zusatzjahr nach der Lehre (BMS-2)

Der Lehrplan (Curriculum in einer Bildungsverordnung) für den Fachunterricht wird mit den Organisationen der Arbeitswelt (ODA, Arbeitgeber- und Arbeitnehmerverbände) ausgearbeitet. Der Staat genehmigt die Curricula der Ausbildung und verleiht das Eidgenössische Fähigkeitszeugnis EFZ für jeden der 245 Berufe.

Staatlicher Schutz für Lernende

Die Lehrlinge haben einen besonderen Schutz des Staates, und zwar sowohl als Lernende wie auch als Arbeitnehmende. Die staatliche Aufsicht überwacht die Lehrverträge, welche von drei Parteien unterzeichnet werden, nämlich von 1) Lehrling und Eltern, 2) Lehrbetrieb und 3) staatlicher Aufsicht, Berufsbildungsamt.

Lernende können vom Lehrbetrieb nicht einfach entlassen werden. Auch wenn ein Jugendlicher oder eine Jugendliche die Berufslehre abbricht oder wenn ein Lehrbetrieb in Konkurs geht, schaltet sich das staatliche Aufsichtsamt ein und sucht nach einer alternativen Ausbildungslösung oder einer anderen Lehrstelle.

Die Lehrlinge (in der Regel zwischen 16- und 20-jährig) haben also einen besonderen Rechtsschutz mit dem Lehrvertrag, der im Schweizerischen Zivilgesetzbuch mit speziellen Lehrlingsrechten garantiert ist (ZGB Artikel 362a bis 379). Meist heisst die staatliche Aufsichtsbehörde «Kantonales Berufsbildungsamt» oder «Kantonales Mittelschul- und Berufsbildungsamt»).

Der Staat finanziert auch die Berufsberatung (BIZ) und die vorlaufenden Schulangebote (10. Schuljahr oder Brückenangebot) für Anwärter und Anwärterinnen für die Berufslehre, die nach der obligatorischen Schule vorläufig keine Lehrstellen finden. Nach dieser Zwischenlösung können sich die Jugendlichen erneut für eine geeignete Lehrstelle bewerben.

Wie der Bildungsentscheid beeinflusst wird – Institutionen der Berufsberatung

Im Kapitel 1 haben wir die Beratung und Berufswahl behandelt und in der Optik der Lehrstellen-Suchenden und ihrer Eltern beschrieben. Hier werden die Institutionen und ihre Regeln vorgestellt, die die Berufswahl unterstützen.

Der Schritt von der obligatorischen Schule in die Sekundarstufe II im Alter von 15 oder 16 Jahren ist ein lebenswichtiger und existenzieller Entscheid. Das Bildungssystem Schweiz hat für diese Wahl der Bildungs- und Berufsorientierung eine ausgebaute Beratungsstruktur mit Praxisvorgaben vorgesehen.

Fach Berufliche Orientierung

Aufgrund des Lehrplans 21, der für alle 21 Kantone der Deutschschweiz gilt, ist das Schulfach «Berufliche Orientierung» oder «Berufswahlkunde» in der Oberstufe zwischen dem 7. und 9. Schuljahr (14. bis 16. Altersjahr) vorgesehen. Die Intensität (sogenannte Stundentafel) wird von den Kantonen festgelegt und variiert von Kanton zu Kanton. In den Kantonen der Nordwestschweiz ist zum Beispiel nur eine Wochenstunde in der 8. Klasse obligatorisch, in den Mittelland-Kantonen jedoch wird das Fach mit je einer Wochenstunde von der 7. bis zur 9. Klasse angeboten. Unterrichtet wird das Fach von einer Lehrperson, oft vom Klassenlehrer oder der Klassenlehrerin.

Berufsberatungszentren

In jedem Kanton gibt es eine öffentliche Berufsberatung oder «Berufsinformationszentrum BIZ» mit professionellen, speziell ausgebildeten Berufs- und Laufbahnberatern/-beraterinnen. Diese beraten und begleiten die Jugendlichen individuell zu ihren Neigungen und Berufswünschen, allenfalls auch mit Tests zur Potenzialabklärung und mit Empfehlungen an die Eltern, in besonderen Fällen mit individuellen Coaching- und Mentoring-Programmen. Die Benützung der BIZ ist gratis. Der erste Zugang zum BIZ wird in gut funktionierenden Schulen der Sekundarstufe I von den Lehrpersonen der Oberstufe organisiert.

Schnuppereinsätze

In der Wirtschaft und in den öffentlichen Lehrbetrieben und Verwaltungen besteht die Tradition, dass Jugendliche, die in der Berufswahlphase stehen, ein- bis mehrtägige Betriebsbesuche absolvieren können. Die Interessierten können in KMU in der Regel während eines oder einiger Tage oder während einer ganzen Woche im Betrieb mitarbeiten, um mit der «Schnupperlehre» einen Eindruck zu erhalten und ihre individuellen Neigungen zu erkunden. In grösseren Firmen und multinationalen Konzernen und Banken werden Informationstage in Gruppen angeboten. – Die Kultur der Schnupperangebote der Firmen ist von Kanton zu Kanton verschieden. Die Firmenaktivität für Schnuppereinsätze ist freiwillig, wird aber von den Kantonsregierungen oder Branchenverbänden empfohlen.

Private Vermittlungshilfen
Zusätzlich gibt es private Beratungsinstitute und Lehrstellenvermittler, Online-Lehrstellenplattformen, Lehrstellennachweise LENA, verbandliche Lehrstellenvermittler. Sie bieten auch Eignungstests an, sogenannte «Basic Checks», «Multichecks» oder Kompass-Evaluation, die bei Lehrstellenbewerbungen beigelegt werden können. Die Zuverlässigkeit dieser «Checks» ist umstritten und sie werden deshalb nicht in allen Branchen akzeptiert.

Der Berufswahlprozess kann durchaus früh beginnen, aber die eigentlichen Lehrverträge sollten nicht zu früh abgeschlossen werden, damit die Suchenden noch eine Wahlfreiheit haben und sich anders entscheiden können. Nach einer Vereinbarung der kantonalen Berufsbildungsämter und einer Empfehlung der tripartiten Berufsbildungskonferenz sollten Lehrstellen frühestens ab 1. August des Jahres vor Lehrbeginn ausgeschrieben werden. Der Lehrvertrag sollte nicht schon in der 8. Klasse, sondern frühestens zum Beginn des 9. Schuljahres definitiv vereinbart werden. Der Kanton muss den Lehrvertrag bewilligen, und dies erfolgt frühestens im September (in anderen Kantonen im Oktober) vor dem Lehrbeginn im darauffolgenden Jahr. Ein Vertragsabschluss ist auch später, bis vor Beginn der Berufslehre möglich. Nicht alle Betriebe und Branchen halten sich an diese Empfehlungen.

Die Lehrstellen- und Berufswahl ist stark von vorgeprägten Erwartungen und Rollenbildern beeinflusst. Dabei stellen gesellschaftliche oder familiäre Prägungen und Usanzen eine wichtige Rolle.

Wie bereits im ersten Kapitel und in *Grafik 2.2* angedeutet, ist für die Wahl des Bildungsgangs die *Einstellung der Eltern* zum Bildungssystem massgebend. Eltern beeinflussen mit ihren Wertvorstellungen und Erwartungen die Orientierung ihrer Kinder. Eltern mit akademischem Hintergrund pushen ihre Kinder häufig ins Gymnasium. Ausländische Eltern (Expatriats), die das durchlässige Bildungssystem in der Schweiz nicht kennen, verhalten sich oft beim Gymnasiumszugang ihres Nachwuchses geradezu als «Kampfeltern» gegenüber Lehrpersonen, weil sie von ihrer Herkunft her glauben, die Berufslehre sei eine Sackgasse in der Berufskarriere. Wir werden im dritten Kapital auf die geografisch-sozioökonomischen Aspekte eingehen.

2.3

Berufliche Rollenbilder: Die bevorzugten Berufe sind nach Geschlechtern verschieden

Die im Jahr 2019 am häufigsten ausgestellten EFZ.

Mehrheitlich weiblich geprägte EFZ	Mehrheitlich männlich geprägte EFZ
Kauffrau/-mann E	Koch/Köchin
Fachfrau/-mann Gesundheit	Informatiker/in
Fachfrau/-mann Betreuung	Elektroinstallateur/in
Detailhandelsfachfrau/-mann	Logistiker/in
Kauffrau/-mann B	Polymechaniker/in
Medizinische/r Praxisassistent/in	Automobilmechatroniker/in
Dentalassistent/in	Zeichner/in
Coiffeuse/Coiffeur	Landwirt/in
Pharmaassistent/in	Schreiner/in

Quelle: Bundesamt für Statistik BFS: Frauen, DEMOS 1/2021, BFS Aktuell Juni 2021. S.13 © Strahm

In ländlichen Gebieten jedoch, wo die wirtschaftliche und politische Elite ihre Berufskarriere in der Regel mit einer Berufslehre (und natürlich späteren Weiterbildungen) begonnen hatte, geniesst die Lehre ein höheres gesellschaftliches Prestige. Der Berufseinstieg mit einer Berufslehre in der Region wird als Selbstverständlichkeit betrachtet.

Umgekehrt sind Eltern mit bildungsfernem Hintergrund oft zu nachlässig in Sachen Berufswahlentscheid oder sie haben völlig unrealistische Erwartungen in Bezug auf die Bildungspotenziale ihrer Kinder. Sie möchten, dass ihr Kind Arzt, Profifussballerin oder Ingenieurin wird.

In solchen Fällen ist die Lehrperson in der Oberstufe die wichtigste Sozialisationsperson für einen Jugendlichen oder eine Jugendliche. Wenn die Eltern versagen, können (und müssen) die Lehrpersonen durch Empfehlungen, Förderung und Schaffung von Selbstbewusstsein einen entscheidenden Einfluss ausüben. Es bestehen zudem in den Kantonen zahlreiche Institutionen, die mit Beratung, Praktikumseinsätzen oder

Anschlusslösungen für Schulabgänger und -abgängerinnen den Übergang von der Schule in die Lehre erleichtern oder unterstützen. In manchen Kantonen hilft die private Organisation LIFT bei der Suche nach einer Lehrstelle oder einer Anschlusslösung nach der Schule.

In der Schweiz haben heute rund ein Drittel der 16-jährigen Jugendlichen einen Migrationshintergrund. Bei deren schulischen, gesellschaftlichen und beruflichen Integration spielen die Lehrpersonen oft eine entscheidende, meist unterschätzte Rolle. Die Lehrpersonen aller Stufen sind quasi die wichtigsten, «Sozialisationsagenten» für Ausländerkinder und Migrationsjugendliche. Sie haben auch die delikate Aufgabe, unrealistische Berufswünsche von Jugendlichen oder Eltern mit den arbeitsmarktlichen Realitäten in Übereinstimmung zu bringen. Die enorme gesellschaftspolitische Leistung der Lehrerschaft bei der Integration wird verkannt und wenig belohnt.

Neben diesen strukturellen Einflussfaktoren spielen zunehmend auch vorherrschende Berufsbilder, Karrieremodelle, modeorientierte Leitfiguren («Influencer») eine Rolle bei der Entstehung von Berufs- und Karrierewünschen.

Über 90 Prozent der Jugendlichen in der Schweiz erzielen einen Abschluss auf der Sekundarstufe II, und zwar 65 Prozent mit einer Berufslehre, 26 Prozent mit einer gymnasialen Maturität und weitere 4 Prozent mit einer Fachmittelschule oder einem andern vollschulischen Abschluss der Sekundarstufe II.

Es ist das Bildungsziel der schweizerischen Regierung, dass 95 Prozent aller jungen Menschen einen Abschluss auf der Sekundarstufe II erreichen. Dieses Ziel wird von Schweizer Jugendlichen, die in der Schweiz geboren sind, nahezu erreicht. Auch junge Frauen (Schweizerinnen und Ausländerinnen) insgesamt sind nahe am 95-Prozent-Zielwert.

Von den Jugendlichen, die nicht in der Schweiz geboren, sondern erst später zugezogen sind, durchlaufen nur 80 Prozent erfolgreich die Sekundarstufe II. Es besteht ein starkes Bildungsgefälle gegenüber den Jugendlichen mit Schweizer Pass. Vor allem die Ausbildung und Berufsintegration von Jugendlichen, die in nichteuropäischen Staaten (Drittstaaten) geboren wurden, ist in der Schweiz – wie in andern europäischen Ländern – besonders erschwert und bringt soziale Folgeprobleme *(Grafik 2.4)*.

2.4 Quoten von Lehrabschlüssen und Maturitäten differieren stark

Erwerb eines Abschlusses der Sekundarstufe II bis zum 25. Altersjahr durch die Jugendlichen, die im Jahr 2010 15 Jahre alt wurden. Anteil zertifizierter Jugendliche nach Kernaspekten, in Prozent. Rest auf 100% keine abgeschlossene Ausbildung.

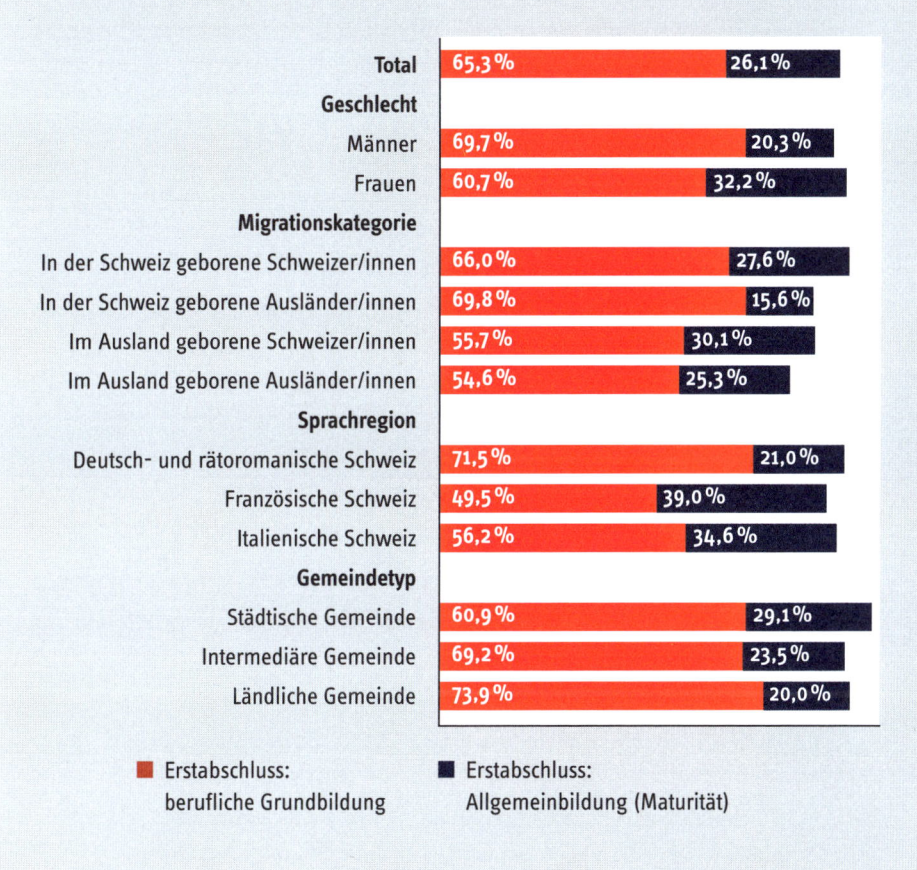

	Erstabschluss: berufliche Grundbildung	Erstabschluss: Allgemeinbildung (Maturität)
Total	65,3%	26,1%
Geschlecht		
Männer	69,7%	20,3%
Frauen	60,7%	32,2%
Migrationskategorie		
In der Schweiz geborene Schweizer/innen	66,0%	27,6%
In der Schweiz geborene Ausländer/innen	69,8%	15,6%
Im Ausland geborene Schweizer/innen	55,7%	30,1%
Im Ausland geborene Ausländer/innen	54,6%	25,3%
Sprachregion		
Deutsch- und rätoromanische Schweiz	71,5%	21,0%
Französische Schweiz	49,5%	39,0%
Italienische Schweiz	56,2%	34,6%
Gemeindetyp		
Städtische Gemeinde	60,9%	29,1%
Intermediäre Gemeinde	69,2%	23,5%
Ländliche Gemeinde	73,9%	20,0%

Quelle: BFS-Längsschnittanalysen im Bildungsbereich LABB 2022. Übergänge und Verläufe Februar 2022 © Strahm

Aus diesem Grund ist eine frühkindliche Integration von ausländischen Kindern in der Schweiz matchentscheidend für die spätere Bildungskarriere. Kindertagesstätten (Kitas), zusätzliche Schulfachbetreuung, Tagesstrukturen für Kinder sind oft entscheidend für die spätere Schulkarriere und den sozialen Status. In der Grafik fällt auf, dass der Frauenanteil im Gymnasium und in anderen vollschulischen Bildungsgängen bedeutend höher ist als jener der jungen Männer. Diese statistische Dominanz der Frauen wiederholt sich an den Universitäten.

Die Berufslehre im Betrieb und in der Berufsfachschule – die eigentliche Lehre kennen lernen
Die berufliche Grundbildung oder Berufslehre basiert auf einer Kooperation zwischen der Wirtschaft und dem Staat. Das heisst konkret, zwischen den Lehrbetrieben und deren Berufs- und Branchenverbänden einerseits und den staatlichen Berufsfachschulen und Berufsbildungsämtern anderseits.

Jeder der rund 245 Berufsabschlüsse mit dem Eidgenössischen Fähigkeitszeugnis EFZ basiert auf einem spezifischen, mit der betreffenden Wirtschaftsbranche oder dem Berufsverband ausgearbeiteten Berufsbild. Jeder Berufsabschluss beruht auf einem Rahmenlehrplan, der mit einer Bildungsverordnung des Bundes abgestützt ist.

Der Grund dafür, weshalb die EFZ-Berufe so arbeitsmarktnah sind, ist auf die Entstehung der Bildungsgänge zurückzuführen: Für jeden Berufsabschluss muss die Bildungsverordnung mit den Organisationen der Arbeitswelt (ODA), also mit den Arbeitgeber- und den Arbeitnehmerverbänden, ausgehandelt werden. Das Staatssekretariat für Bildung, Forschung und Innovation (SBFI) erlässt nach diesen Vorarbeiten die gültige Bildungsverordnung, nachdem diese von der Eidgenössischen Hochschule für Berufsbildung EHB auf die Bundesrechtskonformität geprüft worden ist. Um der technologischen Entwicklung Rechnung zu tragen, werden die Bildungspläne laufend, mindestens aber alle fünf Jahre überarbeitet und dem Branchenstandard angepasst. Diese ständige Aktualisierung sichert die hohe Arbeitsmarktfähigkeit der Berufsabschlüsse.

Diese Entwicklung und Definition der Berufsbilder bedeutet, dass vom Bodensee bis zum Genfersee alle EFZ-Abschlüsse gleichwertig sind. Jeder Arbeitgeber weiss, was ein Spengler EFZ, ein Mechatroniker EFZ oder eine Fachangestellte Gesundheit FaGe mit EFZ an Kompetenzen mitbringt. Dies dient dem einheitlichen schweizerischen Arbeitsmarkt und der einmalig hohen Arbeitsmarktfähigkeit (Employability) der EFZ-Absolventinnen und -Absolventen.

Wir untersuchen hier die Berufslehre nach vier institutionellen Bereichen, nämlich
- die Lehrbetriebe,
- die schulisch organisierte Grundbildung (Lehrwerkstätten)
- die Berufsfachschulen respektive kaufmännischen Schulen und
- die Berufsmaturitäten.

2.5

Fast drei Viertel der Jugendlichen starten mit einer Berufslehre

Eintritte in die Sekundarstufe II, 2021.
Hier nicht erfasst: Jugendliche ohne nachobligatorische Ausbildung (ca. 8%).

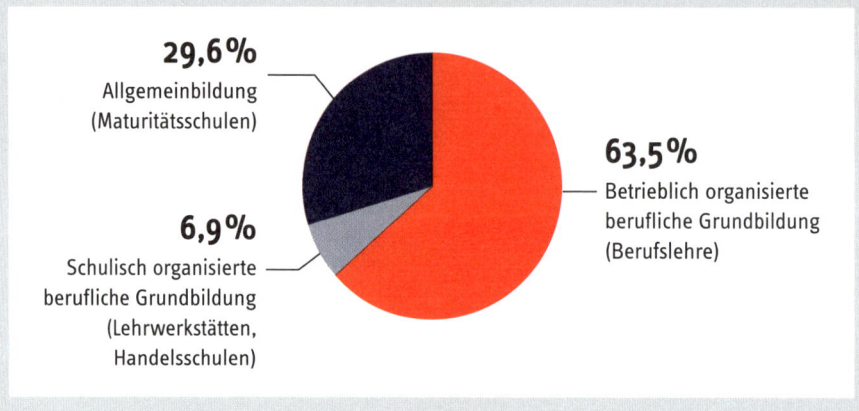

- **29,6%** Allgemeinbildung (Maturitätsschulen)
- **6,9%** Schulisch organisierte berufliche Grundbildung (Lehrwerkstätten, Handelsschulen)
- **63,5%** Betrieblich organisierte berufliche Grundbildung (Berufslehre)

Quelle: SBFI – Berufsbildung in der Schweiz, Fakten und Zahlen, 2021 © Strahm

Rund neun Zehntel aller Abgänger der obligatorischen Schulen (Sekundarstufe I) schaffen den Eintritt in eine Sekundarstufe II, die in der Regel für 16- bis 20-Jährige vorgesehen ist. Der Eintritt in die Sekundarstufe II verteilt sich wie folgt: 70 Prozent beginnen mit einer beruflichen Grundbildung. Von ihnen startet der überwiegende Teil (63,5 %) mit einer dualen Berufslehre, also mit der Kombination von betrieblicher Lehre und staatlicher Berufsfachschule. Als Spezialfall wird in mehreren Kantonen eine schulisch organisierte Berufsbildung angeboten, zum Beispiel in Lehrwerkstätten, Handelsschulen und Informatik-Mittelschulen mit hohem Praxisanteil (rund 7 %).

Der Anteil der schulischen Allgemeinbildung beträgt rund 30 Prozent, wobei in einigen Kantonen neben der Maturitätsschule (Gymnasium, Kantonsschule) auch eine Fachmaturitätsschule geführt wird, die nach dem Abschluss eine Fachmaturität (plus Praktikum) mit freiem Fachhochschulzugang ermöglicht, das sind rund 4 Prozent.

Zur Erleichterung des Übergangs von der obligatorischen Schule (Sekundarstufe I) zur Sekundarstufe II stehen Brückenangebote wie das 10. Schuljahr, Vorbereitungsschulen und Motivationssemester bereit. Für Asylpersonen gibt es spezielle einjährige Integrationsvorlehren, die der Bund finanziert.

Die Jugendlichen, die nach der obligatorischen Schule nicht in eine formale Grundbildung oder Maturitätsschule eintreten, sind hier nicht erfasst und nicht mitgezählt.

2.6

Zwei von drei Lehrstellen werden von KMU angeboten

Verteilung der Lehrstellen nach Unternehmensgrösse 2017.

Bei kleineren und mittleren Unternehmen, unter 250 Beschäftigte (KMU)

68% der Lehrstellen

Bei Grossunternehmen und Konzernen, über 250 Beschäftigte

32% der Lehrstellen

Anzahl Lehrstellen pro 100 Arbeitsstellen (Vollzeitäquivalente)

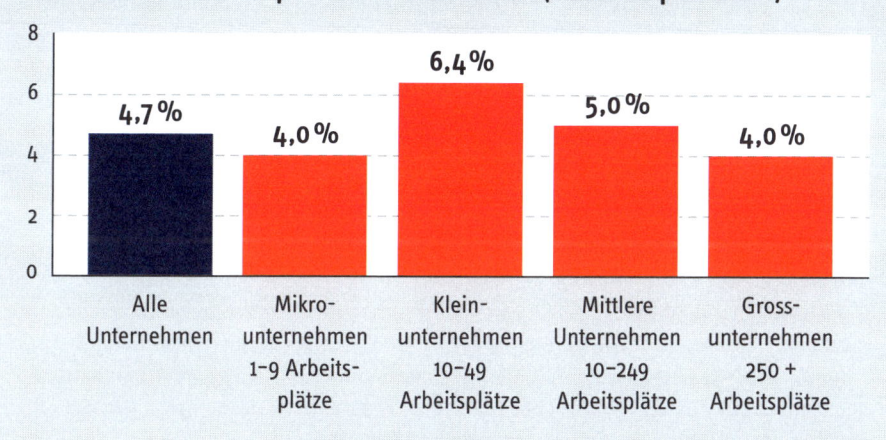

Alle Unternehmen	4,7%
Mikrounternehmen 1–9 Arbeitsplätze	4,0%
Kleinunternehmen 10–49 Arbeitsplätze	6,4%
Mittlere Unternehmen 10–249 Arbeitsplätze	5,0%
Grossunternehmen 250+ Arbeitsplätze	4,0%

Quellen: BFS: Bildungsindikatoren, Lehrstellenquote nach Unternehmensgrösse 2017. Und: Porträt der Schweizer KMU, 2011–2019, Neuchâtel, Dezember 2021 © Strahm

Mehr als zwei Drittel aller Lehrstellen für die Berufliche Grundbildung werden von kleinen und mittleren Unternehmen (KMU) angeboten. Als KMU werden in der schweizerischen Statistik jene Unternehmen bezeichnet, die 1 bis 249 Beschäftigte aufweisen. Ab 250 Beschäftigten spricht man von Grossunternehmen.
Die Grossunternehmen bilden knapp ein Drittel der Lehrlinge aus. 99,7 Prozent aller Unternehmen sind KMU. Sie beschäftigen 67 Prozent aller angestellten Arbeitnehmer und Arbeitnehmerinnen. Ihre Besonderheit ist auch die breite geografische Verteilung.

2.7

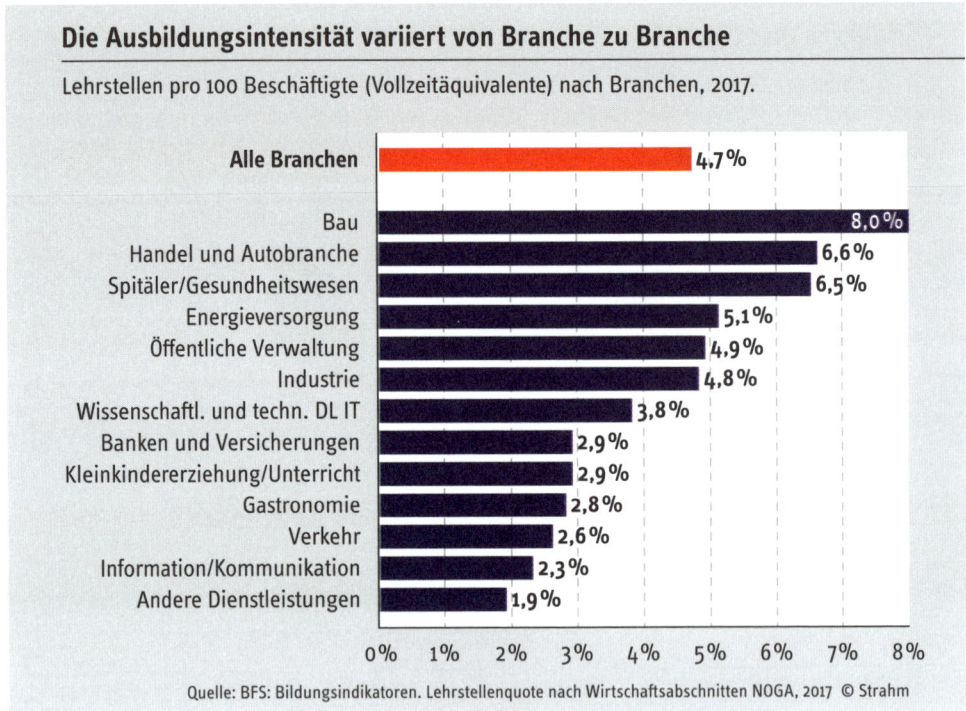

Die Ausbildungsintensität variiert von Branche zu Branche

Lehrstellen pro 100 Beschäftigte (Vollzeitäquivalente) nach Branchen, 2017.

Branche	%
Alle Branchen	4,7%
Bau	8,0%
Handel und Autobranche	6,6%
Spitäler/Gesundheitswesen	6,5%
Energieversorgung	5,1%
Öffentliche Verwaltung	4,9%
Industrie	4,8%
Wissenschaftl. und techn. DL IT	3,8%
Banken und Versicherungen	2,9%
Kleinkindererziehung/Unterricht	2,9%
Gastronomie	2,8%
Verkehr	2,6%
Information/Kommunikation	2,3%
Andere Dienstleistungen	1,9%

Quelle: BFS: Bildungsindikatoren. Lehrstellenquote nach Wirtschaftsabschnitten NOGA, 2017 © Strahm

Die Anzahl Lehrstellen pro 100 Beschäftigte eines Betriebs wird als Ausbildungsintensität bezeichnet. Als Faustregel für die Wirtschaft galt seit Jahrzehnten die «Soll-Grösse» von 6 Lehrstellen pro 100 Vollzeitbeschäftigte (wobei die Anzahl Teilzeitstellen auf Vollzeitanstellungen umgerechnet werden). Diese «Soll-Grösse» ist nicht gesetzlich als Verpflichtung verankert, sondern gilt eher als Norm (als «Soft Law») in der Unternehmenskultur.

Allerdings gibt es bei der Ausbildungsintensität sehr grosse Unterschiede zwischen den Branchen. Während das Bau- und Autogewerbe sowie neuerlich die Spitäler überdurchschnittlich viele Lehrstellen zur Verfügung stellen, sind neuere Berufszweige in Informatik und Dienstleistungen sehr stark im Rückstand mit der eigenen Ausbildungstätigkeit. Dies ist mit ein Grund für den Fachkräftemangel in diesen Branchen.

Die unterschiedliche Ausbildungskultur nach Branchen ist auch historisch bedingt. Im traditionellen Gewerbe pflegte man in den Zünften seit dem Spätmittelalter und in der Frühindustrialisierung eine Kultur der «Meisterlehre». Die jungen Männer gingen bei einem Meister drei oder vier Jahr in die Lehre und lebten meist im Haushalt der Meisterfrau. Nach der Beendigung erhielten sie einen Gesellenbrief und mussten im europäischen Raum wandern und Beschäftigung suchen. Frühestens nach fünf Gesellenjahren konnten sie in ihre Heimatstadt zurückkehren, als Meister ein eigenes Gewerbe eröffnen und in die Zunft eintreten.

2.8

Empfohlene Lehrlingslöhne

Empfehlung Volkswirtschaftsdirektion Kanton Zürich, 2021.

Lehre mit EFZ	1. Lehrjahr	2. Lehrjahr	3. Lehrjahr	4. Lehrjahr
Bäcker/-in	800 Fr.	900 Fr.	1100 Fr.	
Coiffeur/Coiffeuse	500 – 700 Fr.	600 – 800 Fr.	700 – 1000 Fr.	
Dentalassistent/-in	550 Fr.	900 Fr.	1300 Fr.	
Detailhandels-fachmann/-frau	770 Fr.	980 Fr.	1480 Fr.	
Elektroplaner/-in	650 Fr.	850 Fr.	1000 Fr.	1300 Fr.
Fachmann/-frau Gesundheit	750 Fr.	950 Fr.	1270 Fr.	
Florist/-in	550 Fr.	700 Fr.	900 Fr.	
Gebäudereiniger/-in	900 Fr.	1245 Fr.	1660 Fr.	
Kaufmann/-frau	770 – 850 Fr.	980 – 1050 Fr.	1480 – 1500 Fr.	
Kosmetiker/-in	300 – 500 Fr.	400 – 600 Fr.	500 – 700 Fr.	
Maurer/-in	957 Fr.	1326 Fr.	1862 Fr.	
Metallbauer/-in	650 Fr.	850 Fr.	1050 Fr.	1300 Fr.
Fleischfachmann/-frau	900 Fr.	975 Fr.	1025 – 1100 Fr.	
Zimmermann/-frau	750 Fr.	980 Fr.	1330 Fr.	1700 Fr.
Informatiker/-in	550 – 650 Fr.	750 – 850 Fr.	950 – 1100 Fr.	1200 – 1400 Fr.
Polymechaniker/-in	550 – 600 Fr.	700 – 850 Fr.	900 – 950 Fr.	1200 – 1300 Fr.

Quelle: Volkswirtschaftsdirektion des Kantons Zürich, 2021. Auch www.yousty.ch, Lehrlingslohn © Strahm

Lernende erhalten während der Beruflichen Grundbildung einen Lehrlingslohn vom Arbeitgeber für ihre produktive Arbeit im Betrieb. Der Lohn nimmt von Lehrjahr zu Lehrjahr zu. Der Lohn ist nicht existenzsichernd, zumal die meisten Lernenden zwischen 16 und 20 Jahren noch bei den Eltern wohnen.

Die Löhne werden nicht gesetzlich festgelegt. Die obigen Werte sind Richtgrössen, publiziert für den Kanton Zürich. Sie können beträchtlich voneinander abweichen. Die Berufsfachschulen sind schweizweit für alle Lernenden unentgeltlich.

2.9

Lehrlinge bezahlen die Ausbildungskosten teilweise durch produktive Arbeit selbst

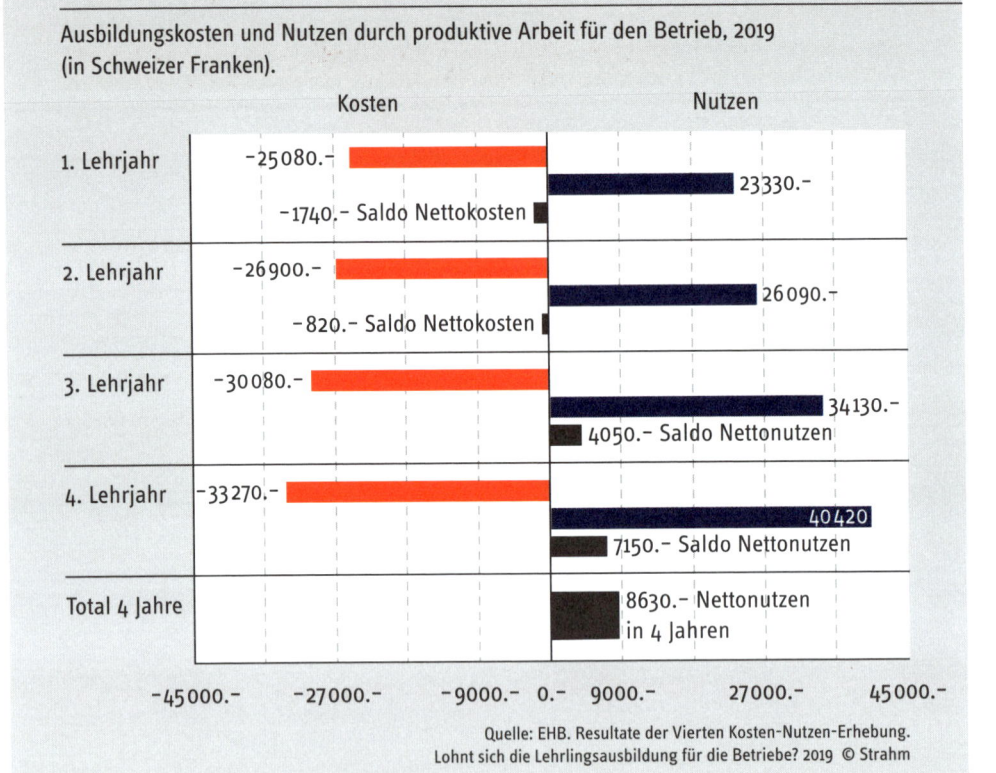

Ausbildungskosten und Nutzen durch produktive Arbeit für den Betrieb, 2019 (in Schweizer Franken).

	Kosten	Nutzen
1. Lehrjahr	−25 080.−	23 330.−
	−1740.− Saldo Nettokosten	
2. Lehrjahr	−26 900.−	26 090.−
	−820.− Saldo Nettokosten	
3. Lehrjahr	−30 080.−	34 130.−
		4050.− Saldo Nettonutzen
4. Lehrjahr	−33 270.−	40 420
		7150.− Saldo Nettonutzen
Total 4 Jahre		8630.− Nettonutzen in 4 Jahren

Quelle: EHB. Resultate der Vierten Kosten-Nutzen-Erhebung.
Lohnt sich die Lehrlingsausbildung für die Betriebe? 2019 © Strahm

Die Lernenden erbringen in der betrieblichen Lehre eine produktive Leistung zugunsten des Lehrbetriebs. Im ersten Lehrjahr beträgt sie im Durchschnitt aller Berufe etwa 23 000 Franken, dieser steigt dann auf etwa 40 000 Franken im vierten Lehrjahr.

Auf der andern Seite zahlt der Lehrbetrieb auch den Lehrlingslohn gemäss voranstehender Tabelle (Grafik 2.8). Er zahlt zudem die Kosten für Lehrmaterial, für überbetriebliche Kurse und er trägt die Aufwände für die Vorbereitung und Leistungen der Berufsbildnerinnen und Berufsbildner («Lehrmeister/innen») im Betrieb.

Aus der Differenz zwischen dem Ertrag der produktiven Arbeitsleistungen des Lehrlings (plus) und den Löhnen und andern Aufwänden (minus) ergeben sich in den ersten Lehrjahren meist Nettokosten für den Lehrbetrieb, in den späteren Lehrjahren aber ein Nettonutzen für den Betrieb. In einigen anspruchsvollen Berufen wie Informatiker oder Polymechaniker verbleiben über die ganze Lehrzeit hinweg Nettokosten (siehe nächste Grafik 2.10). In vielen Branchen wird Ausbildung mit dem eigenen Nutzen gerechtfertigt: «Wenn wir die Fachkräfte nicht selbst ausbilden, dann fehlen sie uns mit der nötigen Qualität.»

2.10

Nutzen-Kosten-Verhältnis beim Lehrbetrieb variiert je nach Branche und Beruf

Nettonutzen/Nettokosten von Lehrberufen über die gesamte Lehrzeit von 3 oder 4 Jahren Dauer, 2019 (in Schweizer Franken).

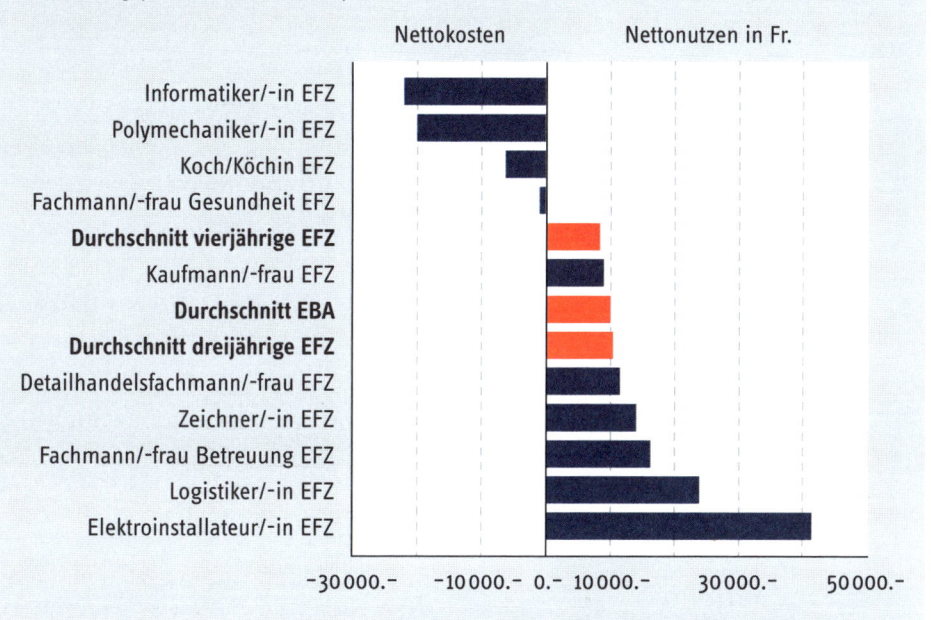

Beruf	Nettokosten / Nettonutzen in Fr.
Informatiker/-in EFZ	ca. −15'000
Polymechaniker/-in EFZ	ca. −17'000
Koch/Köchin EFZ	ca. −5'000
Fachmann/-frau Gesundheit EFZ	ca. −1'000
Durchschnitt vierjährige EFZ	ca. +8'000
Kaufmann/-frau EFZ	ca. +9'000
Durchschnitt EBA	ca. +10'000
Durchschnitt dreijährige EFZ	ca. +10'000
Detailhandelsfachmann/-frau EFZ	ca. +12'000
Zeichner/-in EFZ	ca. +15'000
Fachmann/-frau Betreuung EFZ	ca. +17'000
Logistiker/-in EFZ	ca. +25'000
Elektroinstallateur/-in EFZ	ca. +40'000

Quelle: EHB. Resultate der Vierten Kosten-Nutzen-Erhebung. Lohnt sich die Lehrlingsausbildung für die Betriebe? 2019 © Strahm

Das Kosten-Nutzen-Verhältnis beim Lehrbetrieb über die ganze Lehrzeit von 3 oder 4 Jahren ist nicht immer gleich. Der Saldo ist von Branche zu Branche verschieden. Hochtechnologische, anspruchsvolle Berufe mit einem grossen Schulanteil und einem grossen Bildungsaufwand wie etwa bei den Informatikern oder Polymechanikern verbleiben Nettokosten. Bei der Ausbildung von Köchen in der Hotellerie und Gastrobranche übersteigen die Kosten für die externen überbetrieblichen Kurse die produktive Leistung ebenfalls. Die überbetrieblichen Kurse (ÜK) werden von den Branchenverbänden organisiert und von den Lehrbetrieben bezahlt.

Demgegenüber verbleibt bei vielen Branchen per Saldo ein Nettonutzen für ihre Ausbildungstätigkeit.

Im Gegensatz zur vollschulischen Bildung in Gymnasien, Kantonsschulen und Hochschulen, bei denen der Staat ganz oder grossmehrheitlich die Ausbildung zahlt, tragen die Lehrlinge einen Teil ihrer betrieblichen Ausbildungskosten mit. Die Ausbildungskosten in den Berufsfachschulen und KV-Schulen werden jedoch vollumfänglich vom Staat (Kantone und Bund) bezahlt.

Berufsfachschule

Wer eine Berufslehre absolviert, besucht gleichzeitig mit der betrieblichen Arbeit die Berufsfachschule, bei der kaufmännischen Grundbildung das KV, also die Schule, die früher vom Kaufmännischen Verband (KV) geführt worden ist. Die Berufsfachschulen und das KV werden vom Staat finanziert und sind kostenlos. Bei der Finanzierung der Schulen teilen sich der Bund und die Kantone die Kosten im Schlüssel: knapp ein Viertel Bund und drei Viertel die Kantone.

Für jeden Beruf ist das Curriculum (Bildungsziele und Lehrplan) in der Schule speziell auf den betreffenden Beruf und die Branche zugeschnitten. Die Rahmenlehrpläne werden von den Organisationen der Arbeitswelt (Berufsverbände der Arbeitgeber und der Arbeitnehmer) erarbeitet und vorgeschlagen und nach einer Überprüfung durch die Eidgenössische Hochschule für Berufsbildung (EHB) vom Staatssekretariat für Bildung, Forschung, Innovation (SBFI) in Kraft gesetzt. Damit die Berufslehre immer das neueste Wissen und die modernsten Technologien vermittelt, wird der Lehrplan für jeden Beruf alle fünf Jahre angepasst.

Die *Stundenzahl* in der Berufsfachschule ist je nach Beruf unterschiedlich. Mindestens sind 8 Stunden pro Woche vorgeschrieben, bei höherschwelligen, anspruchsvollen Berufen sind es 12 bis 16 Wochenstunden. Wer eine Berufsmaturität (BM) während der Berufslehre absolviert, geht in der Regel einen weiteren Tag (8 Wochenstunden) in die Schule. Die meisten Berufsfachschulen bieten noch freiwilligen Zusatzunterricht an, zum Beispiel für eine Fremdsprache oder für Informatik.

Der Unterricht in der Berufsfachschule ist zweigeteilt: Einerseits vermittelt der *Allgemeinbildende Unterricht (ABU)* mit mindestens drei (oder mehr) Wochenstunden im Lernbereich «Sprache und Kommunikation» sowie im Lernbereich «Gesellschaft», wie etwa Ökologie, Politik, Recht, Wirtschaft. Als Steuerungsinstrument gilt der Rahmenlehrplan, der dann auf Schulebene mit dem Schullehrplan konkretisiert wird.

Der *Fachunterricht* der Berufsfachschule umfasst das Wissen und die Kompetenzen, die der entsprechende Beruf vorschreibt. Das kann Mathematik, Informatik und Kalkulation umfassen, Material- und Technologiekenntnisse, Fachterminologie, Methodenkompetenz, kurz das, was die Grundkompetenzen und Fähigkeiten des betreffenden Berufs ausmachen. Die Anforderungen werden von den Organisationen der Arbeitswelt ODA für jede Branche resp. jeden Beruf erarbeitet und vorgeschlagen.

Der Unterricht in der Berufsfachschule ist heute stark auf themenorientierte *Didaktik* ausgerichtet, auf die Vermittlung und Einübung von Sachkompetenzen. Die Berufsschulen sind längst nicht mehr fixiert auf eine «Büffelei», aufs Auswendiglernen, sondern sie praktizieren themenbezogene, handlungsorientierte oder prozessgerichtete Qualifikationsformen. Zur Auseinandersetzung um die Berufspädagogik (zum Beispiel über die KV-Reform) berichten wir im sechsten Kapital.

Die Lehrpersonen an den Berufsfachschulen lassen sich grob einteilen in ABU-Lehrer, in Lehrer für den Fachunterricht und in Lehrpersonen für die Fächer der Berufsmaturität. Die Lehrpersonen haben in der Regel eine spezielle Ausbildung in Berufspädagogik an der Eidgenössischen Hochschule für Berufsbildung EHB durchlaufen. In einigen Kantonen (St. Gallen, Zürich, Luzern) wird auch eine Lehrerausbildung an der Pädagogischen Hochschule PH angeboten.

Die Berufsmaturität

Die Berufsmaturität (BM) kombiniert das Eidgenössische Fähigkeitszeugnis EFZ mit einer erweiterten Allgemeinbildung, die dann den prüfungsfreien Zugang zu einer Fachhochschule ermöglicht. Für Fachhochschulen ist die Kombination von EFZ+BM der Regelzugang. Dabei gibt es auch Zugangslösungen für Absolventen einer gymnasialen Maturität (Weiteres im vierten Kapitel über die Fachhochschulen).

Mit einem Zusatzjahr und einer Ergänzungsprüfung («Passerelle») ist für die BM-Absolventen/-Absolventinnen auch ein Übertritt an eine Universität oder an die ETH möglich. Ein Zugang zu einer universitären Hochschule ist also auch über die Berufslehre und BM möglich; erneut gilt: Kein Abschluss ohne Anschluss.

Die BM ist eine schweizerische Besonderheit, in den andern Berufsbildungsländern kennt man sie nicht in dieser Form. In Deutschland sind Uni-Bewerber gezwungen, ein Abitur zu absolvieren, und in Frankreich ein Baccalauréat («Bac»).

Die BM ist für die Absolventen/Absolventinnen kostenfrei und wird von den Berufsfachschulen angeboten. Sie kann entweder während der Berufslehre (BM-1, mit einem wöchentlichen Zusatztag Unterricht) oder nach dem Lehrabschluss (BM-2 mit einem schulischen Zusatzjahr) erreicht werden.

Was viele nicht wissen: Die BM ist nicht einfach eine verkürzte Form der gymnasialen Maturität, sondern sie wird nur erreicht in Kombination mit einem Berufslehr-Abschluss mit EFZ. Die BM-Absolventen haben also eine Doppelqualifikation von berufspraktischer Fachkompetenz und schulisch-allgemeinbildendem Wissenserwerb.

Die Zahl der BM-Absolvierenden hat stark zugenommen, sie wird heute von 16 Prozent der Jugendlichen eines Jahrgangs erreicht – demgegenüber erreichen die gymnasiale Maturität im schweizerischen Durchschnitt rund 20 bis 22 Prozent der Jugendlichen, – bei grossen Unterschieden zwischen den Landesteilen *(siehe Grafik 3.1 im Kapitel 3).*

Die Ausrichtung der BM ist normalerweise mit dem erlernten EFZ-Beruf verwandt, zum Beispiel gibt es einen BM-Typus für Technik, Architektur und Life Sciences, oder einen BM-Typus für Wirtschaft und Dienstleistungen – insgesamt gibt es fünf BM-Typen. Weitere Informationen: *www.berufsmaturitaet.ch.*

Die Fachmaturität
In einigen Kantonen werden auch Fachmaturitätsklassen angeboten. Das sind vollschulische Bildungsgänge, die zu einer Fachmaturität führen. Nur etwa 3 bis 4 Prozent der Jugendlichen eines Jahrgangs schliessen mit einer Fachmatur ab. In Kombination mit bestimmten Betriebspraktika ermöglicht die Fachmaturität ebenfalls den prüfungsfreien Zugang zu den Fachhochschulen im Bereich der Fachmatur.

Die Lernorte
Im Gegensatz zu den allgemeinbildenden Schulen, die in der Regel in einer einzigen örtliche Bildungsstätte (Gymnasium, Kantonsschule) lokalisiert sind, ist die berufliche Grundbildung auf zwei oder drei Lernorte aufgeteilt.

Da ist erstens der *Lehrbetrieb.* Hier werden die berufspraktischen Fähigkeiten vermittelt und die Lernenden in die betrieblichen Prozesse –

oft an mehreren Arbeitsplätzen im Turnus – eingeführt. Sie werden durch Berufsbildnerinnen und Berufsbildner betreut, die in der Regel den betreffenden oder einen verwandten Beruf erlernt hatten und zusätzlich in Kursen für die Betreuung Lernender ausgebildet sind. Viele Einzelheiten wie Betriebsstruktur, Löhne usw. haben wir weiter vorn schon beschrieben.

Da sind zweitens die *Berufsfachschulen*, die wir vorne beschrieben haben. Die Berufsfachschulen bieten auch den unentgeltlichen Unterricht für die Berufsmaturitäten an. Ihre Organisation und die Vereinheitlichung mittels Rahmenlehrplänen haben wir zuvor beschrieben.

In den meisten Berufszweigen bestehen zusätzlich als dritte Lernorte die brancheneigenen Ausbildungszentren für *überbetriebliche Kurse, die sogenannten ÜK*. Lernende werden für eine oder mehrere Wochen zusammengezogen, wo sie die spezifischen Wissenselemente ihrer Branche intensiv von Branchenverantwortlichen erlernen. Zum Beispiel werden Bauleute im Ausbildungszentrum des Schweizerischen Baumeisterverbands in die Technologie und Nomenklatur der Baumaterialien eingeführt. Oder die Gastrofachangestellten werden in einem ÜK-Zentrum der Gastronomie wie in einem «Übungshotel» in die Geheimnisse der Küchenkultur bezüglich Nahrungsmitteln, Gewürzen, Zubereitungstechniken usw. eingeführt. Die ÜK werden von den Branchenverbänden finanziert.

Pädagogische Konzeption der Berufsbildung
Die Wirtschaft verändert sich schnell. Alte Berufe verschwinden, neue, bisher unbekannte Technologien verbreiten sich. Die Digitalisierung und die globale Ausrichtung auf internationale Lieferketten verändern die Berufsbilder. Dieser Wandel überträgt sich auch auf die pädagogische und didaktische Konzeption der Berufsausbildung.

Die Berufsfachschulen haben früh – früher als die obligatorischen Schulen und Gymnasien – ihr pädagogisches Konzept auf Kompetenzeinübung ausgerichtet, weg von der rein schulisch-kognitiven Wissensvermittlung. Um den Mix zwischen Kompetenzorientierung und Wissensvermittlung gibt es eine umfangreiche pädagogische und bildungspolitische Debatte.

> **Was heisst Kompetenzorientierung?**
>
> Der Unterschied zwischen Wissensorientierung und Kompetenzorientierung lässt sich auf einfache Weise wie folgt illustrieren: Anstelle der abstrakten betriebswissenschaftlichen Definition von Fixkosten und variablen Kosten wird an einem Praxisbeispiel eines Betriebs (oder des eigenen Betriebs) herausgearbeitet, wie sich die beiden Kostenarten bei der Ausweitung der Produktionsmenge entwickeln.
>
> Ein anderes Beispiel: Anstelle der finanzwissenschaftlichen Definition von direkten und indirekten Steuern wird in der Betriebsrechnung danach gesucht, wo die verschiedenen Steuerarten anfallen und wie sie beeinflusst werden.
>
> Kompetenzorientierung zielt auf das, was die Lernenden am Ende einer Lernsituation wissen und können. Entscheidend ist der Output: Was können die Lernenden am Schluss mit dem Wissen anfangen? Es geht darum, dass Wissen auf andere Situationen und Problemstellungen anwendbar wird.

Um die Fragen der pädagogisch-didaktischen Orientierung der Berufsbildung laufen intensive Diskussionen. Wir werden im Schlusskapitel die Weiterentwicklung den Streit um die KV-Reform beschreiben *(siehe Kapitel 6).*

Schwierigkeiten in der Lehre und Lehrabbrüche

Der Wechsel von der Schule in den Betrieb bedeutet einen kulturellen und existenziellen Bruch für die Lernenden. Die Kombination Schule und betriebliches Arbeiten, die neue Umgebung im Betrieb, die Chefs und Bildungsverantwortlichen, die Übernahme von Aufgaben und Verantwortung – all dies ist eine Herausforderung für die Lehrlinge, die meist noch in der Adoleszenz stehen. (Diese Konfrontation mit der Betriebskultur ist allerdings auch den Maturitäts- und Hochschulabgängern und -abgängerinnen nicht erspart – sie geschieht nur viel später im Leben.)

Lehrabbrüche während der Berufslehre sind nicht selten – allerdings von Beruf zu Beruf sehr unterschiedlich häufig. Ein Lehrabbruch bedeutet aber keinen definitiven Verzicht auf eine Berufsausbildung, weil die Lernenden mit einem Support durch die Berufsberatung respektive durch das kantonale Berufsbildungsamt rechnen können. Das Amt vermittelt eine neue Lehrstelle bei einem anderen Lehrbetrieb, wenn der/die Lernende weiterfahren will. Manchmal ist auch ein Wechsel zur EBA-Stufe sinnvoll. Auch wenn eine Firma schliesst oder in Konkurs gerät, sucht und vermittelt das Berufsbildungsamt einen neuen Lehrbetrieb. Wie früher schon erwähnt, ist das kantonale Amt Mitunterzeichner des Lehrvertrags und es überwacht die Lehrbetriebe und die Ausbildungsqualität. Es kann auch säumige oder unqualifizierte Betriebe für Lehrverhältnisse sperren.

Die Lehrabbrüche sind auch je nach Branche sehr verschieden häufig. Häufige Abbrüche schaden der Reputation und dem Image der Branche. Deshalb haben die Branchenverbände alles Interesse, die Lehrabbrüche abzuklären und zu minimieren. Sie sind bestrebt, einen tadellosen Ruf und Attraktivität vorzuführen. Besonders bei der Berufsintegration von ausländischen Jugendlichen leisten gewerbliche Lehrbetriebe eine grosse Anstrengung.

Lehrabschluss-Erfolg und Lehrabbrüche in Zahlen – zuletzt nur 4,4 Prozent definitive Lehrabbrüche

In den Deutschschweizer Kantonen absolvieren 91 bis 99 Prozent der Lernenden erfolgreich den Lehrabschluss mit einem Zertifikat (EFZ) oder Attest (EBA), im Mittel (Median) sind es rund 94 Prozent. In den Kantonen der Romandie und in Basel sind die Erfolgsquoten 82 bis 89 Prozent. Dies gilt sowohl beim Abschluss EFZ also auch EBA (SKBF: Bildungsbericht Schweiz, BBS 2018, S. 219). 84 Prozent der Lernenden, die eine Lehrvertragsauflösung erleben, treten wieder in eine zertifizierte Berufsausbildung ein; und von diesen schliessen dann rund 90 Prozent die Lehre auch mit Erfolg ab. Bildungsabbrüche kommen bei Frauen weniger häufig vor als bei Männern. Bei Jugendlichen mit Migrations-Hintergrund sind sie häufiger.

Von allen Lehrverhältnissen verbleiben letztlich bei den Jugendlichen bis 25 Jahren nur gerade 4,4 Prozent, die zu einem definitiven Abbruch ohne Abschluss führen. Im Vergleich sind das viel weniger, als die definitiven Aussteiger aus dem Gymnasium und den Universitäten.

Beim Nichtbestehen der Lehrabschlussprüfung (Qualifikationsverfahren) können die Jugendlichen das letzte Jahr repetieren und danach nochmals die Prüfung absolvieren. Diese Abschlussjahr-Repetition ist bei vierjährigen Berufslehren etwa bei von 5 von 100 Lehrabschlussprüfungen der Fall.

Statistisch signifikant ist der (indirekte) Einfluss der Maturitätsquoten: Kantone mit tiefen Maturitätsquoten zeigen bei den beruflichen Lehrabschlussprüfungen markant höhere Erfolgsquoten (im Bereich 84–99 Prozent), weil dort mutmasslich mehr Betriebe mehr Lehrstellen anbieten und damit ein breiteres Berufswahlangebot für Wunschkandidaten und Kandidatinnen und eine adäquatere Betreuung gewährleistet ist. Umgekehrt gibt es in Kantonen mit hohen Maturitätsquoten (Romandie-Kantone und Basel-Stadt) tiefere Lehrabschlusserfolgsquoten (im Bereich 82–88 Prozent), vermutungsweise, weil dort die Kantone mehr Schwierigkeiten haben, leistungsstarke Jugendliche für Berufslehren zu finden *(Quelle: SKBF Bildungsbericht 2018, Seiten 110, 128, 129)*.

Repetitionen und Abbrüche im Gymnasium – und im akademischen Weg – ein Vergleich

Rund ein Viertel der Schülerschaft des Gymnasiums kommt nicht mit der minimalen Dauer (Regeldauer) durch das Gymnasium. 17 % repetieren ein Jahr, 14 % der Schülerinnen und Schüler schliessen das Gymnasium nicht ab *(SKBF: Bildungsbericht Schweiz, BBS 2023, S. 174)*.

In Kantonen mit höheren Maturitätsquoten gibt es signifikant mehr Gymnasiumabbrüche und Schuljahrrepetitionen. Höhere Gymnasiumsquoten führen zu tieferen Abschlussquoten. Mit anderen Worten: Wo mehr Jugendliche ins Gymnasium einsteigen, gibt es auch mehr Abbrüche. Dies reduziert die Studienerfolge und damit die durchschnittlichen Bildungsrenditen und es verteuert die Kosten für die Kantone auf der Systemebene.

Bemerkenswert ist die Funktion des individuellen Nachhilfe-Unterrichts in der Sekundarstufe I (Oberstufe) und/oder bei der Prüfungsvorbereitung für das Gymnasium: Der Zugang zum Gymnasium wird durch ein solches Prüfungstraining erleichtert, aber die Wahrscheinlichkeit, das erste Jahr im «Gymi» repetieren zu müssen, wird danach signifikant erhöht.

Mit anderen Worten: Der Zugang zum Gymnasium mit dem (privaten) Nachhilfeunterricht erleichtert Söhnen und Töchtern aus zahlungskräftigen Bevölkerungsschichten den Zugang zur Allgemeinbildung anstelle einer Berufslehre, aber das System als Ganzes wird ineffizienter und das durchschnittliche Leistungsniveau tiefer. Fachleute weisen auf eine «Verwässerung» der Maturitätsabschlüsse hin.

Der Bildungsbericht Schweiz 2018 der Schweizerischen Koordinationsstelle für Bildungsforschung (BBS 2018) schreibt zu diesem heiklen und konfliktbeladenen Thema: «Es kann sein, dass sie (die Jugendlichen) sich wegen des Nachhilfeunterrichts Lernstrategien aneigneten, die für das Gymnasium nicht tauglich waren oder sie verfügten trotz gleicher Kompetenzen vor Eintritt ins Gymnasium doch nicht über das gleiche Potential, das Gymnasium erfolgreich zu durchlaufen» *(BBS 2018, S. 158)*.

Die Möglichkeit des gymnasialen Zutritts hängt stark von der sozioökonomischen Herkunft ab – wie etwa Elternvorbildung, Einkommenslage, Mittelschichtgemeinde. Jugendliche aus Familien mit privilegiertem Status haben trotz begrenzter oder prekärer Studierfähigkeit grössere Chancen. Und talentierte Jugendliche aus sozioökonomisch benachteiligten Familien verpassen eher den direkten Zugang zu einer adäquaten Hochschulbildung. Häufig erkämpfen sich diese später ihre Karriere über den Weg Berufsbildung – Berufsmaturität – Fachhochschule oder mit einer Passerellen-Lösung zur universitären Hochschule *(BBS 2018, S. 107, 111, 157, 158; siehe auch Kapitel 3 zur Arbeitsmarktintegration, siehe Grafik 3.18, S. 118)*.

Studienerfolgsquoten im und nach dem Gymnasium

Statistisch beurteilt, ist der Karriereweg über das Gymnasium zum Studium nicht für alle der Königsweg. Im Gegenteil, eine Mehrheit erlebt in ihrer Schullaufbahn Repetitionen, Umstiege und Abbrüche.

Als grobe Faustregel gelten etwa folgende Erfolgsquoten: Von 100 Gymnasiums-Eintritten führt schweizweit nur rund die Hälfte zu einem erfolgreichen Uni-Abschluss auf Bachelorstufe. Und von 100 Gymnasiumseintritten führen nur zwei Fünftel zu einem Uni-Abschluss auf Masterstufe.

Mit anderen Worten, durchschnittlich 50 bis 60 Prozent der Eintretenden ins Gymnasium schaffen keinen universitären Abschluss.

Während des Studiums an der Universität wechseln im Durchschnitt 23 Prozent der Studierenden mindestens einmal die Fachrichtung oder Fakultät.

Die Abschlussquoten eines erfolgreichen Studienwegs variieren allerdings nach Schwerpunktfächern, Studienrichtung, Geschlecht, Nationalität und Bildungsinstitutionen. Die durchschnittlichen Erfolgs- resp. Ausstiegszahlen der Etappen im Curriculum lassen sich aufgrund der Bildungsberichte Schweiz 2018 und 2014 (BBS) aus zahlreichen Forschungsresultaten etwa wie folgt zusammenfassen und aggregieren:

- Im vierjährigen Gymnasium repetieren rund 22 Prozent mindestens ein Schuljahr. *(BBS 2018, S. 110)*
- Die Abbruchquote auf Stufe Gymnasium wird in der Schweiz nicht national erfasst. Vorhandene Zahlen und Approximationen zeigen eine extreme Variation: In den Kantonen AG, TG, GR, ZG beträgt sie etwa 0 bis 5 Prozent. In der Romandie und im Tessin bewegt sie sich zwischen 20 und 40 Prozent, mit TI (42 Prozent) und GE (53 Prozent) an der Spitze. Der Median liegt bei den Deutschschweizer Kantonen bei 9 Prozent. *(BBS 2014, S. 156)*
- Von den Absolventen der gymnasialen Maturität nehmen 16 Prozent der Männer und 26 Prozent der Frauen kein Universitätsstudium in Angriff – im Durchschnitt 22 Prozent. Allerdings gibt es grosse Unterschiede: Bei der Fächergruppe PPP (Psych-Päd) und Künste sind es 39 Prozent, bei der Gruppe Sprachen 27 Prozent und bei der MINT-

Fächergruppe 16 Prozent. Einige Prozent der Maturitätsabgänger/innen, die nicht an die Universität wechseln, beginnen nach Praktika ihr Studium an Fachhochschulen FH oder an Pädagogischen Hochschulen PH. Weitere wechseln dann auch während des Uni-Studiums noch zu einer FH, einer PH oder steigen in eine Berufslehre oder dann direkt in die Erwerbstätigkeit ein (in allen Etappen zusammen etwa 20–25 Prozent). *(BBS 2018 S. 153, 211)*
- Die Bachelor-Erfolgsquote für Maturanden nach dem Einstieg in die Universität beträgt im Durchschnitt 76 Prozent, die Aussteiger oder Umsteiger umfassen also in der ersten Universitätsstufe schon 24 Prozent.
- Die Übertritte vom Bachelor ins Masterstudium schaffen 83 Prozent, 17 Prozent steigen aus oder um. Im Masterstudium schaffen von den Masterstudium-Eintretenden 94 Prozent den Abschluss und 6 Prozent schaffen ihn nicht. *(BBS 2018 S. 211)*
- Während der universitären Lehrgänge gibt es zahlreiche Studienwechsel: Die Studienwechselquoten variieren von 10 Prozent (Theologie) bis 23 Prozent (Naturwissenschaften); – im Durchschnitt sind es rund 23 Prozent Studienwechsler/innen. *(BBS 2018 S. 220)*

Weiterbildungen: Die Berufsmaturität und die Höhere Berufsbildung in der Praxis
Nach der Berufslehre gibt es zwei Regelweiterbildungen, nämlich die Höhere Berufsbildung und – mit Berufsmaturität – die Fachhochschulen. Und zudem unzählige weitere nonformale Nachdiplom-Spezialisierungen an Fachhochschulen, Berufsfachschulen und privaten Instituten.

Die Bildungsgänge der Höheren Berufsbildung HBB sind die häufigsten und wichtigsten Weiterbildungsstufen nach der Berufslehre mit EFZ. Gleichzeitig sind sie verkannt, oft bei den Bildungspolitikern kaum bekannt und werden selten erwähnt.

Der Hauptgrund für diese Ignoranz ausserhalb der Berufsbildungsszene ist, dass derzeit der übergreifende Titel «Professional Bachelor» noch nicht offiziell eingeführt wurde. Vielmehr gibt es rund 480 HBB-Bildungsgänge mit je spezifischer Berufs- und Titelbezeichnung.

Manche Medienleute und Publizisten verwechseln und vertauschen die Fachhochschulen FH (Tertiär A) mit den Höheren Fachschulen HF (Tertiär B), die zur Höheren Berufsbildung gehören. Und die wichtigen Eidgenössischen Berufsprüfungen BP und die Eidgenössischen Höheren Berufsprüfungen HFP (früher Meisterprüfungen), die ebenso zur formalen Höheren Berufsbildung gehören, erwähnen sie mangels Kenntnissen schon gar nicht.

Während für die Berufslehre auf Stufe Sek. II die eingeführten Titel «Eidgenössisches Fähigkeitszeugnis EFZ» und «Eidgenössisches Berufsattest EBA» gelten, und während für die Hochschulen die Titel «Bachelor», «Master», «Doktorat» eingeführt sind, ist für die Höhere Berufsbildung der Titel «Professional Bachelor» in der Schweiz noch nicht offiziell anerkannt. Demgegenüber waren Deutschland und Österreich schneller; sie haben diesen Titel eingeführt und geschützt *(siehe Erläuterungen zur Titeläquivalenz im Kapitel 6)*.

Die Abschlüsse der Höheren Berufsbildung sind demnach für die berufliche Weiterbildung und Spezialisierung absolut entscheidend für den hohen Technologiestandard der schweizerischen Wirtschaft.

Die Abschlüsse der Höheren Berufsbildung sind nach unserer Einschätzung die wichtigsten Instrumente zur Diffusion der neusten Technologien in der KMU-Wirtschaft, die 99 Prozent aller Betriebe ausmacht. Sie sind nicht nur wichtig wegen ihrer zahlenmässigen Bedeutung, sondern auch wegen der Struktur der Bildungsgänge: Sie werden meist berufsbegleitend absolviert und ermöglichen auch 30-, 35- und 40-Jährigen Berufsleuten und Kadern, die neusten Technologien, IT-Programme oder Material-Knowhow zu erwerben. Und die unterrichtenden Fachleute in den HBB-Lehrgängen stehen selbst in der Praxis und vermitteln die neusten Technologien aus Praxis und Erfahrung.

Die Absolventinnen und Absolventen der HBB sind die Techniker, Teamchefs und mittleren Kader der Wirtschaft und deshalb statistisch unter allen Tertiärabsolventen die begehrtesten Fachkräfte. Wir werden im dritten Kapital die neueren Längsschnitt-Erhebungen zum Arbeitsmarktbedarf darstellen *(Grafiken 3.3, 3.4, 3.5)*.

2.11

Jede/-r vierte Berufslehre-Absolvent/-in qualifiziert sich zusätzlich mit der Berufsmaturität BM

Abschlussquoten auf der Sekundarstufe II, 2017–2019.

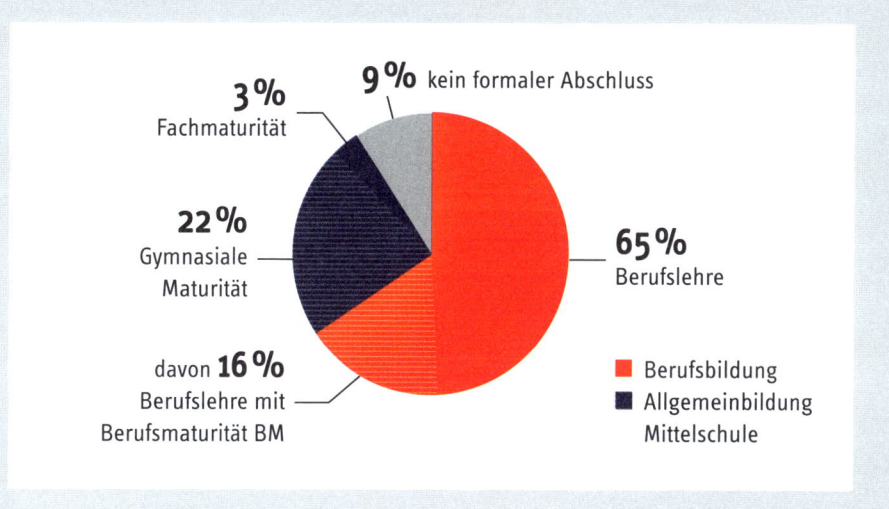

- **9 %** kein formaler Abschluss
- **3 %** Fachmaturität
- **22 %** Gymnasiale Maturität
- **65 %** Berufslehre
- davon **16 %** Berufslehre mit Berufsmaturität BM

■ Berufsbildung
■ Allgemeinbildung Mittelschule

Quellen: BFS: Maturitätsquoten bis zum 25. Altersjahr, Längsschnittanalysen im Bildungsbereich LABB; BFS: Bildungsindikatoren. Quote der Erstabschlüsse auf der Sekundarstufe II 2017. BFS: Statistik der Berufsmaturitätsabschlüsse 2019 © Strahm

Für viele Jugendliche bedeutet die Berufslehre mit EFZ nicht einfach den Abschluss der Bildungskarriere. Jeder und jede Vierte absolviert während oder nach der Berufslehre eine Berufsmaturität BM, die den prüfungsfreien Zugang zu einer Fachhochschule erlaubt.

Wie schon früher erwähnt, gibt es zwei Wege zur BM: Entweder kann die Berufsmaturität während der Lehre mit einem Zusatztag Unterricht in der BMS-1 erreicht werden. Oder sie kann nach dem Lehrabschluss EFZ in einem Zusatzjahr Unterricht in der BMS-2 absolviert werden. Beide Wege sind unentgeltlich.

Das Berufsmaturitäts-Diplom gibt es nur in Verbindung mit dem Lehrabschluss EFZ.

Die Lehrpläne für die BM-Absolventinnen und BM-Absolventen werden nach Berufsfeldern differenziert: technische Richtung, kaufmännische Richtung, Wirtschaft und Dienstleistungen, gestalterische Richtung, Gestaltung und Kunst, gewerbliche Richtung, naturwissenschaftliche Richtung, Lebensmittel, Richtung Gesundheit-Soziales. Die Anzahl und die Quote der Berufsmaturitäten nimmt von Jahr zu Jahr zu.

2.12

Die drei formalen Abschlüsse der Höheren Berufsbildung

Die eidgenössisch anerkannten Abschlüsse Tertiär B.

Bildungsgang	Bildungsabschluss (Titel)
Eidgenössische Berufsprüfung BP	Eidgenössischer Fachausweis Eventuell geplant: Professional Bachelor
Eidgenössische Höhere Fachprüfung HFP (früher Meisterprüfung)	Eidgenössisches Diplom HFP Geplant: Professional Bachelor
Höhere Fachschule HF	Höheres Fachschuldiplom Geplant: Professional Master

Quelle: SBFI © Strahm

Viele Berufslehrabsolventen und -absolventinnen beginnen später im Berufsleben noch eine Weiterbildung der Höheren Berufsbildung. Dies erlaubt ihnen eine Karriere als Teamchef(in), Mitglied des mittleren Kaders, Techniker oder einfach hochqualifizierte Spezialisten.

Höhere Berufsbildung (HBB) ist der offizielle Sammelbegriff für die formalen (d. h. auf dem Berufsbildungsgesetz basierenden) Lehrgänge und Abschlüsse nach der Berufslehre mit EFZ. Im Gegensatz zu den Fachhochschulen erfordert der Zugang zur HBB nicht eine Berufsmaturität, allerdings bringen viele den BM-Abschluss mit.

Die drei formalen Lehrgänge der HBB werden in der Regel berufsbegleitend absolviert und eignen sich für Berufslehre-Absolventen/-Absolventinnen über 20 Jahre, oft auch für 30- oder 40-Jährige, die eine Spezialisierung oder Kaderstelle (oder beides) anstreben.

Die Höhere Berufsbildung ist zwar bei den Branchen und der KMU-Szene durchaus bekannt und am meisten geschätzt, aber in der Öffentlichkeit weniger bekannt.

Wie bei den Berufslehren EFZ und EBA werden auch die Bildungsverordnungen (Curricula) von den Organisationen der Arbeitswelt und den Berufsverbänden gestaltet und danach vom SBFI anerkannt. Sie gelten als besonders arbeitsmarktnahe und innnovationsbezogene Weiterbildungen.

- Die unterste und kürzeste Stufe ist die Berufsprüfung BP. Sie wird in einer Serie von Kursen vorbereitet, wobei nicht die Absolvierung der Vorbereitungskurse, sondern die Abschlussprüfung vorgeschrieben ist.
- Für die Höhere Fachprüfung HFP wird ebenfalls ein Set von zwei- bis dreijährigen Vorbereitungskursen benötigt, wobei die sehr anspruchsvolle HFP oder (früher) Meisterprüfung danach klar definiert ist.
- Die Höheren Fachschulen HF kennen in der Bildungsverordnung – im Vergleich zu den BP und HFP – klarere Vorgaben auch für die berufsbegleitende schulische Vorbereitung während 2 bis 3 Jahren oder die Vollzeitschule während 2 Jahren. Ebenso sind die Abschlussarbeit und die Schlussprüfung in der Bildungsverordnung definiert.

INSTITUTIONEN UND PROZESSE 2

Konkretes zur Höheren Berufsbildung

Die Lerncurricula in der HBB-Ausbildung sind sehr stark an den modernsten Techniken und Verfahren orientiert. Die Fachlehrpersonen sind meist selbst Kader in der Wirtschaft, und sie haben die Kompetenz und den Ehrgeiz, die je neuesten Techniken und Methoden zu vermitteln.

Insgesamt gibt es rund 480 verschiedene Abschlüsse mit je einer spezifischen Berufsbezeichnung und basierend auf einer Bildungsverordnung des Bundes. Die HBB-Absolventen sind die zahlenmässig wichtigsten Diffusionsagenten zur Verbreitung neuster Methoden in der KMU-Wirtschaft

Die HBB-Abschlüsse sind sehr hochstehend und spezialisiert, aber im Vergleich zu den Hochschulabschlüssen stärker praxisorientiert. Man spricht von «gleichwertig, aber andersartig». «Andersartig» steht für praxis- und anwendungsorientiert.

Es gibt rund 480 eidgenössisch anerkannte Abschlussbezeichnungen der HBB, aber keinen übergreifenden Titel. In Deutschland und Österreich können nun Absolvierende der Höheren Berufsbildung den Titel «Bachelor Professional» führen. In der Schweiz ist die Frage der Titeläquivalenz der HBB-Diplome seit Jahren hängig. Der Titel des «Professional Bachelor» wird von Hochschulkreisen aus standespolitischen Gründen bekämpft. Auch Leitungsfiguren im SBFI haben bis etwa 2020 die Titeläquivalenz hintertrieben *(zum Stand der Arbeiten: siehe Reformbedarf, Kapitel 6).*

Unentbehrliche Höhere Berufsbildung: Beispiele

Zur Illustration seien hier einige wichtige Berufsfelder der Höheren Berufsbildung exemplarisch genannt.
- Die Energie- und Klimapolitik ist ohne die Fachkräfte der Heizungs- und Gebäudetechnik nicht zu bewältigen. Früher brauchte es für die Gebäudeheizung den Spengler und den Heizungsmonteur. Doch heute benötigen die energetischen Investitionen Spezialisten in Solartechnik, Wärmepumpentechnik, Sensortechnik oder Gebäudeautomation sowie Energieplaner. Diese Spezialisierungen werden mittels Bildungsgängen der Höheren Berufsbildung für EFZ-Absolventinnen und -Absolventen angeboten. Die sogenannte «Energiewende» (Dekarbonisierung, erneuerbare Energien) hat durch den Mangel an praxisorientierten Fachkräften ihre stärkste Begrenzung (Stand 2021/2022). (www.berufsberatung.ch; www.umweltprofi.ch; www.jobs.ch/energieeffizienz)
- Der Fachkräftemangel in Spitälern und Pflegeheimen erfordert (neben dem Ärztemangel) qualifiziertes und spezialisiertes Pflegepersonal und medizinisch-technisches Personal, etwa diplomierte Pflegefachfrau und Pflegefachmann dipl FaGe, Fachpersonen für Operationstechnik, für Radiologie, medizinische Aktivierung. Es gibt 6 Fachausweise mit BP und rund 10 Diplome der HF. (www.gesundheitsberufe.ch)
- Für Absolventen und Absolventinnen des EFZ im KV-Bereich gibt es unzählige Spezialisierungen, etwa in den Bereichen Rechnungslegung, Informatik, Werbung, Einkauf, Logistik und so weiter, und zwar mit allen drei HBB-Abschlüssen BP, HFP und HF. (www.berufsberatung.ch)

2.13

Die Höhere Berufsbildung (Tertiär B) bildet mittlere Kader und sichert Technologiediffusion

Studienabschlüsse an Hochschulen (Tertiär A) und in Höherer Berufsbildung (Tertiär B) 2020.

Tertiär A
Hochschulen

37 000 Diplomierte

wovon
19 000 Diplomierte Uni/ETH (Master)
14 000 Diplomierte Fachhochschulen FH
4200 Diplomierte Pädagogische Hochschulen PH

Total 37 000 Abschlüsse Bachelor, Master, Doktorat (keine Doppelzählungen)

Tertiär B
Höhere Berufsbildung

26 000 Diplomierte

wovon
10 000 Diplomierte Höhere Fachschulen HF
2500 Eidg. Diplome HFP
13 000 Eidg. Fachausweise BP
250 Nicht reglementierte HBB-Abschlüsse

Quellen: BFS. Statistik Bildung Tertiärstufe. Höhere Berufsbildung, Hochschulen 2021 Und BFS: Studierende und Abschlüsse auf Tertiärstufe in der Schweiz. 2022, T2 © Strahm

Es ist eine schweizerische Besonderheit, dass die Ausbildung auf der Tertiärstufe aufgeteilt ist in eine Hochschulbildung (Tertiär A) und eine Höhere Berufsbildung (Tertiär B). Bei den Fachhochschulen besteht die Regelvorstufe in einer Berufslehre mit Berufsmaturität, während bei der Höheren Berufsbildung eine Berufslehre oder ein adäquates Berufspraktikum als Vorlauf zwingend ist.
In der Schweiz schliessen pro Jahr 37 000 – 39 000 Absolventinnen und Absolventen ein Hochschulstudium ab (Uni, ETH, Fachhochschule, Pädagogische Hochschule). (Die Uni-Abschlüsse Bachelor, Master, Doktorat sind hier wegen Doppel- oder Dreifachzählungen zusammengefasst.) Demgegenüber gibt es 26 000 Diplomierte aus den Institutionen der Höheren Berufsbildung (Jahr 2020).
Die Schweizer Wirtschaft kann also landesintern unter den jüngeren Erwerbspersonen zu rund 40 bis 45 Prozent auf Tertiärabsolventinnen und -absolventen zurückgreifen.
Die komplexe Frage des Fachkräftemangels und des Engagements von ausländischen Fachkräften werden wir im dritten Kapitel aufgreifen.

2.14

Fachkräfte mit Höherer Berufsbildung sind in Industrie und Gewerbe am begehrtesten

Schwierigkeiten der Firmen bei der Rekrutierung von Arbeitskräften nach Bildungsstand, Gewichtung nach der Zahl der Beschäftigten in Betrieben in Sektor II.

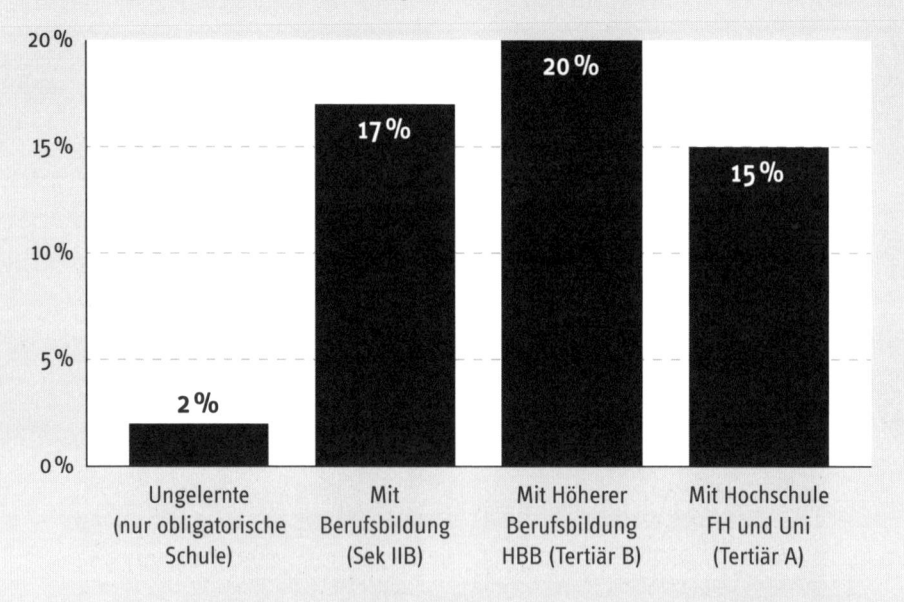

Ungelernte (nur obligatorische Schule)	2 %
Mit Berufsbildung (Sek IIB)	17 %
Mit Höherer Berufsbildung HBB (Tertiär B)	20 %
Mit Hochschule FH und Uni (Tertiär A)	15 %

Quelle: BFS: Unternehmensbefragung, basierend auf Beschäftigungsstatistik BESTA; Auswertung für Lehrstellenkonferenz 23.11.2012. Unternehmerbefragung, gewichtet nach Anzahl der Beschäftigten im Sektor II © Strahm

Zahlenmässig sind die Fachkräfte mit Höherer Berufsbildung von allen Bildungstypen laut Unternehmensbefragungen am meisten begehrt – mehr als Universitätsabsolventen/-absolventinnen und auch mehr als Fachkräfte mit Berufslehre.

Die Fachkräfte mit einer Berufsprüfung, einer Höheren Fachprüfung oder einer Höheren Fachschule (nicht zu verwechseln mit Fachhochschule) sind die mittleren Kader, die Teamchefs und Techniker in der Privatwirtschaft, namentlich in den KMU.

Die Ausbildung für die Berufs- und Fachprüfungen erfolgt in anderthalb bis zwei Jahren berufsbegleitend. Die Studierenden arbeiten weiterhin in ihrem Betrieb und gehen zum Beispiel einen oder anderthalb Tage pro Woche in die Kursvorbereitungen. In den Höheren Fachschulen läuft eine vollzeitliche Ausbildung in zwei Jahren (z. B. zur diplomierten Fachangestellten Gesundheit FaGe) oder im Teilzeitpensum während drei Jahren. Dies ermöglicht auch Fachkräften, die im Beruf stehen und auf Verdienst angewiesen sind, eine Höhere Berufsbildung. Insgesamt gibt es rund 400 Abschlüsse der Höheren Berufsbildung.

Man beachte auch im dritten Kapitel die Grafiken 3.3 bis 3.6. Sie vermitteln mit andern Indikatoren dasselbe Bild.

2.15

Höhere Berufsbildung und Hochschulbildung sind gleichwertig, aber die Höhere Berufsbildung ist praxisorientierter («Professional Bachelor»)

Einstufung von Berufsabschlüssen im Nationalen Qualifikationsrahmen NQR und NQR-CH-BB.

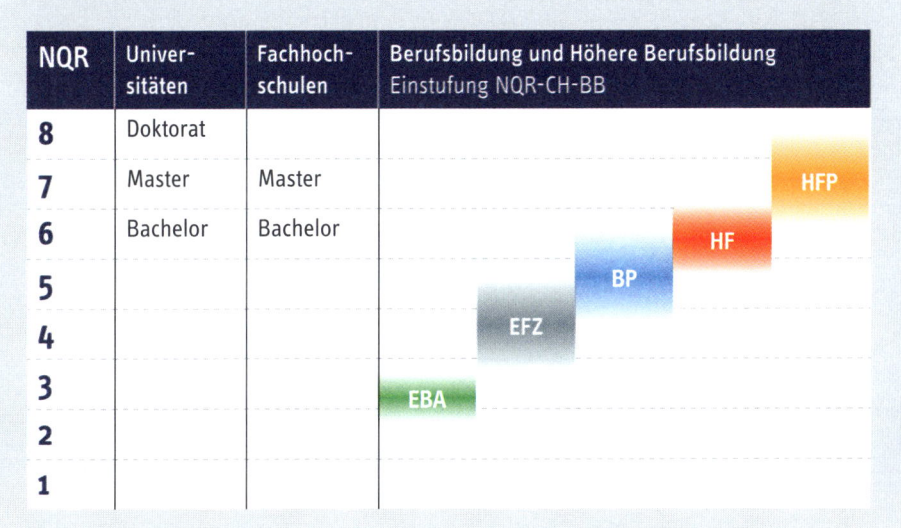

NQR	Univer- sitäten	Fachhoch- schulen	Berufsbildung und Höhere Berufsbildung Einstufung NQR-CH-BB
8	Doktorat		
7	Master	Master	HFP
6	Bachelor	Bachelor	HF
5			BP
4			EFZ
3			EBA
2			
1			

HFP Höhere eidg. Fachprüfung   HF   Höhere Fachschulen
BP   Eidg. Berufsprüfung   EFZ Eidg. Fähigkeitszeugnis
EBA Eidg. Berufsattest

Quelle: SBFI Mitteilung 7. April 2014 © Strahm

Die Abschlüsse der Höheren Berufsbildung sind zwar in den Branchen und Berufskreisen sehr begehrt und anerkannt, aber in der Öffentlichkeit verkannt. Viele Akademiker können die HBB-Abschlüsse nicht einordnen.

Das Staatssekretariat für Bildung, Forschung, Innovation SBFI hat die Abschlüsse im nationalen Qualifikationsrahmen NQR, der sich stark an den Europäischen Qualifikationsrahmen EQR anlehnt, einzuordnen versucht. Im NQR bedeuten im Hochschul- und Universitätsbereich: NQR-Stufe 6 = Bachelor, NQR-Stufe 7 = Master, NQR-Stufe 8 = Doktorat.

Im Qualifikations- und Kompetenz-Vergleich der Abschlüsse wird das EFZ in der Regel mit der NQR-Stufe 4 bewertet, bei höherschwelligen Berufslehren mit der NQR-Stufe 5 (Informatikerin, Polymechaniker). Die Berufsprüfungen BP gehören in die Stufe 5, allenfalls 6. Die Höheren Fachschulen HF werden der Stufe 6 zugeordnet. Die Höheren Fachschuldiplome sind auf der Stufe 6 (wie Bachelor) platziert. Und die Eidgenössischen Diplome der Höheren Fachprüfungen HFP werden sogar (wie die Master an den Hochschulen) der Stufe 7 zugeordnet. Die Titelanerkennung ist noch im politischen Prozess (Stand 2023).

Wie bewältigt das Bildungssystem die digitale Revolution?

Alle kennen die Schlagworte «digitale Revolution», «Roboterisierung», «Automatisierung», «digitales Upskilling». Damit rechtfertigt die akademische Elite ihre Forderung nach immer mehr Gymnasien und Universitäten.

Aus diesen Denkschulkonzepten von einer stets wachsenden «Wissensgesellschaft» (Daniel Bell: «Knowledge based society») und von der Digitalgesellschaft wird oft die Folgerung abgeleitet, es brauche immer mehr und immer breitere Allgemeinbildung, also immer mehr Maturitäten und immer mehr Studienplätze an den Hochschulen. Arbeitsmarktferne akademische Extrempositionen rechtfertigen mit der Digitalisierung sogar die Forderung nach einer «Maturität für alle».

Aus zwei Gründen muss diese bildungspolitische Konzeption der Digitalisierung («Digital Society») hinterfragt werden: Erstens erfordert Digitalisierung der Wirtschaft und Gesellschaft nicht bloss allgemeine digitale Programmkenntnisse, sondern die Anwendung digitaler und informatikbezogener Kompetenzen in allen Bereichen der Wirtschaft, also auch eine digitale Durchdringung etwa der Metallberufe (CNC-Programmierung), des Medizin- und Pflegebereichs, der Bauwirtschaft (Zeichner und Design), der Logistik (Transportplanung), des Banking und Business, also eine Kombination von technischen Skills, die man in der Berufslehre erlernt, und Kenntnissen digitaler Applikations- und Steuerungsprogramme, die in Zukunft auch mit künstlicher Intelligenz ausgestattet sind. Exakt dieser Digitalisierung von handwerklich-industriellen und technologischen Skills wird in der Berufslehre und besonders in der Höheren Berufsbildung Rechnung getragen.

Es gibt ein zweites, ein bildungspolitisches Moment, das gegen eine demografische Verbreiterung der allgemeinen Grundbildung im Gymnasium spricht: Es ist schlicht unmöglich, alle nötigen Digitalkompetenzen für die Zukunft mit der allgemeinen Grundbildung zu erwerben. Denn die Informatik, die wir heute anwenden, ist in zehn Jahren überholt. Und die Informatik, Telematik und künstliche Intelligenz, die wir in zehn, zwanzig Jahren nutzen, gibt es heute noch nicht. Man kann nicht alles in die Grundbildung hineinpacken!

2.16

Wissen veraltet, IT-Wissen am schnellsten: Ständige Weiterbildung während des Berufslebens ist nötig

Halbwertzeit des Wissens

Relevanz des Wissens

Kurven (von oben nach unten): Schulwissen, Hochschulwissen, Berufliches Fachwissen, Technologiewissen, IT-Fachwissen

X-Achse: Jahre (5, 10, 15, 20)
Y-Achse: 0, 50, 100

Quelle: Bundesamt für Statistik © Strahm

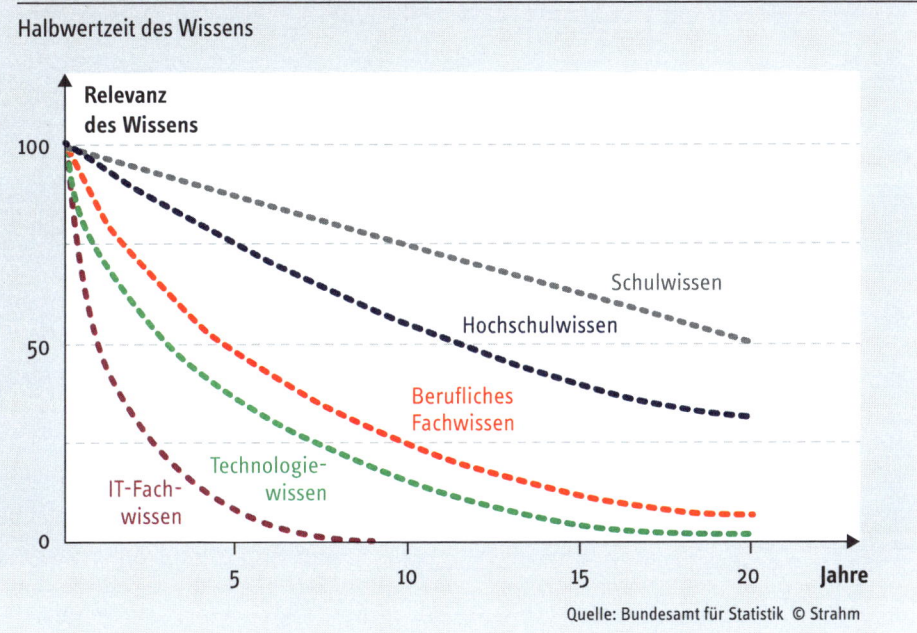

«Halbwertszeit» des Wissens meint den Zeitraum, nach dem die Hälfte des Wissens veraltet und nicht mehr praxisrelevant ist. Die Hälfte dieses Wissens ist ohne Erneuerung, Aktualisierung und Weiterentwicklung dann in der Berufspraxis nicht mehr anwendungsreif.

Grundwissen, etwa Mathematik oder Sprachenkenntnisse, bleibt lebenslang relevant und anwendbar. Das IT-Fachwissen hingegen erweitert sich ständig und auch die Material- und Biowissenschaften sowie die Mikro- und Halbleitertechnologie entwickeln sich rasant.

Mit den berufsbegleitenden Studiengängen der Höheren Berufsbildung oder den Nachdiplomstudien der Fachhochschulen und Höheren Fachschulen sind die Berufstätigen besser bedient. Der Ruf nach mehr Gymnasien und Hochschulbildung basiert weitestgehend auf einer arbeitsmarktfernen Situationsanalyse, auf einem Mangel an Praxiserfahrung oder schlicht journalistischer Euphorie. Gespräche mit erfahrenen Kadern aus Industrie und Business belegen diese laufbahnbezogenen Aussagen. Wir werden im dritten Kapitel diese Erfahrungen mit Statistik untermauern.

Für erwachsene Berufsleute mit einem Eidgenössischen Fähigkeitszeugnis EFZ gibt es in der Schweiz Dutzende von Weiterbildungen und Spezialisierungen, die die jeweils aktuellsten IT-Anwendungsprogramme vermitteln.

2 INSTITUTIONEN UND PROZESSE

Branchen- und betriebsorientierte Weiterbildungen und Spezialisierungen in Betriebsinformatik – einige Beispiele:

Wir zählen bei der Vermittlung von Digitalkompetenzen in branchen- und anwendungspezifischen Bereichen beispielsweise:
- in betriebsnaher Informatik 10 Abschlüsse in Höherer Berufsbildung und weitere 15 nonformale Spezialisierungen,
- in den Elektro- und Maschinenbranchen 22 Abschlüsse in Höherer Berufsbildung und weitere 20 nonformale Spezialisierungen,
- im kaufmännisch-technischen Bereich 19 Abschlüsse in Höherer Berufsbildung und weitere 15 Spezialisierungen,
- im Bereich Chemie-Textil-Kunststoffe 18 Abschlüsse in Höherer Berufsbildung und weitere 10 nonformale Spezialisierungen.

Die Weiterbildungen auf den Stufen BP, HFP, HF und nonformale Spezialisierungen in allen Bereichen der Informations- und Kommunikationstechnologien werden ständig angepasst und ausgebaut.
Weitere Angebote für Höherqualifikationen mit Forschungsanstrengungen und spezialisierte Weiterbildungen werden in den Fachhochschulen angeboten (siehe später im Kapitel 4).
Das offizielle schweizerische Informationsportal der Berufs-, Studien- und Laufbahnberatung aktualisiert gegliedert nach Branchen, Berufen und Berufsfunktionen alle bekannten Weiterbildungsstufen: www.berufsberatung.ch.

Die Qual der richtigen Wahl der digitalen Weiterbildung
Die Fülle von Weiterbildungen in der Informations- und Kommunikationstechnologie IKT erfordert eine sorgfältige Analyse der Passung: Entspricht das Angebot den Bedürfnissen und Neigungen der Absolventen? Passen die vermittelten Kompetenzen auf die Bedürfnisse des Arbeitsmarkts oder – bei berufsbegleitenden Weiterbildungen – passen sie für die Betriebe?

Arbeitsmarktferne Bildungspolitiker meinen, die Grundschulen oder die allgemeinbildende Sekundarstufe II könnten die nötige Passung zwischen Informatikbildung und betrieblicher Realität des Arbeitsmarkts erzielen. Dies ist eine Illusion. Die Informatikkenntnisse aus den Schulen können den Alltagsumgang mit der digitalen Welt vermitteln und zum Zugang zu den rasch wechselnden sozialen Medien befähigen. Aber für die branchenspezifische und betriebliche Anwendung braucht es branchen- und betriebsspezifische Kompetenzen, die in der Berufslehre und Lehrgängen der Höheren Berufsbildung vermittelt werden.

Es besteht eine grosse Gefahr von Ineffizienz oder Ressourcen-Verlust, wenn junge Berufsleute und Studierende Informatikausbildungen unternehmen, die ihnen nichts nützen und die angestrebten Anwendungskompetenzen im Beruf oder in der Freizeit nicht erbringen. Jährlich werden landesweit unzählige Weiterbildungen absolviert – und viele Mittel verschwendet –, die nicht zu den Berufsbedürfnissen passen.

Die berufsbegleitende Höhere Berufsbildung ist dann gut konzipiert, wenn sie vor Inangriffnahme zwischen dem Arbeitgeber resp. Abteilungschef und dem Bildungsteilnehmer abgesprochen wird. Die Arbeitgeber wissen in der Regel um ihre Bedürfnisse und Lücken in der Informations- und Kommunikationstechnologie. Die Höhere Berufsbildung und die Spezialisierung ist in der Informatikanwendung ist dann lohnend, wenn sie die neusten, anwendbaren Applikationen vermittelt.

In der Höheren Berufsbildung und teilweise auch in Fachhochschulen (dort leider immer weniger) stehen die Lehrpersonen selbst in der betrieblichen Praxis und haben den Ehrgeiz, ihre neusten Programme und Anwendungskompetenzen zu vermitteln – was wiederum für die entsendenden Betriebe der Kursteilnehmenden vorteilhaft wirkt. Sämtliche eidgenössisch anerkannten Abschlüsse der BP, der HFP und der HF werden von den Organisationen der Arbeitswelt ODA abgesegnet und laufend aktualisiert.

Die starke digitale Durchdringung aller Wirtschaftszweige in der schweizerischen Volkswirtschaft hat zur Folge, dass die Schweiz im internationalen Ranking die Spitzenränge im Innovationsindex, in der Verfahrenseffizienz und in den Patentanmeldungen pro Kopf ausweist. Diesen Erfolgsfaktoren des Bildungssystems werden wir im fünften Kapitel auf den Grund gehen.

Weiterführende Literatur zum Berufsbildungssystem

Deutschschweizerische Berufsbildungsämter-Konferenz dbk: Lexikon der Berufsbildung 2005.

Markus Maurer, Philipp Gonon (Hrsg.): Herausforderungen für die Berufsbildung in der Schweiz. Bestandesaufnahme und Perspektiven. hep Bildungsverlag 2013.

Markus Maurer, Emil Wettstein, Helena Neuhaus: Berufsabschluss für Erwachsene in der Schweiz. Bestandesaufnahme und Blick nach vorn. hep Bildungsverlag 2016.

Markus P. Neuenschwander et al.: Schule und Beruf. Wege in die Erwerbstätigkeit. VS Verlag 2012.

Schweizerische Koordinationsstelle für Bildungsforschung SKBF: Bildungsbericht Schweiz 2018, Aarau 2018.

Schweizerische Koordinationsstelle für Bildungsforschung SKBF: Bildungsbericht Schweiz 2023, Aarau 2023.

Margrit Stamm: Kluge Köpfe goldene Hände. Überdurchschnittlich begabte Lehrling in der Berufsbildung. Rüegger Verlag 2007.

Margrit Stamm: Goldene Hände. Praktische Intelligenz als Chance für die Berufsbildung. hep Bildungsverlag 2017.

Rudolf H. Strahm: Warum wir so reich sind. Wirtschaftsbuch Schweiz. hep Bildungsverlag, 1. Auflage 2008, 2. Auflage 2010.

Rudolf H. Strahm: Die entscheidenden Neunziger Jahre: Das Ringen um die Reform und Aufwertung der Berufsbildung 1995 bis 2005 in Tibor Bauer/Fritz Osterwalder: 75 Jahre eidgenössisches Berufsbildungsgesetz. Politische, pädagogische, ökonomische Perspektiven. hep Bildungsverlag 2008, S. 311–350.

Rudolf H. Strahm. Die Akademisierungsfalle. Warum nicht alle an die Uni müssen und warum die Berufslehre top ist. Mit Berufsbiografien von Rahel Eckert-Stauber. hep Bildungsverlag 2014 (auch in französisch und chinesisch).

Rudolf H. Strahm, Bruno Geiger, Cornelia Oertle, Erik Swars: Vocational and Professional Education and Training in Switzerland. Success factors and challenges for sustainable implementation abroad. hep Bildungsverlag/SFIVET, 2016.

Emil Wettstein: Berufsbildung. Entwicklung des Schweizer Systems. hep Bildungsverlag/EHB 2020.

Emil Wettstein, Evi Schmid, Philipp Gonon: Berufsbildung in der Schweiz. Formen, Strukturen, Akteure. hep Bildungsverlag 2. Auflage, 2014.

Franz Wyniger: Vom Laborant zum Brauer. Plädoyer für die Berufsbildung. Rediroma Verlag 2018.

Die Literaturquellen werden bei den Schaubildern aufgeführt.

Foto: Tatjana Schnalzer/SwissSkills

3

Wie die Wirtschaft die Berufspraxis bevorzugt

Berufsbildung und Karrieren im Arbeitsmarkt

Sie finden in diesem Kapitel Antworten auf folgende Fragen:

A   Wie berufsbefähigend sind die verschiedenen Bildungsgänge und Abschlüsse? Welche Karrieren ermöglicht die Ausbildung? Wichtige Daten und Indikatoren zur Arbeitsmarkfähigkeit (Employability).

B   Der Fachkräftemangel – näher betrachtet. Wie einzelne Berufe und Bildungsgänge mehr begehrt werden als andere.

C   Wie sich die Berufs- und Weiterbildungen finanziell auszahlt und wie sie die gesellschaftliche Stellung beeinflussen.

D   Gymnasium oder Berufslehre? Eine bildungspolitische und soziologische Einordnung.

E   Was Bildungsfachleute zur Frage «Gymnasium oder Berufslehre» sagen.

Die Arbeitsmarktfähigkeit («Employability») nach Ende der Bildung und Ausbildung ist der Prüfstein aller Bildungssysteme. Eine Vergleichsgrösse zwischen Ländern oder Regionen ist zum Beispiel die Quote der Jugendarbeitslosen. Für Hochschulabgänger gibt es so genannte Längsschnitt-Befragungen zum beruflichen Status ein Jahr und fünf Jahr nach dem Studienabschluss. Diese Analysen werden hier benutzt.

In aller Stille hat der Arbeitsmarkt in der Schweiz eine Wende vollzogen: Berufsabschlüsse, die eine Berufslehre oder praktisches Arbeiten in Betrieben einschliessen oder als Vorlauf zum Studium dienten, werden vom Arbeitsmarkt bevorzugt. Die einmal erlebte praktische Arbeit in der Berufslehre (oder beruflichen Grundbildung) oder längere Praktika im Beruf werden bei Bewerbungen und Anstellungen bevorzugt. Die betriebliche Praxis ist besonders in der Privatwirtschaft geschätzt und gilt als Voraussetzung für die weitere Karriere. Wir zeigen in diesem Kapitel, welche Bildungsgänge und Berufsfelder von den Firmen bevorzugt werden.

Diese Favorisierung und Privilegierung der vorlaufenden Berufslehre hat mehrere Gründe. Erstens erlernt man im Betrieb durch Erfahrung die Abläufe und das Arbeiten im Team. Zudem vermittelt die betriebliche Arbeitskultur das, was wir «Soft Skills» nennen. Dazu gehören etwa Exaktheit, Präzision, Zuverlässigkeit, Projektverantwortung. Dies sind Kompetenzen, die man aus dem Studium nicht unbedingt mitbringt.

Zweitens werden die Hochschulen, insbesondere manche Universitätslehrgänge, tendenziell theorielastiger, arbeitsmarkt- und praxisferner. Die Auswahl, Beförderung und Karrieregestaltung von Universitätsdozenten ist heute stark auf die Präsentation von Publikationen in internationalen Fachzeitschriften ausgerichtet. Diese Priorität ist nicht am Arbeitsmarkt orientiert und nicht top für die Hochschuldidaktik.

Eine neue umfassende Langzeitanalyse von 1999 bis 2019 über die Arbeitsmarktfähigkeiten (Employability-Indikatoren) der Eidgenössischen Hochschule für Berufsbildung (EHB) war für uns eine Fundgrube für solche Indikatoren.

3.1

Der Maturagraben in der Schweiz

In Genf machen fast dreimal so viele Schüler die Matur wie in Glarus. Maturquote nach Wohnkanton, gymnasiale Matur. Mittlere Nettoquote 2018–2020 bis zum 25. Altersjahr, in Prozent der gleichaltrigen Referenzbevölkerung.

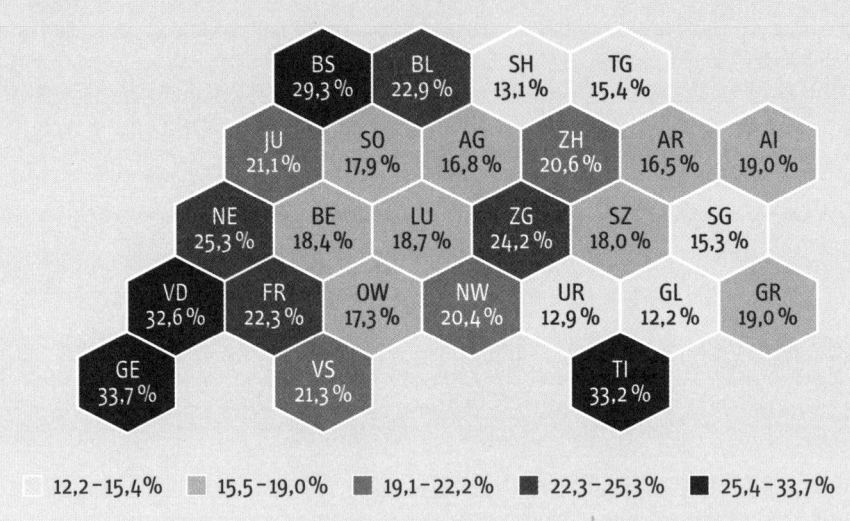

Kanton	Quote
BS	29,3 %
BL	22,9 %
SH	13,1 %
TG	15,4 %
JU	21,1 %
SO	17,9 %
AG	16,8 %
ZH	20,6 %
AR	16,5 %
AI	19,0 %
NE	25,3 %
BE	18,4 %
LU	18,7 %
ZG	24,2 %
SZ	18,0 %
SG	15,3 %
VD	32,6 %
FR	22,3 %
OW	17,3 %
NW	20,4 %
UR	12,9 %
GL	12,2 %
GR	19,0 %
GE	33,7 %
VS	21,3 %
TI	33,2 %

Legende: 12,2–15,4 % | 15,5–19,0 % | 19,1–22,2 % | 22,3–25,3 % | 25,4–33,7 %

Quelle: BFS: Maturitätsquoten. Längsschnittanalysen im Bildungsbereich LABB.
Drei-Jahres-Durchschnitte. 2019/2021 © Strahm

In der Schweiz erleben wir grosse regionale Disparitäten bei den Maturitätsquoten – also des Anteils der Jugendlichen eines Jahrgangs, die eine gymnasiale Maturität absolvieren. Je dunkler die symbolischen Kantons-Sechsecke gefärbt sind, desto höher ist die Maturitätsquote des betreffenden Kantons. (Die Ziffern bezeichnen den Prozentanteil der Jugendlichen, die eine gymnasiale Maturität bis 25 abschliessen.)
In den Kantonen der Romandie (ausser Kanton Jura) und im Tessin sind die Maturitätsquoten markant höher. Auch in den Städten wird die gymnasiale Maturität stärker gefördert. Die Maturitätsquoten liegen dort oft über 30 Prozent. Demgegenüber liegen sie in Deutschschweizer Kantonen bei 22 Prozent, in ländlichen Gegenden unter 16 Prozent. Bei den Berufsmaturitäten allerdings höher.
Diese Disparitäten sind nicht mit «Intelligenz» oder «Fleiss» der Jugendlichen erklärbar, sondern mit der Bildungspolitik der Eliten und der gesellschaftlichen Wertschätzung der Maturität und der Berufslehre in den verschiedenen Regionen.
Zudem hat die Kultur und Verbreitung der Berufsbildung in den Betrieben einen spiegelbildlichen Einfluss auf die Gymnasialquoten: Je tiefer die Berufsbildungstätigkeit der Betriebe, desto stärker das Ausweichen in die Gymnasien und in vollschulische Bildungsgänge. In der Deutschschweiz ist die Berufslehre stärker verankert und verbreitet und sie geniesst
– vor allem in ländlichen Gegenden – auch eine hohe Wertschätzung.

3.2

Wo häufiger Maturitäten und weniger Berufslehren vorkommen, ist die Jugendarbeitslosigkeit höher

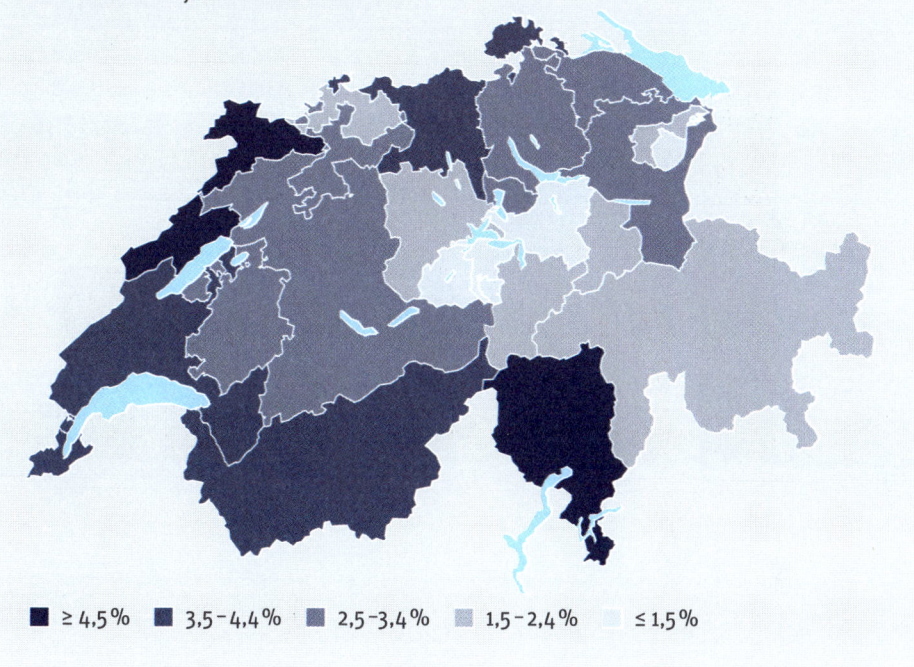

Anteil der 15- bis 24-jährigen Arbeitslosen an allen 15- bis 24-jährigen Erwerbspersonen, in Prozent. Drei-Jahres-Mittel 2020/2022.

■ ≥ 4,5 %   ■ 3,5 – 4,4 %   ■ 2,5 – 3,4 %   ■ 1,5 – 2,4 %   ■ ≤ 1,5 %

Quelle: BFS, Jugendarbeitslosigkeit, MS-Regionen, Drei-Jahres-Durchschnitt SECO, 2020/2022 © Strahm

In der Romandie und im Tessin zeigt sich ständig – ungeachtet der Konjunkturlage – eine markant höhere Jugendarbeitslosenquote bei Jugendlichen zwischen 16 und 25. Je dunkler die Einfärbung der Kantone in der obigen Karte, desto höher die Jugendarbeitslosenquote. Es gibt einen statistischen Zusammenhang zwischen Akzeptanz und Verbreitung der Berufslehre respektive der Maturitätsquote und der Jugendarbeitslosigkeit. Letztere ist ein Indikator für die Arbeitsmarktbefähigung der Bildungs- und Ausbildungssysteme.

Die Ursachen hängen stets mit dem Bildungssystem zusammen: Wo die Berufslehren schwach vertreten sind, schaffen es weniger Jugendliche, eine berufsbefähigende Kompetenz zu erwerben. Wo auf der anderen Seite überdurchschnittlich viele Jugendliche die gymnasiale Maturität absolvieren, schaffen es weniger Maturitätsabsolventen, nachfolgend einen berufsbefähigenden Uni-Abschluss zu erwerben.

Dieser Zusammenhang zwischen hoher Maturitätsquoten und hoher Jugendarbeitslosigkeit wiederholt sich im europäischen Vergleich (siehe Grafik 5.1 im Kapitel 5).

3 BERUFSBILDUNG UND KARRIEREN IM ARBEITSMARKT

3.3

Berufslehre-Absolventen mit Höherer Berufsbildung oder Fachhochschule geniessen tiefste Arbeitslosigkeit

Erwerbslosenquote nach dem höchsten Bildungsabschluss der Betroffenen
Mehrjahresdurchschnitt 5 Jahre

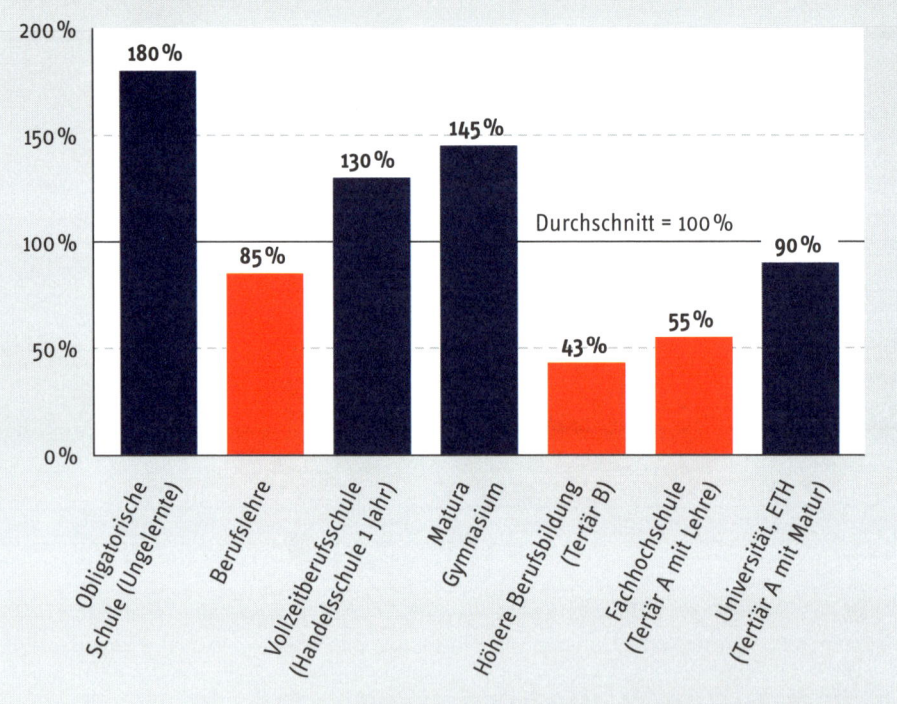

- Obligatorische Schule (Ungelernte): 180 %
- Berufslehre: 85 %
- Vollzeitberufsschule (Handelsschule 1 Jahr): 130 %
- Matura Gymnasium: 145 %
- Höhere Berufsbildung (Tertiär B): 43 %
- Fachhochschule (Tertiär A mit Lehre): 55 %
- Universität, ETH (Tertiär A mit Matur): 90 %

Durchschnitt = 100 %

Quelle: BFS: Schweizerische Arbeitskräfteerhebung SAKE, Daten 2009–2013; Errechnet von der Konjunkturforschungsstelle KOF U. Renold der ETH Zürich © Strahm

Werden die Erwerbslosenquoten nach der letzterworbenen Ausbildungsstufe der arbeitsfähigen Bevölkerung (aller Altersstufen, nicht nur der Jugendlichen) differenziert erfasst, gelten die Arbeitnehmenden mit einer Höheren Berufsbildung als am stärksten begehrt und integriert im Arbeitsmarkt. Die Erwerbslosigkeit dieser Kategorie beträgt über 5 Jahre gemessen im Durchschnitt nur 43 Prozent des schweizerischen Mittels (= 100 Prozent) der Erwerbslosenquote.

Bei Fachhochschul-Absolventen beträgt sie 55 Prozent des Mittels; und selbst mit der Berufslehre mit Eidgenössischem Fähigkeitszeugnis ist sie unterdurchschnittlich, ähnlich wie bei den Uni-Absolventinnen und Uni-Absolventen. Demgegenüber haben vollschulische Ausbildungsgänge überdurchschnittliche Erwerbslosenquoten.

Wer eine Berufslehre absolviert, unterliegt statistisch einem zwei- bis dreifach tieferen Risiko, arbeitslos oder langzeitarbeitslos zu werden.

3.4

Berufslehre und Höhere Berufsbildung sind Garanten für tiefste Arbeitslosigkeit und höchste Arbeitsmarktintegration

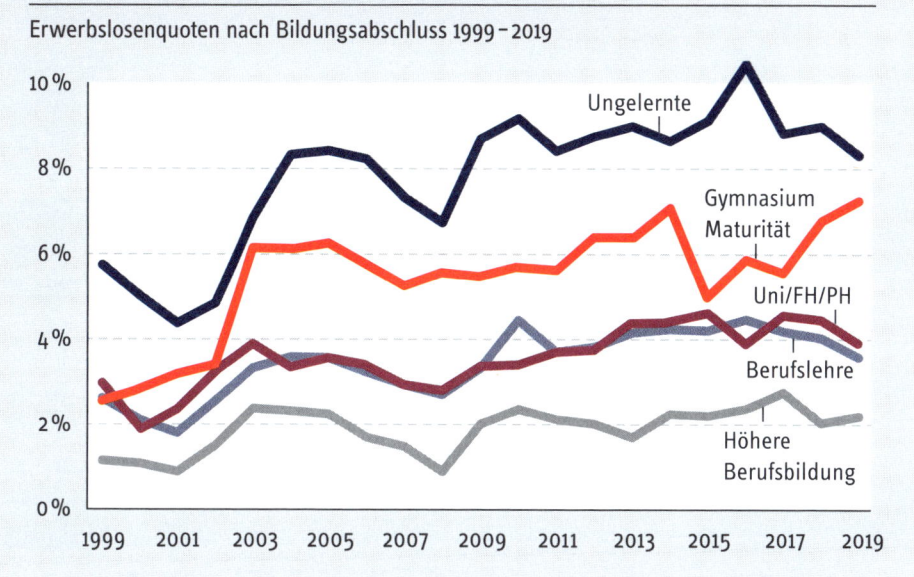

Erwerbslosenquoten nach Bildungsabschluss 1999 – 2019

Kurven von oben nach unten: Ungelernte, Gymnasium Maturität, Uni/FH/PH, Berufslehre, Höhere Berufsbildung.

Quelle: Seco/EHB: Manuel Aeppli et al.: Der Wert von Ausbildungen auf dem Schweizer Arbeitsmarkt. Arbeitsmarktstudie, Seco Grundlagen für die Wirtschaftspolitik Nr. 31, Oktober 2021, S. 28, 69 © Strahm

In der Langzeitbetrachtung von 1999 bis 2019 weisen unabhängig von der Konjunkturlage die Personen ohne nachobligatorische Bildung («Ungelernte») stets die höchste Erwerbslosigkeit auf (oberste Kurve).

Umgekehrt sind Arbeitnehmende mit einer Berufslehre und anschliessend höherer Berufsbildung am stärksten begehrt und in den Arbeitsprozess integriert. Sie erfreuen sich nicht nur momentan (wie in der vorangehenden Grafik 3.3 mit Momentaufnahme), sondern über die ganze Betrachtungsperiode von zwei Jahrzehnten hinweg stets die tiefste Arbeitslosigkeit.

Auch Beschäftigte mit Berufslehrabschluss und auch Absolventen von Uni, Fachhochschulen FH und von Pädagogischen Hochschulen FH stehen im Durchschnitt gut da. (Hier sind Tertiär A zusammen, Uni und FH vergleichen wir in Grafiken 3.7 und 3.8 untereinander separat.)

Demgegenüber garantiert die Allgemeinbildung, wie die gymnasiale Maturität, allein keine Arbeitsmarktfähigkeit, wenn sie nicht mit beruflicher Weiterbildung verbunden ist.

3 BERUFSBILDUNG UND KARRIEREN IM ARBEITSMARKT

3.5

Höhere Berufsbildung ist auch in der Langzeitbetrachtung im Arbeitsmarkt am meisten begehrt

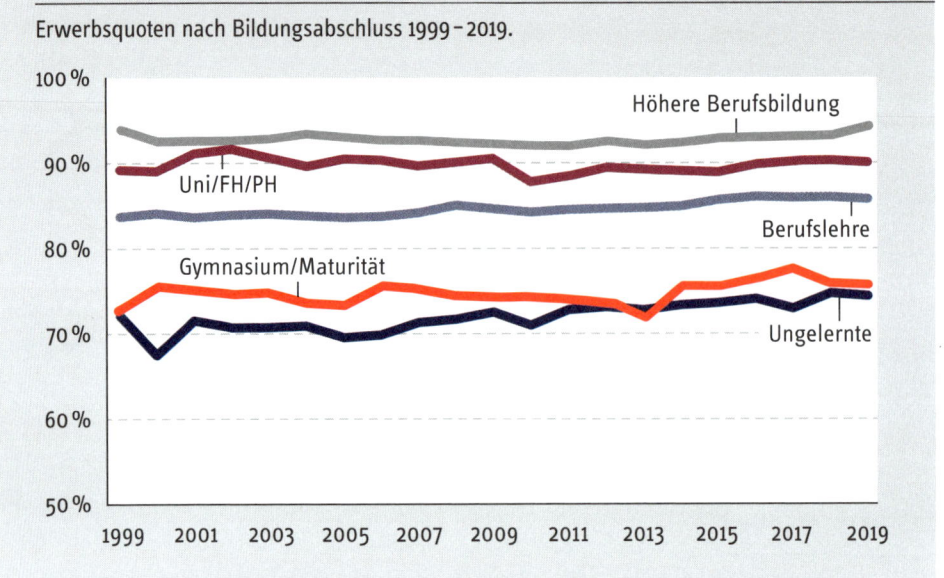

Erwerbsquoten nach Bildungsabschluss 1999–2019.

Quelle: Seco/EHB: Manuel Aeppli et al.: Der Wert von Ausbildungen auf dem Schweizer Arbeitsmarkt. Arbeitsmarktstudie, SECO Grundlagen für die Wirtschaftspolitik, Nr. 31, Oktober 2021, S. 26, 69 © Strahm

Die Erwerbsquote bestätigt in der Langzeitbetrachtung von zwei Jahrzehnten das Bild der vorigen Grafik 3.4. Die Erwerbsquote gibt an, wie viel Prozent der arbeitsfähigen Bevölkerung der betreffenden Bildungsstufe mittels Erwerbstätigkeit in den Arbeitsmarkt integriert sind.

Die Erwerbstätigen mit einer Höhere Berufsbildung – also einer Berufslehre und einer berufsbegleitenden Weiterbildung Tertiär B – sind am meisten begehrt und am stärksten mit über 90 Prozent in den Arbeitsmarkt integriert. Es sind die mittleren Kader, die Teamchefs, Techniker, Leitungspersonen, die beides beherrschen: Sie kennen einerseits von der Pike auf das Handwerk; aber anderseits verstehen sie auch die Pläne, Instruktionen und Manuals. Sie können Offerten erstellen, Fakturieren und sie können auch Teams führen. In der Privatwirtschaft, namentlich in den kleineren und mittleren Unternehmen KMU, sind sie die tragenden Führungskräfte und gelten dort als wichtigste Träger der Innovationen. Bei Aussenstehenden sind sie als Schlüsselpersonen in der schweizerischen Wirtschaftskultur oft verkannt und in der Bildungspublizistik häufig vernachlässigt.

Auch die Absolventen/Absolventinnen von Unis und FH sowie Leute mit einem Berufsabschluss sind im Arbeitsmarkt hoch begehrt, während Ungelernte und Personen nur mit Allgemeinbildung (Maturität ohne berufsbezogene Ausbildung) viel tiefere Erwerbsquoten von rund 70 Prozent mit einer ungenügenden Erwerbsbefähigung ausweisen.

3.6

Hochschulabsolventen mit vorlaufender Berufsbildung sind am Arbeitsmarkt begehrter als jene mit gymnasialer Maturität

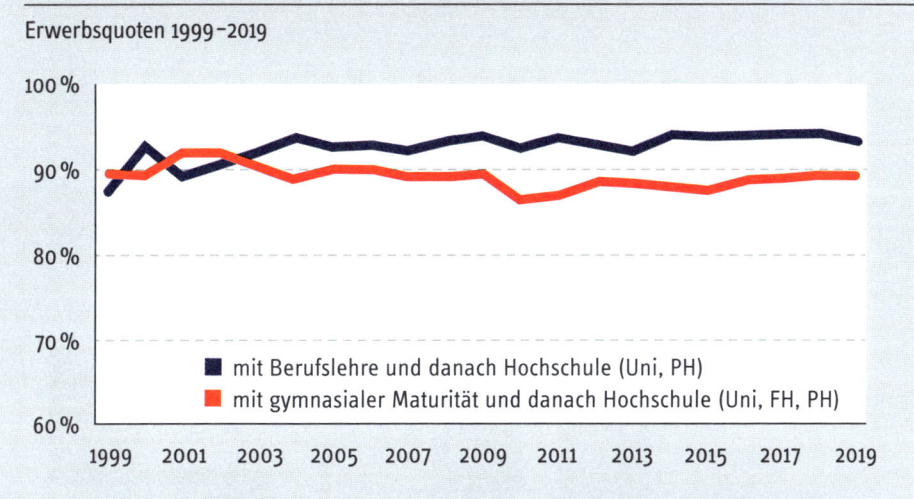

Erwerbsquoten 1999–2019

■ mit Berufslehre und danach Hochschule (Uni, PH)
■ mit gymnasialer Maturität und danach Hochschule (Uni, FH, PH)

Quelle: Seco/EHB: Manuel Aeppli et al.: Der Wert von Ausbildungen auf dem Schweizer Arbeitsmarkt. Arbeitsmarktstudie, SECO Grundlagen für die Wirtschaftspolitik Nr. 31. Oktober 2021, S. 26. Abb. 10 © Strahm

Die Langzeitstudie der Eidgenössischen Hochschule für Berufsbildung EHB und des Seco zeigt in der Auswertung der Erwerbsquoten, dass jene Hochschulabsolventen, die vor dem Tertiärstudium eine Berufslehre absolviert hatten, im Arbeitsmarkt begehrter sind gegenüber jenen mit einer vorlaufenden gymnasialen Maturität.

Ein Hochschulstudium kann auch nach abgeschlossener Berufslehre in Angriff genommen werden, wenn der Absolvent oder die Absolventin eines EFZ mit einer Berufsmaturität (beim Uni-Zugang mit einer Passerellenlösung) einen Hochschulabschluss anstreben.

Dieser Sachverhalt weist darauf hin, dass Fachkräfte, die vorlaufend eine Berufslehre absolviert hatten, nach dem Hochschulstudium besonders in der Privatwirtschaft einen Vorteil durch die berufspraktische Kompetenzaneignung haben.

3.7

Fachhochschul-Absolventen sind rascher in fester Anstellung als Uni-Absolventen (Männer und Frauen)

Bloss befristete Anstellung nach dem Studienabschluss (Hochschulabsolventenbefragung BFS, 2020).

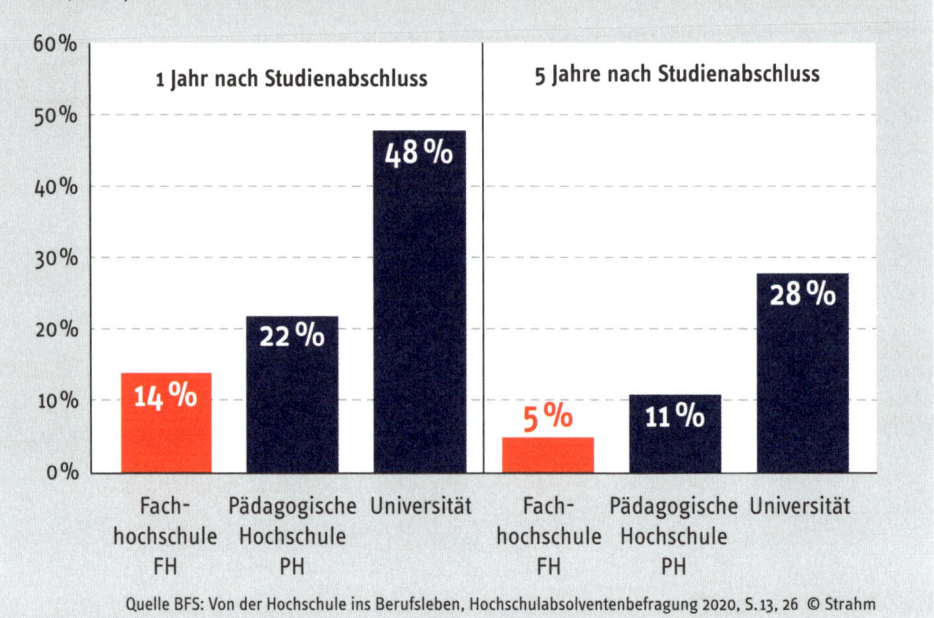

1 Jahr nach Studienabschluss
- Fachhochschule FH: 14%
- Pädagogische Hochschule PH: 22%
- Universität: 48%

5 Jahre nach Studienabschluss
- Fachhochschule FH: 5%
- Pädagogische Hochschule PH: 11%
- Universität: 28%

Quelle BFS: Von der Hochschule ins Berufsleben, Hochschulabsolventenbefragung 2020, S.13, 26 © Strahm

Hier vergleichen wir die Arbeitsmarktbefähigung nach Studienabschluss der drei Hochschultypen Uni, PH und FH. Universitätsabschlüsse auf Masterstufe (in der Regel nach 5 Jahren Studium) zeigen in den ersten Jahren viel weniger Arbeitsmarktbefähigung als Fachhochschulabschlüsse auf Bachelorstufe (3 Jahre Studium nach Berufslehre).

Die Absolventenbefragung des Bundesamts für Statistik zeigt, dass im Durchschnitt fast die Hälfte der Uni-Absolventen/-Absolventinnen (48 Prozent) nach einem Jahr noch keine feste Anstellung gefunden hat, bei den FH-Absolventen/-Absolventinnen sind es nur 14 Prozent. Fünf Jahre nach Studienabschluss sind immer noch mehr als ein Viertel der Uni-Masterabsolventen/-absolventinnen (28 Prozent) nicht in einer festen Anstellung. Sie machen da ein Praktikum, dort ein Praktikum. Man spricht despektierlich auch von «Generation P».

Allerdings ist die Employability nach Fakultäten sehr unterschiedlich: Mediziner, Juristen, Informatiker erhalten rasch feste Stellen, während 25-jährige Uni-Master mit geistes- und sozialwissenschaftlichen Abschlüssen es schwerer haben, feste Anstellungen auf adäquatem Ausbildungsniveau zu finden. Dies stellt oftmals eine persönliche Tragik für Uni-Abgänger/-innen dar (siehe Grafiken 3.12 und 3.13). Demgegenüber sind bei den Fachhochschul-Absolventen/-Absolventinnen mit Bachelorabschluss nach fünf Jahren nur noch 5 Prozent ohne feste Stelle.

3.8

Fachhochschul-Absolventen sind häufiger in Kaderpositionen als Uni-Absolventen (Männer und Frauen)

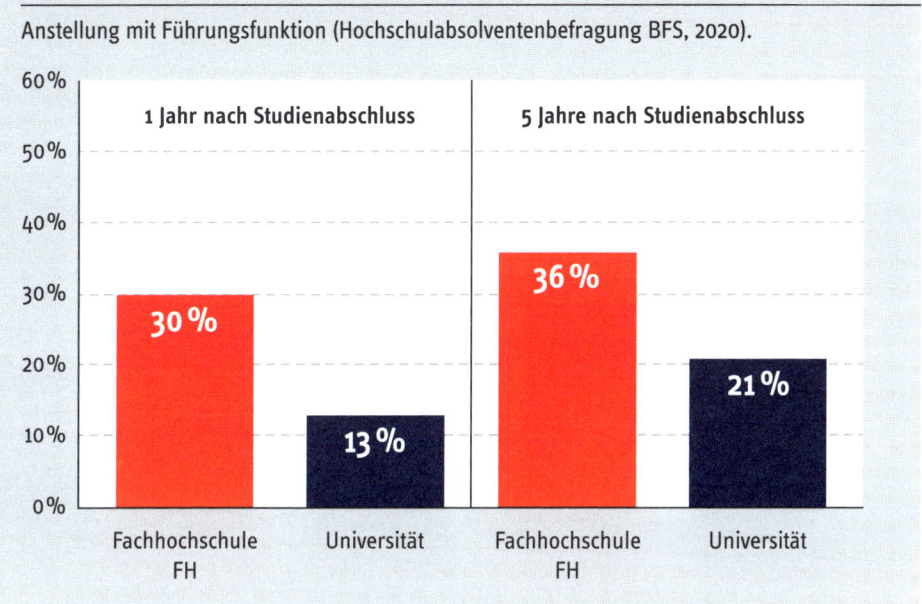

Anstellung mit Führungsfunktion (Hochschulabsolventenbefragung BFS, 2020).

	1 Jahr nach Studienabschluss		5 Jahre nach Studienabschluss	
	Fachhochschule FH	Universität	Fachhochschule FH	Universität
	30%	13%	36%	21%

Quelle: BFS: Von der Hochschule ins Berufsleben, Hochschulabsolventenbefragung 2020, S. 12 und 23 © Strahm

Fachhochschul-Absolventen/-Absolventinnen mit Bachelorabschluss können nach dem Studium häufiger und rascher in Führungspositionen avancieren als Universitätsabsolventen/-absolventinnen mit Masterabschluss. Nach einem Jahr respektive nach fünf Jahren sind 30 resp. 36 der FH-Absolventen/-Absolventinnen in einer Kaderposition, während bloss 13 Prozent resp. 21 Prozent der Uni-Abgänger/innen solche Leitungsfunktionen einnehmen.

In einer längerfristigen, länger als fünfjährigen Betrachtung, die vom Bundesamt für Statistik allerdings nicht erhoben wird, können zahlreiche Universitätsabgänger zweifellos ihre Karriere nachholen und den Einkommensstatus verbessern. Repräsentative arbeitsmarktliche Erhebungen dazu sind nicht bekannt.

In der Regel sind spätere Karriereschritte in die Managementstufe mit weiteren Business- und Management-Lehrgängen verbunden.

Der Fachkräftemangel – näher betrachtet

Das Schlagwort vom «Fachkräftemangel» dominiert die bildungspolitische Debatte in der Schweiz.

Fachkräftemangel wird zur Rechtfertigung der Zuwanderung und zur Rekrutierung von Personal im Ausland benützt. Sie übertüncht den Mangel an landesinterner Ausbildung etwa von Ärzten, Pflegepersonal oder Informatikern in der Schweiz.

Fachkräftemangel wird auch zur Rechtfertigung von höheren Maturitätsquoten und grösseren Universitätskapazitäten sowie von mehr Hochschulautonomie ins Feld geführt – ohne je die Frage nach der Studienwahl und Verteilung der Studierenden nach Fakultäten und Studiengängen zu stellen.

Fachkräftemangel wird neuerdings auch zur Rechtfertigung von noch mehr Maturitäten für den Personalbedarf der Digitalwirtschaft («Industrie 4.0», «Moderne 4.0») gerechtfertigt, ohne die Frage nach der Adäquanz der Abschlüsse zu stellen. Im Vordergrund steht aber die Frage, ob die ausgebildeten oder rekrutierten Informatiker in der industriellen und betrieblichen Applikation auch brauchbar sind.

Die Schweizer Wirtschaft hat nicht generell einen Akademikermangel. Einen besonderen Fachkräftemängel gibt es in der Schweiz bei Ärzten und weiteren Medizinberufen wie Fachangestellten Gesundheit (FaGe) und Fachangestellten Betreuung (FaBe). Fachkräftemängel gibt es besonders auch in den technisch-naturwissenschaftlich-mathematischen Fachbereichen, die auf MINT-Fächern (Mathematik, Informatik, Naturwissenschaft, Technik) beruhen. Konkret haben wir einen Mangel an Informatiker/innen, Ingenieur/innen, Techniker/innen, Finanzspezialisten und zudem fehlen zahlreiche Spezialisten und mittlere Kader des betrieblichen und unternehmerischen Managements, etwa der Cybersicherheit, der Patentierung, des Marketings, der Logistik.

Wir zeigen in diesem Abschnitt, dass der Fachkräftemangel in der Schweiz auch hausgemacht ist, indem der Vorlauf für den universitären Bildungsweg in den Gymnasien sprachlastig gestaltet ist und zuwenig die MINT-Orientierung fördert. In den geistes- und sozialwissenschaftlichen Fächergruppen gibt es nicht zu wenig Absolventinnen. Viele finden keine ihrer Universitätsbildung adäquate Anstellung.

3.9

Extreme Unterschiede der Schwerpunktfächer im Gymnasium nach Kantonen

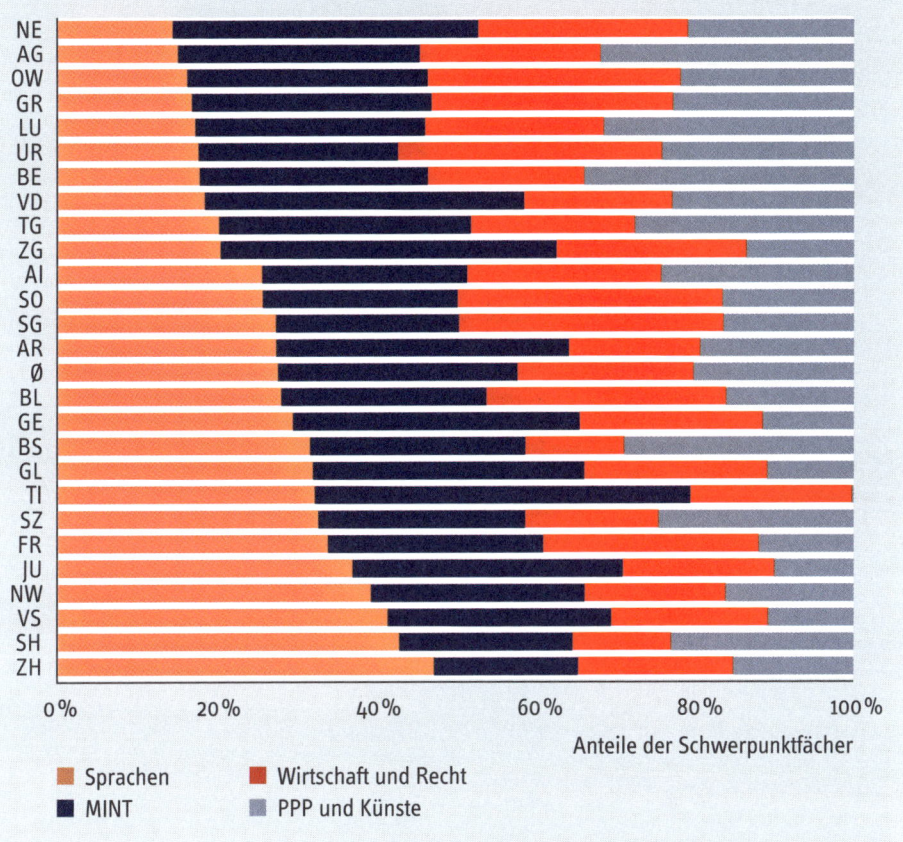

Kantonale Anteile der Schwerpunktfächer in Gymnasien/Kantonsschulen, 2015/2016.

[Balkendiagramm mit kantonalen Anteilen der Schwerpunktfächer: Sprachen, MINT, Wirtschaft und Recht, PPP und Künste. Kantone von oben nach unten: NE, AG, OW, GR, LU, UR, BE, VD, TG, ZG, AI, SO, SG, AR, Ø, BL, GE, BS, GL, TI, SZ, FR, JU, NW, VS, SH, ZH. X-Achse: 0% bis 100%, Anteile der Schwerpunktfächer.]

- Sprachen
- MINT
- Wirtschaft und Recht
- PPP und Künste

Quelle: SKBF: Bildungsbericht Schweiz 2018, S.147, 2020 © Strahm

Der Mix der Schwerpunktfächer in den Gymnasien prägt den Fächermix im zukünftigen Studium. Dies wiederum beeinflusst den Mangel und Überschuss an Studienrichtungen.
Die Gymnasien im Kanton Zürich gewichten die Sprachen im Fächermix mit fast 50 Prozent schweizweit am stärksten. Dagegen haben in diesem Kanton die MINT-Fächer eine schwache Stellung. In der Folge studieren überdurchschnittlich viele Maturitätsabgängerinnen an der Universität Zürich in Fächern der Geistes- und Sozialwissenschaften, also fast die Hälfte. Demgegenüber gewichten andere, tendenziell eher ländliche Kantone wie AG, OW, GR, LU, UR, BE, TG, ZG, die MINT-Fächer stärker als die Gruppe der Sprachenfächer. Folge: siehe nächste Grafik 3.10.

3.10

Hohe Gewichtung der Sprachfächer bevorzugt die Maturandinnen, jene der MINT-Fächer stützt die Maturanden

Noten der Maturandinnen und Maturanden in verschiedenen Fächern

M = Männer   F = Frauen   Maturandinnen und Maturanden

- ungenügend (Noten 1–3,9)   gut (Noten 5–5,9)
- genügend (Noten 4–4,9)   sehr gut (Note 6)

Quelle: SKBF, Bildungsbericht Schweiz 2018, S.151, Akademie der Wissenschaften Schweiz, 2014 © Strahm

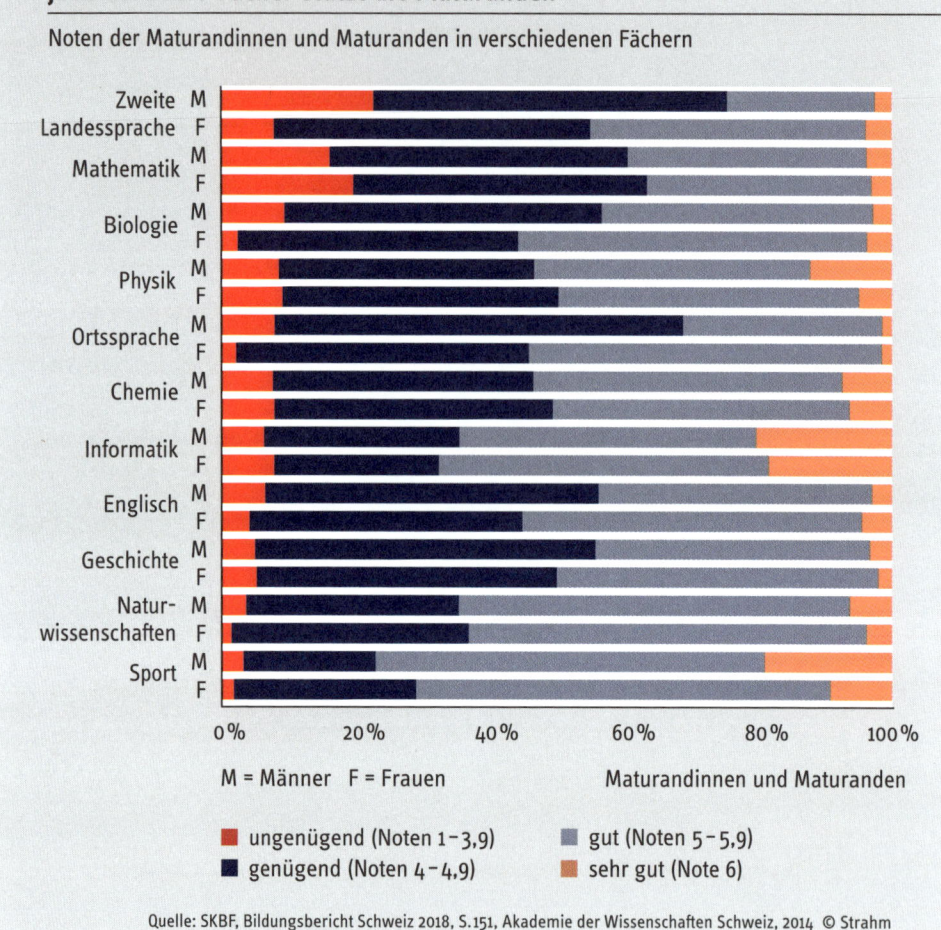

Der Fächermix bestimmt den Anteil des Geschlechts. In den Sprachfächern (Ortssprache, Fremdsprachen) ist der Anteil der Maturandinnen (F) mit guten und sehr guten Noten (hellblau und orange) signifikant höher. Demgegenüber erzielen in Mathematik, Physik und Chemie die Männer (M) häufiger gute und sehr gute Maturanoten.

Interessant und überraschend ist der Befund der Akademien der Wissenschaften, dass in der Informatik der Frauenanteil mit guten bis sehr guten Maturanoten höher ist. Bei Frauen wäre demnach ein Potenzial für das Informatikstudium auszuschöpfen.

3.11

Andrang an den Unis ist auf Geistes- und Sozialwissenschaften konzentriert

Grösse der Farbflächen entspricht den Prozentanteilen der Immatrikulationen 2020/2021 nach Fächergruppen: je Anteil Frauen und Herkunftsanteile aller (alle Universitäten Schweiz).

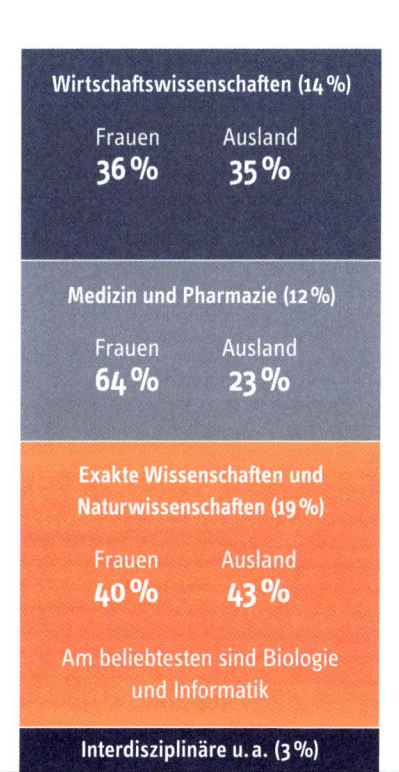

Geistes- und Sozialwissenschaften (29%)
Frauen 69% Ausland 25%
Über ein Viertel der Studierenden in diesem Fachbereich studiert Psychologie. An zweiter Stelle finden sich die Politikwissenschaften.

Wirtschaftswissenschaften (14%)
Frauen 36% Ausland 35%

Medizin und Pharmazie (12%)
Frauen 64% Ausland 23%

Technische Wissenschaften (12%)
Frauen 32% Ausland 46%

Exakte Wissenschaften und Naturwissenschaften (19%)
Frauen 40% Ausland 43%
Am beliebtesten sind Biologie und Informatik

Recht (10%)
Frauen 60% Ausland 18%

Interdisziplinäre u.a. (3%)

Quelle: BFS, Die Volkswirtschaft, Nr. 8–9/2021, S. 60 © Strahm

Die starke Orientierung der Gymnasien auf Sprachen hat zur Folge, dass bei den Neuimmatrikulationen an den schweizerischen Universitäten der grösste Anteil, fast ein Drittel (29%), auf Geistes- und Sozialwissenschaften entfällt. In diesen Fächergruppen ist der Frauenanteil mit 69 Prozent dominant.

Demgegenüber sind die Anteile der Fächergruppen der technischen Wissenschaften (12%) und der exakten und Naturwissenschaften (19%) im Vergleich zur hohen Nachfrage aus arbeitsmarktlicher Sicht unterbesetzt. Der Frauenanteil ist mit 32 Prozent respektive 40 Prozent unterdurchschnittlich. Die Fächerwahl und Fächergewichtung im Gymnasium wirkt sich auf die spätere Studienwahl aus und verschärfen den Fachkräftemangel (Grafik 3.12).

3.12

Der Fachkräftemangel ist durch arbeitsmarktferne Studienwahl hausgemacht

Anzahl Studierende, ausgewählte Studienrichtungen resp. Fachgruppen.
Alle Universitäten der Schweiz, Studienjahr 2021/2022.

Geistes- und Sozialwissenschaften	Total 47754	Frauen 69%
Psychologie	13242	Frauen 79%
Politologie	4165	Frauen 55%
Geschichte und Kunstgeschichte	3453	Frauen 54%
Geistes- und Sozialwissenschaften übergreifend	3251	Frauen 62%
Sozialwissenschaften übergreifend	2988	Frauen 67%
Kommunikation/Medienwissenschaften	2045	Frauen 73%
Wirtschaftswissenschaften	**23082**	**Frauen 36%**
Recht	**16788**	**Frauen 61%**
Exakte und Naturwissenschaften	**33278**	**Frauen 40%**
Medizin und Pharmazie	**21329**	**Frauen 32%**
Technische Wissenschaften	**21041**	**Frauen 32%**
Interdisziplinäre und andere	**4918**	**Frauen 48%**
Total alle Universitäten, alle Fachgruppen	**168190**	**Frauen 52%**

Quelle: BFS, Studierende an den universitären Hochschulen, Basistabellen 2021/22, Tab. 7 © Strahm

An den Schweizer Universitäten studierten im Hochschuljahr 2021/22 über 13000 Studierende im Hauptfach Psychologie, davon 79 Prozent Frauen. Weiter studierten über 4000 im Hauptfach Geschichte und Kunstgeschichte, 3400 in Politikwissenschaften und so weiter. Es können nie alle nach Studienabschluss in ihrem erlernten Beruf eine gewünschte adäquate Stelle finden. An den Universitäten und ETH waren im Universitätsjahr 2021/22 rund 47000 Studierende in den Geistes- und Sozialwissenschaften eingetragen – aber nur rund 33000 Studierende in den exakten und Naturwissenschaften und 21000 in technischen Wissenschaften.

Vom Bedarf auf dem Arbeitsmarkt her müsste das Verhältnis gerade umgekehrt sein, nämlich viel mehr Studierende müssten in MINT-Fächern und weniger im Bereich der Geistes- und Sozialwissenschaften immatrikuliert sein. Dieses aus arbeitsmarktlicher Sicht falsche Verhältnis geht auch auf die stark sprachlastige Orientierung der Gymnasien und Kantonsschulen und deren Selektionsprinzipien zurück.

Fazit: In der Schweiz gibt es nicht zu wenig Akademiker. Der Fachkräftemangel, in der Medizin durch den Numerus clausus und durch die falsche Vorselektion in den MINT-Bereichen verursacht, ist teils hausgemacht und wäre längerfristig korrigierbar.

3.13

Adäquanzanalyse: Viele können nicht im erlernten Beruf auf adäquater Stufe arbeiten

Hochschul-Studienabschlüsse mit dem Anteil inadäquater Beschäftigung nach dem Studium 2018/2022.

Häufige Studienabschlüsse mit hohem Anteil an Inadäquanz nach dem Studium		
FH	Hochschule der Künste	24 %
Uni	Geisteswissenschaften	16 %
FH	Sozialwissenschaften/Journalismus/Informationswesen	15 %
FH	Wirtschaft, Verwaltung	13 %
Uni	Sozialwissenschaften/Journalismus	9 %

Häufige Studienabschlüsse mit tiefem Anteil an Inadäquanz nach dem Studium		
Uni	Medizin, Ärztinnen und Ärzte, Apotheker/innen	1 %
PH	Pädagogik: Lehrberufe	1 %
HF	Gesundheit: dipl. Pflegefachperson	2 %
Uni	Informatikberufe	3 %
ETH	Ingenieurberufe	3 %
FH	Ingenieurberufe	5 %
Uni	Naturwissenschaften, Mathematik	5 %
Uni	Wirtschaft/Recht	5 %
FH	Informatikberufe	6 %

Quelle: BFS: Inadäquanz zwischen Ausbildung und Erwerbstätigkeit. Absolventinnen und Absolventen des Tertiärbereichs, 2018. Neuchâtel 2022, TA 2–3, S. 25–26 © Strahm

Die Adäquanz-Befragung gibt darüber Auskunft, wie der Arbeitsmarkt die Absolventen von Studien der Tertiärstufe (Uni, PH, FH, HF) absorbieren kann.
Lesebeispiele: 24 Prozent der Absolventen und Absolventinnen der Hochschulen der Künste (Fachhochschulstufe) sind ein Jahr nach Studienabschluss in einer einfacheren Erwerbstätigkeit, als sie ihrer Ausbildung entspricht. Demgegenüber sind nur 1 Prozent der Ärzte mit Uni-Abschluss und 1 Prozent der Lehrpersonen mit PH-Abschluss in einer inadäquaten Erwerbstätigkeit; mit anderen Worten: 99 Prozent arbeiten in einem Beruf, der ihrem Studium entspricht.

Inadäquanz einer Berufstätigkeit liegt dann vor, wenn für die ausgeübte Erwerbstätigkeit gar kein Tertiärabschluss erforderlich ist und die Arbeit den erworbenen fachlichen Qualifikationen nicht entspricht (Definition des BFS). Ein hoher Anteil an inadäquaten Jobs zeigt an, dass Angebot und Nachfrage nicht übereinstimmen, d.h. dass zu viele in diesem Fachbereich ausgebildet werden. Ein tiefer Anteil zeigt an, dass in diesem Berufsfeld ein Mangel an Ausgebildeten herrscht.

In *Grafik 3.13* sind einige Studienabschlüsse auf der Tertiärstufe exemplarisch nach der statistischen Häufigkeit der Bildungsfelder ausgewählt und der (gerundete) prozentuale Anteil der inadäquaten Erwerbstätigkeiten je für beide Geschlechter ungefähr ein Jahr nach Studienabschluss aufgeführt.

Verallgemeinernd bestätigt die Adäquanz-Analyse erneut das Bild, das wir von andern Arbeitsmarktindikatoren kennen: Der Fachkräftemangel im Tertiärbereich besteht in Fachpersonen mit einer mathematisch-technisch-naturwissenschaftlichen Ausbildung. Und es besteht ein Überhang an geistes- und sozialwissenschaftlichen Studienabgängerinnen und -abgängern. Es bestätigt das Bild, dass der Fachkräftemangel in der Schweiz auch hausgemacht ist.

Berufs- und Weiterbildung zahlt sich aus – Status- und Lohnvergleiche
Das Prestige sowohl der Berufsbildung als auch der Bildung in den Hochschulen ist hoch. Ein grosser Teil der ländlichen Wirtschaftselite und der KMU-Elite beginnt die Berufskarriere mit einer dualen Berufslehre. Mit der höheren Berufsbildung und den Fachhochschulen steigen die Löhne deutlich.

Diese Weiterbildungen haben einen doppelten Nutzen: Sie dienen dem Karriereaufstieg des Einzelnen und ebenso der technologischen Innovation und Effizienz der Wirtschaft.

Allerdings besteht auch in der Schweiz bei vielen Eltern der Wunsch, ihre Kinder über das Gymnasium direkt und ohne Berufslehre in die Universitäten zu schicken. Diese Problematik wird am Schluss dieses Kapitels vertieft behandelt.

3.14

Aus- und Weiterbildung zahlt sich aus

Monatslöhne nach Ausbildungsstufe, Männer und Frauen (durchschnittliche Bruttolöhne, Gesamtwirtschaft, alle Altersstufen, 2018/2020).

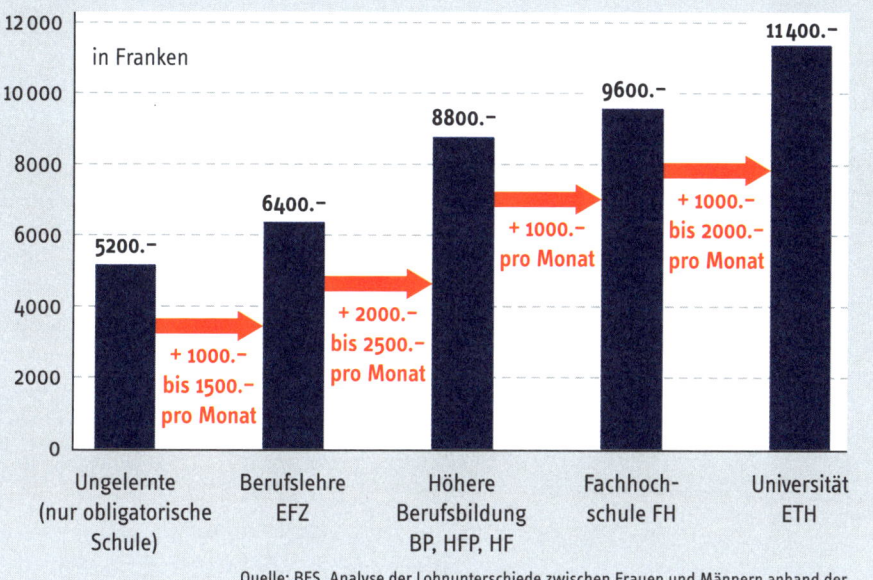

in Franken

Ausbildungsstufe	Lohn	Zuwachs
Ungelernte (nur obligatorische Schule)	5200.–	
Berufslehre EFZ	6400.–	+ 1000.– bis 1500.– pro Monat
Höhere Berufsbildung BP, HFP, HF	8800.–	+ 2000.– bis 2500.– pro Monat
Fachhochschule FH	9600.–	+ 1000.– pro Monat
Universität ETH	11400.–	+ 1000.– bis 2000.– pro Monat

Quelle: BFS, Analyse der Lohnunterschiede zwischen Frauen und Männern anhand der Schweizerischen Lohnstrukturerhebung. Schlussberichtt 2021, Tab. 37, S. 71 © Strahm

Lohnstrukturerhebungen des Bundesamts für Statistik geben uns Hinweise, wie eine berufliche Weiterbildung sich finanziell auszahlt. Die Zahlen in der Grafik sind mittlere Grössenordnungen zum Lohnanstieg nach der entsprechenden Aus- oder Weiterbildung. Sie sind als grobe Faustregel zu betrachten:

Wer eine Berufslehre mit Eidgenössischem Fähigkeitszeugnis EFZ absolviert, verdient nach der Ausbildung etwa +1000 bis +1500 Franken mehr pro Monat – später noch mehr.

Wer nach der Berufslehre einen zusätzlichen Abschluss mit einer Höheren Berufsbildung (Höhere Fachschule HF, Eidg. Berufs- und Höhere Fachprüfung) erzielt hat, erfährt einen Lohnsprung von zusätzlich +2000 bis +2500 Franken pro Monat. Resultat ist, dass sich diese Weiterbildungsstufe mit der höchsten Bildungsrendite am besten auszahlt.

Eine Fachhochschulausbildung mit Bachelorabschluss erlaubt nach drei Studienjahren einen zusätzlichen Lohnzuwachs gegenüber der Berufslehre mit EFZ und BM von mindestens +3000 Franken pro Monat oder 1000 Franken mehr als nach der HBB.

Ein Studium an der Uni oder der ETH erlaubt einen weiteren Zusatzlohn von +1000 bis +2000 Franken gegenüber der Fachhochschule, wobei hier je nach Fakultät und Berufsbereich sowie nach Geschlecht eine grosse Lohnstreuung festgestellt wird (Geschlechterdifferenzen siehe Grafik 3.15).

3.15

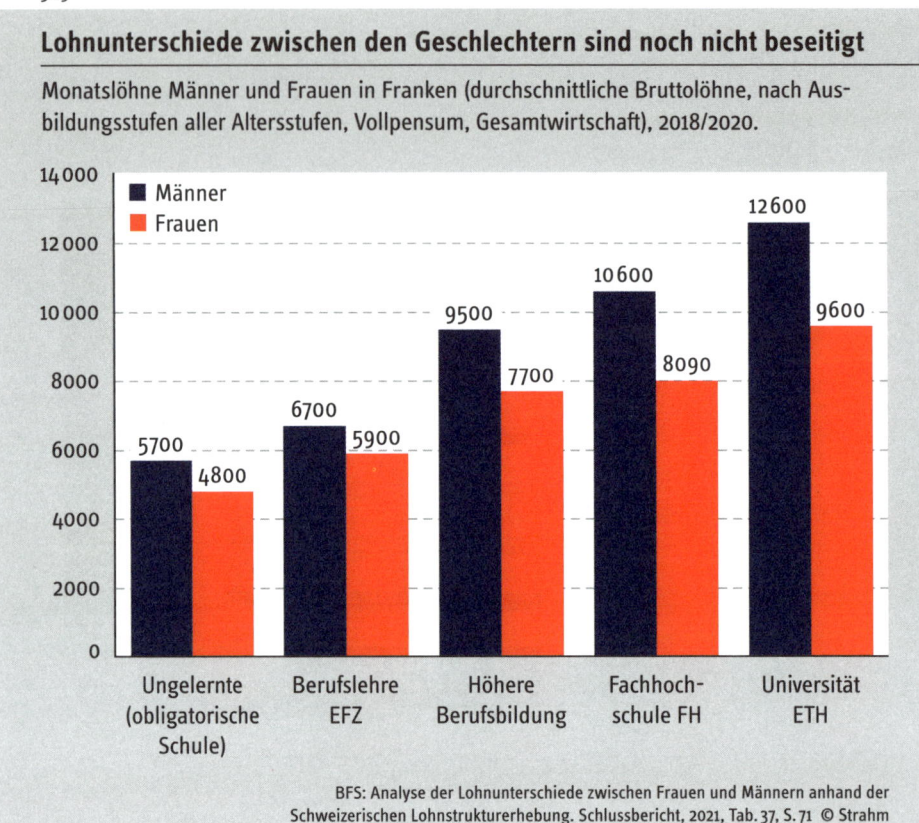

Lohnunterschiede zwischen den Geschlechtern sind noch nicht beseitigt

Monatslöhne Männer und Frauen in Franken (durchschnittliche Bruttolöhne, nach Ausbildungsstufen aller Altersstufen, Vollpensum, Gesamtwirtschaft), 2018/2020.

Ausbildungsstufe	Männer	Frauen
Ungelernte (obligatorische Schule)	5700	4800
Berufslehre EFZ	6700	5900
Höhere Berufsbildung	9500	7700
Fachhochschule FH	10600	8090
Universität ETH	12600	9600

BFS: Analyse der Lohnunterschiede zwischen Frauen und Männern anhand der Schweizerischen Lohnstrukturerhebung. Schlussbericht, 2021, Tab. 37, S. 71 © Strahm

Die Lohndifferenzen zwischen den Geschlechtern sind zum Teil beträchtlich. Diese Grafik zeigt die gleichen Lohnwerte wie die vorangehende Tabelle, hier aber nach Männern und Frauen getrennt. Diese Kluft der Löhne zwischen Männern und Frauen wird nach offizieller Version des Bundes differenziert in eine erklärbare und eine unerklärte Differenz:

Der erklärbare Anteil der Lohndifferenzen war im Durchschnitt der Jahre 2012 bis 2018 zu etwa 45 Prozent begründet durch Unterschiede der beruflicher Stellung, der Art des Berufs und durch Ausbildungsunterschiede.

Der unerklärte Anteil der Lohndifferenzen von etwa 55 Prozent kommt zustande, «wenn Frauen und Männer bei gleichen beobachtbaren Merkmalen im Schnitt unterschiedliche Löhne erhalten» (Bundesamt für Statistik). Mit andern Worten: Er beruht auf «Lohndiskriminierung».

Im Jahr 2018 betrug die Lohndifferenz in der Gesamtwirtschaft etwa 18 Prozent, wovon die unerklärte Lohndifferenz («Lohndiskriminierung») etwa 8 Prozent ausmachte, bei der öffentlichen Hand 6 Prozent. – Diese offizielle Betrachtungsweise ist auch umstritten.

3.16

Lohnniveau nach der Berufslehre ist auch branchen- und ortsabhängig und steigt nach EFZ

Monatseinkommen nach Berufslehre EFZ (standardisiertes monatliches Bruttomedianeinkommen, eineinhalb und fünfeinhalb Jahre nach Berufsabschluss), Abschlussjahr 2012/2013.

■ 1½ Jahre nach Abschluss EFZ
■ 5½ Jahre nach Abschluss EFZ

Branche	1½ Jahre	5½ Jahre
Information und Kommunikation	4995	6164
Erziehung	4757	5524
Verkehr und Lagerei	4724	5177
Erbringung von Finanz- und Versicherungsdienstleistungen	4654	6025
Öffentliche Verwaltung, Verteidigung, Sozialversicherung	4572	5430
Baugewerbe/Bau	4557	5425
Gesundheits- und Sozialwesen	4544	5411
Verarbeitendes Gewerbe/ Herstellung von Waren	4492	5277
Gastgewerbe/Beherbergung und Gastronomie	4138	4833

Quelle: BFS. Einkommen nach einem Abschluss der beruflichen Grundbildung. Längsschnittanalysen im Bildungsbereich. In: BFS Aktuell Juni 2021 © Strahm

Die Lohndaten von Berufslehre-Absolventinnen und -Absolventen in dieser Grafik zeigen recht grosse Unterschiede nach Bildungsfeldern und Wirtschaftsbereichen.
Die Monatslöhne im oberen Balken (rot) sind anderthalb Jahre nach dem Berufsabschluss mit dem Eidg. Fähigkeitszeugnis EFZ erhoben worden.
Die Monatslöhne im unteren Balken (blau) sind fünfeinhalb Jahre nach dem Lehrabschluss festgestellt worden. Achtung: Alle Lohndaten stammen von 2018/19. Aber die EFZ-Abschlüsse waren 2013 und 2012, danach Entlöhnung 5,5 Jahre später.
Der Lohnzuwachs in den vier Jahren zwischen der ersten und der zweiten Erhebung beträgt auf den Monatslohn gerechnet etwa 500 bis 1000 Franken. Wer eine Berufsmaturität absolviert hat, erhält grössere Lohnschritte.
Die Ziffern benennen das auf ein Vollzeitpensum standardisierte Bruttoeinkommen (Median). Der Medianwert ist der Frankenbetrag, bei dem die Hälfte der Personen über und die Hälfte unter dem Wert liegt.

3.17

Löhne von FH- und Uni-Absolventen und gleichen sich an

Median Bruttoerwerbseinkommen für Vollzeitstelle, geschätzt ein und fünf Jahre nach Studienabschluss, 2020.

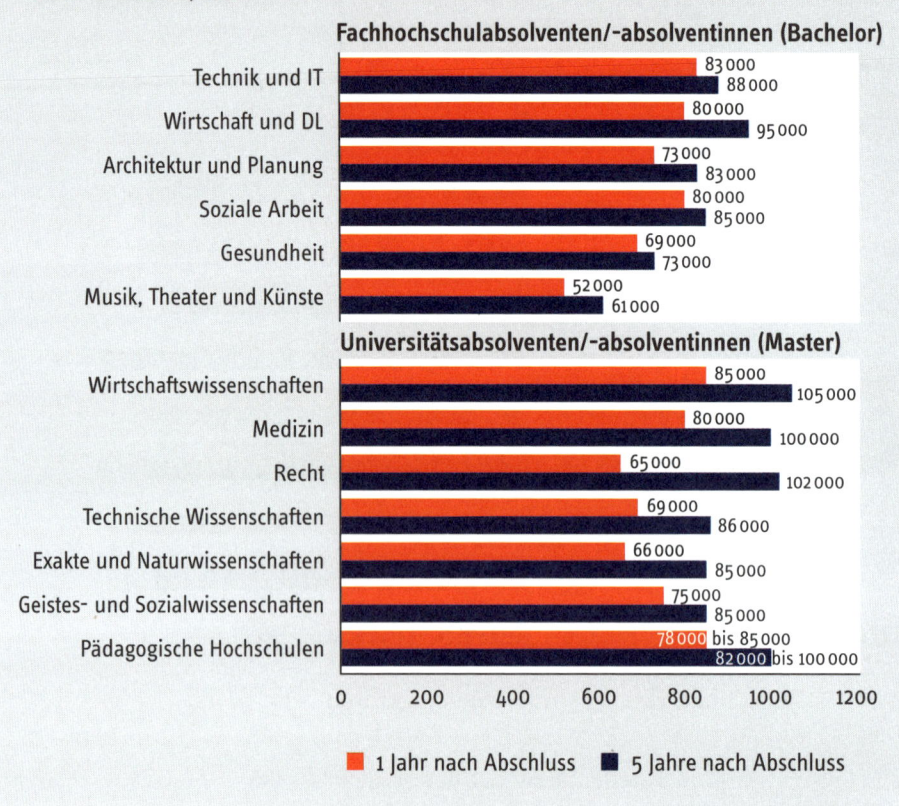

Fachhochschulabsolventen/-absolventinnen (Bachelor)

Studienrichtung	1 Jahr nach Abschluss	5 Jahre nach Abschluss
Technik und IT	83 000	88 000
Wirtschaft und DL	80 000	95 000
Architektur und Planung	73 000	83 000
Soziale Arbeit	80 000	85 000
Gesundheit	69 000	73 000
Musik, Theater und Künste	52 000	61 000

Universitätsabsolventen/-absolventinnen (Master)

Studienrichtung	1 Jahr nach Abschluss	5 Jahre nach Abschluss
Wirtschaftswissenschaften	85 000	105 000
Medizin	80 000	100 000
Recht	65 000	102 000
Technische Wissenschaften	69 000	86 000
Exakte und Naturwissenschaften	66 000	85 000
Geistes- und Sozialwissenschaften	75 000	85 000
Pädagogische Hochschulen	78 000 bis 85 000	82 000 bis 100 000

Quelle: BFS, Von der Hochschule ins Berufsleben, Schweizer Hochschulabsolventenbefragung, Abschlussjahrgänge 2014 und 2018. 2020, S. 33–34 © Strahm

Hier werden Fachhochschul-Absolventen/-Absolventinnen mit Bachelorabschluss (3 Jahre Studium nach Lehre und Berufsmaturität) mit Universitätsabsolventen/-absolventinnen mit Masterabschluss (in der Regel 5 Jahre Studium nach gymnasialer Maturität) verglichen (Medianeinkommen).

Die Lohnunterschiede zwischen FH- und Uni-Studierten 1 Jahr und 5 Jahre nach Studienabschluss sind in ihrer Gesamtheit nicht markant mit Ausnahme von Wirtschaft, Medizin und Recht 5 Jahre nach Abschluss. Markant sind aber die Lohndifferenzen zwischen den Studienrichtungen. Bei FH-Absolventen fällt der tiefere Lohn im Gesundheitsbereich und ganz besonders im Bereich der Künste (Musik, Tanz, Theater) auf. Bei Kunst-Absolventinnen und -Absolventen sind die Löhne nahe am Prekariatsniveau (siehe auch Kapitel 4).

Gymnasium oder Berufslehre? Eine bildungspolitische Einordnung
Die zahlreichen Bildungs- und Arbeitsmarktindikatoren, die wir in diesem dritten Kapitel präsentiert haben, korrigieren das gängige Bild, das häufig zum Arbeitsmarkt kolportiert wird: Der Arbeitsmarkt braucht alle Bildungsstufen, aber er begehrt nicht am meisten Fachkräfte aus den Universitäten, sondern in erster Linie und statistisch am häufigsten ausgebildete Fachkräfte mit einer Höheren Berufsbildung und in zweiter Linie Fachkräfte mit Fachhochschulabschlüssen.

Die begehrtesten Fachkräfte im Arbeitsmarkt sind Leute, die eine Berufslehre und anschliessend oder auch später in ihrer Berufskarriere einen zertifizierten eidgenössischen Berufsabschluss mit einer Höheren Fachschule HF oder einer eidgenössischen Berufsprüfung BP oder Höheren Fachprüfung HFP absolviert haben. Fachleute mit einer Höheren Berufsbildung sind die mittleren Kader in der KMU-Wirtschaft (zu der 99 Prozent aller Unternehmen gehören). Es sind die Techniker/innen, Teamchefs, Prokurist/innen, diplomierten Pflegefachkräfte, die Kader und Ausbildner/innen in Führungsfunktionen.

Auch im Vergleich zwischen Universitäten und Fachhochschul-Absolventen/-Absolventinnen korrigiert sich das Bild in folgender Richtung: Die Fachhochschul-Abgänger/innen, die in der Regel vorgängig eine Berufslehre mit Berufsmaturität hinter sich haben, sind nach dem Studienabschluss rascher im Arbeitsmarkt und erfreuen sich tieferer Erwerbslosigkeit. Sie sind rascher in einer festen Anstellung und sie erreichen rascher und anteilsmässig häufiger eine Führungsfunktion als Leute mit einem Universitätsabschluss.

In aller Stille hat sich nach 2000 der Arbeitsmarkt umgekehrt: Fachkräfte und Tertiärabschlüsse mit einem berufspraktischen Vorlauf – also mit einer Berufslehre und anschliessender Höherer Berufsbildung (wie HF und Berufs- und Fachprüfungen) oder mit einer Fachhochschule sind begehrter als Fachleute mit gymnasialer Maturität und einem rein schulisch-akademischem Studiengang. Dies wird von den Universitäten und von den Medien (und deren Akademikern) völlig verkannt.

Allerdings gibt es universitäre Abschlussberufe, die eine Ausnahme bilden und eine höchste Employability aufweisen. Allen voran stehen die Ärtzte/Ärtztinnen sowie auch Theologen/Theologinnen mit Pfarramtsbefähigung, aber auch Juristen/Juristinnen und Wirtschaftsfachleute. Auch die meisten der mathematisch-naturwissenschaftlichen Studienabschlüsse sind hoch begehrt, allen voran die Informatiker aller Bildungsstufen. Demgegenüber weisen die universitären Berufe mit sozial- und geisteswissenschaftlichen Abschlüssen ein meist tieferes Employability-Setting auf.

Die Weichenstellung «Gymnasium oder Berufslehre» wird geografisch durch den Stadt-Land-Graben und sozial durch den sozialen Status (Einkommen, Wohnquartier, Akademikerstatus der Eltern) bestimmt. In der Grossagglomeration Zürich liegt die Übertrittsquote ins Gymnasium am Zürichberg, dem Quartier der Wohlhabenden, bei 35 Prozent, in Schwamendingen, dem Quartier der Arbeits- und Migrationsbevölkerung, bei 10 Prozent. In Gemeinden im Limmattal und im Tösstal des gleichen Kantons liegt die Quote teilweise zwischen 0 und 5 Prozent.

3.18

Weichenstellung: Gymnasium oder Lehre wird durch den sozialen Status bestimmt

Stadt Zürich: Wo viele ins Gymi gehen – und wo nicht (Übertrittsquote Primarschule–Gymnasium 2020, in Prozent, ohne Privatschulen und Übertritte an ausserkantonale Gymnasien).

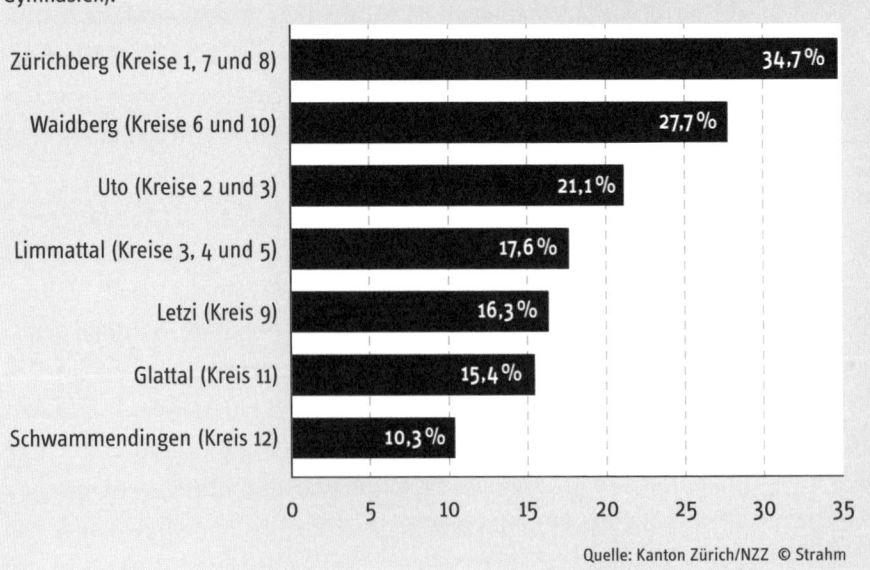

Zürichberg (Kreise 1, 7 und 8)	34,7 %
Waidberg (Kreise 6 und 10)	27,7 %
Uto (Kreise 2 und 3)	21,1 %
Limmattal (Kreise 3, 4 und 5)	17,6 %
Letzi (Kreis 9)	16,3 %
Glattal (Kreis 11)	15,4 %
Schwammendingen (Kreis 12)	10,3 %

Quelle: Kanton Zürich/NZZ © Strahm

In ländlichen Gegenden werden die Berufslehre und das Gymnasium resp. die Kantonsschule als gleichwertig eingeschätzt oder Erstere gilt sogar als geeigneter. Die ländliche Wirtschaftselite hatte ihre Berufskarriere in der Regel mit einer Berufslehre und anschliessenden Weiterbildungen begonnen. Demgegenüber ist der kulturelle Druck zur Absolvierung des Gymnasiums in den Städten und besonders in den Quartieren der Wohlhabenden und der Akademiker besonders gross.

Wo gymnasiale Aufnahmeprüfungen, wie im Kanton Zürich, das wichtige Selektionsprinzip darstellen, spielt die finanzielle Unterstützung seitens der Eltern für die Prüfungsvorbereitung durch privaten Unterricht eine entscheidende Rolle.

Folgerungen für die Schul- und Berufsorientierung
Die Frage «Gymnasium oder Berufslehre?» treibt viele Eltern, Jugendlichen und Lehrpersonen um. Unausgesprochen wird um die Frage, wie viel Gymnasien und Kantonsschulen und wie viele Universitätsstudierende das Land brauche, ein bildungspolitischer Kulturkampf geführt.

In der deutschen Schweiz beginnen 64 Prozent der jungen Menschen ihre Berufslaufbahn mit einer Berufslehre (Beruflichen Grundbildung). In der Romandie sind es weniger als 50 Prozent.

Im Kanton Genf machen fast drei Mal so viele Jugendliche eine gymnasiale Maturität wie im Kanton Glarus. Es wird niemand behaupten, am Genfersee sei man «drei mal intelligenter» *(siehe die Schaubilder 3.1 und 3.2)*.

In Baselstadt ist die Maturitätsquote bei über 30 Prozent, im benachbarten Kanton Baselland sind es knapp 23 Prozent. Wie ist dies mit der vielzitierten und angestrebten Chancengleichheit vereinbar?

Einen Hotspot der bildungspolitischen Kampfsituation findet man im Kanton Zürich. Dort hat der Kampf ums Gymnasium geradezu bizarre Züge angenommen. Während die meisten Kantone den Übertritt ins Gymnasium (oder ins Progymnasium) aufgrund von Erfahrungsnoten in den vorlaufenden Schuljahren regeln (bei Grenzfällen ist eine Zulassungsprüfung möglich), sind im Kanton Zürich die Noten der «Gymi-Prüfung» für das Ticket ins Gymnasium entscheidender. Je früher die Kinder zwischen (Langzeit-)Gymnasium und Sekundarschule selektioniert werden – also schon nach der 6. Klasse – desto stärker bestimmt die soziale Herkunft den Bildungsweg *(NZZ, 8.3.2022, S. 13)*.

Dieses Selektionsprinzip führt dazu, dass gut betuchte Eltern ihren Sohn oder ihre Tochter zur Prüfungsvorbereitung in Privatstunden schicken, in denen sie auf die Gymnasiums-Zugangsprüfung getrimmt werden. Nicht selten erstreckt sich ein solches Prüfungstraining auf zwei oder drei Prüfungsfächer. Es kommt nicht selten vor, das «Kampfeltern», wie man sie in Zürich bezeichnet, sogar mit Notenrekursen und mit Hilfe von Rechtsanwälten gegen die Schule vorgehen. Die Lehrpersonen müssen schon in der vorlaufenden Notengebung im Unterricht alles dokumentieren und «justiziabel» jederzeit begründen können.

Dieses Selektionssystem nach dem Motto «Mehr Finanzen – mehr Bildungserfolg» macht die Bildungsselektion zu einer Klassenfrage. Die erfolgreiche typische Superstudentin ist 19 Jahre alt, Schweizerin und Tochter von Akademikern, die sie pushten *(NZZ, 25.11.2020, S. 13)*. Der politische Druck, mehr Gymnasien respektive Kantonsschulen mit mehr Studienplätzen anzubieten, ja auch neue Gymnasien zu errichten, ist im Kanton Zürich besonders hoch. Ausländische Eltern («Expats»), die das durchlässige schweizerische Bildungssystem nicht kennen, drängen auf mehr Gymnasiumsplätze und drohen mit einem Ausweichen ins deutsche Abitur. (In Deutschland kennt man die Berufsmaturität gar nicht und in der Höheren Berufsbildung ein sehr schmales Angebot an Berufen.)

Debatte zur Frage «Gymnasium oder Lehre»
Unter Bildungsfachleuten läuft seit langem eine intensive Diskussion zur Frage, wie viel Gymnasium und wie viele Lehrverhältnisse gut sind. Die ETH-Professorin und Bildungsforscherin Elsbeth Stern kommt zum Schluss: «30 Prozent gehören nicht ans Gymnasium» *(NZZ, 16.11.2021, S. 21)*.

Der Bildungsökonom Stefan Wolter von der Universität Bern entgegnet den deutschen Expats, die den Selektionsdruck verurteilen und nach mehr Gymnasien in der Schweiz rufen: «Die Gymi-Quote von 20 Prozent ist richtig» *(Tages-Anzeiger, 9.9.2019)*.

Und der Bundeshaus-Korrespondent Hansueli Schöchli fasst eine neue Bundesanalyse wie folgt zusammen: «Die Berufslehre bietet mindestens so gute Chancen wie das Gymnasium» *(NZZ, 16.11.2021, S.21)*.

Demgegenüber kommt der Gymnasiallehrer und Publizist Andreas Pfister in seinen Büchern zum Schluss: «Es braucht eine Maturpflicht für alle» *(Matura für alle, 2018; Neue Schweizer Bildung, 2022).*

Das Verhältnis von Gymnasium und Berufslehre ist eine Frage der Kulturen und des Verhaltens der Bildungselite, oft auch ein Phänomen eines «Bildungsdünkels».

In ländlichen Regionen, wo die örtliche Wirtschaftselite ihre Berufskarriere in der Regel mit einer Berufslehre – und selbstredend weiteren Bildungsgängen wie Fachhochschule FH, Höhere Fachschule HF, Höhere Fachprüfungen oder nonformale Weiterbildungen – absolvierte, hat die Berufslehre eine grössere Wertschätzung und Reputation. Jugendliche sind mit Stolz erfüllt, wenn sie eine Lehrstellenzusage erhalten.

Wo die Berufslehre zurückgedrängt wird und wo spiegelbildlich die Gymnasiumsquote 40 oder 50 Prozent erreicht, hat die Lehre ein soziales Stigma. Sie gilt dann als ein Bildungsgang für Schwächere, für Zurückgebliebene, für die Unterschichtenjugend. In der Romandie gilt in den Augen von Akademikern die Berufslehre als Bildungsweg «pour les plus défavorisés» (für die am meisten Benachteiligten).

Bildungspolitische Schlagworte wie «Gymnasium für alle», «Upskilling für die Moderne», «Digitale Revolution» oder «Fachkräftemangel ist Akademikermangel» befördern diesen Bildungsdünkel und bestätigen die Bildungselite in ihrem Vorurteil.

Vom Wert der Soft Skills und der praktischen Intelligenz

Wir haben bereits im zweiten Kapitel bei der Vorstellung des Berufsbildungssystems auf die Qualitätskultur in der beruflichen Tätigkeit hingewiesen, die im bildungspolitischen Fachjargon unter dem Begriff der «Soft Skills» (weiche Fähigkeiten) auftaucht.

Was sind Soft Skills? Sie sind nicht objektiv messbar, doch jeder Gewerbetreibende, jeder Firmenchef und jeder Ausbildner weiss, worum es geht. Soft Skills sind Exaktheit und Präzision beim Arbeiten, es sind Zuverlässigkeit und Verantwortungsbewusstsein im Arbeitsablauf, dazu gehören auch die Befähigung zur Zusammenarbeit, zum Teamwork, zum kommunikativen Austausch unter Arbeitskolleginnen und -kollegen.

Diese betrieblichen «Tugenden» werden in den Lehrbetrieben als eine Art «Branchenkultur» oder «Arbeitskultur» bereits in der Berufslehre – also mit 16, 17, 18 Jahren – vermittelt, eingeübt und angemahnt.

Diese Soft Skills spielen für die Qualität des Produktionsstandorts Schweiz eine matchentscheidende Rolle. Man könnte vereinfacht sagen: Die Schweiz funktioniert; sie funktioniert dank der Arbeitsqualität und Zuverlässigkeitskultur. Und diese werden in der Berufslehre vermittelt.

Diese qualifizierende Wertschätzung der Beruflichen Grundbildung heisst nicht, dass nicht auch die Absolventinnen und Absolventen der vollschulischen Ausbildungsgänge (Gymnasien, Fachmaturitätsklassen, Universität) solche Tugenden vorweisen können. Aber sie ist nicht im gleichen Masse Trainings- und Prüfbereich. Die Integration in eine Berufs- oder Branchenkultur findet in der Praxis statt.

Das Schlagwort vom «Fachkräftemangel» – den Fachkräftemangel richtig einordnen

Ein weiteres Schlagwort, das den Akademisierungstrend befördert, ist das ständige Anrufen des «Fachkräftemangels». In der Redeweise der Universitäten, der regierungsamtlichen Verlautbarung und des Journalismus wird der Fachkräftemangel meist auf die universitären Berufe bezogen. Dies ist falsch und entspricht nicht den Realitäten. Wir haben weiter vorn die höhere Nachfrage nach Absolventen und Absolventinnen der Höheren Berufsbildung und der Fachhochschulen dargestellt. Hier aber geht es um die Berufsfelder mit und ohne Fachkräftemangel:

- Wir haben zu wenig Ärztinnen und Ärzte wegen des politisch verordneten Numerus clausus, also wegen der zahlenmässigen Beschränkung der Studienplätze und damit des Zugangs zum Medizinstudium.
- Wir haben zu wenig Pflegefachpersonen (FaGe und FaBe) verschiedener Bildungsstufen und Spezialisierungen, weil die Spitäler und Heime während mehr als eines Jahrzehnts (von 1995 bis ca. 2006) zu wenige Fachangestellte Gesundheit ausgebildet haben. Dieses Ausbildungsdefizit wirkt immer noch fort. Ausbildungswillige junge Schulabgängerinnen, dies zeigen die früheren Lehrstellenbarometer, hätte es genug gegeben, Tausende konnten keine Lehrstellen im FaGe-Bereich ergattern.

- Wir haben aber ganz besonders einen ausgeprägten Mangel an Fachkräften in MINT-Berufen, das heisst Uni- und FH-Absolventen/-absolventinnen der Grundlagenfächer Mathematik, Informatik, Naturwissenschaften und Technik, konkret also einen Mangel an Informatikern/Informatikerinnen, Ingenieurn/Ingenieurinnen, Technikern/Technikerinnen, Biologen/Biologinnen, Biochemikern/Biochemikerinnen.
- Diese MINT-Lücke ist ebenfalls weitgehend durch das schweizerische Selektionssystem verursacht. Mit der Maturitätsordnung 1995 wurden die Sprachfächer aufgewertet und im Notenmix stärker gewichtet als die mathematisch-naturwissenschaftlichen Fächer. Junge Männer mit hohen mathematischen Grundkompetenzen schaffen oft den Zugang ins Gymnasium nicht, wenn sie nicht auch in Fremdsprachen stark sind. Wenn man bedenkt, dass heute rund 30 Prozent der 16-Jährigen in der Schweiz eine Biografie mit Migrationshintergrund aufweisen, wird klar, dass die Schweiz mit dem sprachlastigen Gymnasiumszugang ein bildungspolitisches Potenzial in Mangelfächern vergeudet.
- Einige Kantone, wie etwa der Aargau, haben begonnen, wieder einen naturwissenschaftlich-mathematisch ausgerichteten Maturitätstypus («Nawimat») einzurichten, mit der junge Männer mit entsprechenden Kompetenzen einen ETH- oder Universitätszugang erreichen. Die Revision der Maturitätsordnungen ist derzeit (2022) im Gang und es wird eine Auseinandersetzung um den Notenmix zum Maturitätszugang ausgetragen.
- Wir haben anderseits in gewissen Studienrichtungen der Universitäten einen Überhang. Weiter oben wurde gezeigt, wie viele (oft mehrheitlich junge Frauen) Psychologie, Geistes- und Sozialwissenschaften studieren und dann nach dem Masterabschluss (also mit etwa 25 Jahren) in die tragische Situation geraten, keine feste Anstellung oder keine abschlussadäquate Stelle zu finden oder gar ins Prekariat abrutschen. Die Universitäten haben diese Problematik erkannt und es gibt in manchen Hochschulleitungen auch Diskussionen (und mittlerweile auch Polemiken) um die «Wohlfühlstudiengänge» und um die Ausgestaltung der Selektionsbedingungen.

Ein vorläufiges Fazit aus der Studien- und Berufswahldebatte
Es besteht ein objektives Dilemma für Eltern, Jugendliche und Lehrpersonen in der Richtungswahl zwischen Gymnasium und Berufslehre.

Die beiden Bildungswege gegeneinander ausspielen ist aber unergiebig und es löst den Eltern und Jungen ihre Wahlprobleme nicht.

Wer gut ist in der Schule und gerne zur Schule geht, sollte durchaus das Gymnasium absolvieren. Die Wahl Gymnasium oder Lehre ist allerdings nicht bloss eine Frage der Schulnoten und schon gar nicht eine Frage der (vermeintlichen, erwarteten oder behaupteten) «Intelligenz».

Die Berufsberatung und die Lehrpersonen in der Oberstufe (namentlich jene im Pflichtfach «Berufliche Orientierung» oder «Berufswahlkunde») müssen auch einen viel weiteren Beurteilungsbereich einbeziehen: Wie verhält es sich mit der Eignung und der Neigung der oder des Jugendlichen? Ist der Schulabgänger oder die Schulabgängerin «schulmüde», also bevorzugen sie «mal etwas Praktisches» zu unternehmen? Müssen sie sich durchs Gymnasium quälen und von Noten-Guillotine zu Noten-Limite hangeln? Und wenn sie gute Noten aufzeigen, sind sie dennoch unglücklich mit der Schule? Umgekehrt ist auch genau hinzuschauen, ob Jugendliche in einer beruflichen Grundbildung unterfordert oder etwa im sozialen Kontext einer Lehrstelle psychisch überfordert sind.

Das schweizerische durchlässige Bildungssystem erlaubt auch spätere Richtungswechsel, Berufswechsel, spätere Nachholbildungen und Karriere-Weichenstellungen. In Ländern, in denen das Abitur oder das Baccalaurät die einzige Tür zur Berufskarriere darstellt, gibt es diese Freiheiten nicht.

Mit diesem Kapitel wollen wir aufzeigen, dass in der Schweiz mit dem System «Kein Abschluss ohne Anschluss» mehr Wahlfreiheiten, mehr Korrekturmöglichkeiten und mehr neigungsgerechte Bildungskarrieren gestaltbar sind.

Was Bildungsfachleute zur Frage «Gymnasium oder Lehre» sagen

«Personen ohne Lehrabschluss droht immer mehr die Armut.»
  Michelle Beyeler, Professorin Berner Fachhochschule für Soziale Arbeit. In: ALPHA, Der Kadermarkt der Schweiz, in Tages-Anzeiger 10.12.2022, S. 14

«Ans Gymi schaffen es vorwiegend jene, die vom Elternhaus die nötige Unterstützung erhalten. Das sind gut 80 Prozent der Kinder aus den Akademikerfamilien. Darunter sind auch solche, die Anzeichen von Schulmüdigkeit zeigen, wenig Interesse für Theorie aufbringen, aber handwerkliche Talente haben und in einer praktischen Ausbildung besser aufgehoben wären.»
  Prof. Margrit Stamm, Erziehungswissenschafterin und Bildungsforscherin, in: NZZ am Sonntag, 10. April 2022, S. 6

«30 Prozent gehören nicht ans Gymnasium.»
  Prof. Elsbeth Stern, Lernforscherin ETH. Im Gespräch mit Robin Schwarzenbach und Nils Pfändler

«Die Berufslehre bietet mindestens so gute Chancen wie das Gymnasium. Eine neue Studie über den Arbeitsmarkt der letzten 20 Jahre zeigt den Wert der beruflichen Grundbildung.»
  Hansueli Schöchli, in NZZ 16.11.2021, S. 21

«Eine Gymi-Quote von 20 Prozent ist richtig.»
  Prof. Stefan Wolter, Bildungsökonom und Direktor Schweizerische Koordinationsstelle für Bildungsforschung. In Tages-Anzeiger 9.9.2019

«Gute Noten werden oft mit Intelligenz verwechselt»
  Prof. Margrit Stamm, Bildungsforscherin und Erziehungsexpertin. Forschungsinstitut Swiss Education Aarau. In: Sonntags-Zeitung vom 21.8.2022, S. 17

3 BERUFSBILDUNG UND KARRIEREN IM ARBEITSMARKT

«Schulnoten oder Zertifikate können den Ausbildungs- und Berufserfolg nur ungenau voraussagen.»
Prof. Margrit Stamm, in NZZ vom 19.9.2022, S. 17.

«Schauen Sie mal, in welchen Berufen zurzeit ein Fachkräftemangel herrscht: Pflegefachpersonal, Elektromonteure, Verkaufsberater, Software-Entwickler, Schreiner, Köche, Gärtner, Polymechaniker. Da braucht es Praktiker mit ganz speziellen Fähigkeiten. Und die eignet man sich am besten über eine Berufslehre an.»

«Wir machen aus potenziell guten Handwerkern mittelmässige Akademiker.»
Prof. Mathias Binswanger, FHNW, in Basler Zeitung vom 19.7.2022 S. 17

«Expats kennen aus ihren Herkunftsländern die Berufslehre nicht und setzen deshalb auf die Karte Gymnasium.» Das Resultat: Die Berufslehre bekommt das Stigma der zweiten Wahl.
Prof. Katharina Maag Merki, Bildungsforscherin Universität Zürich, in: Sonntags-Zeitung, 20.11.2022, S. 41

«Der berufliche Weg ist mit der Einführung der Berufsmaturität und von Fachhochschulen attraktiver geworden, und es ist heute für leistungsstarke Personen, die eine Lehre gemacht haben, besser möglich, eine Karriere zu machen.»
Prof. Katharina Maag Merki, in Sonntagszeitung vom 20.11.2022, S. 41

«Der Anteil tertiär Gebildeter steigt zu langsam.»
«Es braucht eine Maturapflicht für alle.»
Andreas Pfister: Gymnasiallehrer, in: Neue Schweizer Bildung. Upskilling für die Moderne 4.0. hep Verlag, 2022, S. 8 – 9

Weiterführende Literatur zur Bildungswahl, zur Arbeitsmarktfähigkeit

Manuel Aeppli et al.: Der Wert von Ausbildungen auf dem Schweizer Arbeitsmarkt (EHB-Studie). Arbeitsmarktstudie 31, SECO 2021.

Christine Ax: Die Könnensgesellschaft. Mit guter Arbeit aus der Krise. Rhombos Verlag 2009.

EHB Schweizerisches Observatorium für die Berufsbildung OBSAN: Spannungsfelder in der Berufsbildung international und in der Schweiz – Entwicklungen, Herausforderungen, Potenziale. Trendbericht 5, EHB, November 2022.

Ruth Meyer: Soft Skills fördern. Strukturiert Persönlichkeit entwickeln. hep Bildungsverlag 2009.

Viktor Moser: Chirurgen und Mechaniker auf Augenhöhe. Die Geschichte der Medizinaltechnik am Jurasüdfuss. Librum Publishers & Editors 2021.

Rémy Müller: Ausbildungsbetriebe und ihre Bedürfnisse in der Berufsbildung. Leitfaden und Handlungsempfehlung. Eigenverlag 2014.

Julian Nida-Rümelin: Der Akademisierungswahn. Zur Krise beruflicher akademischer Bildung. Edition Körber-Stiftung 2014.

OECD: Learning for Jobs. OECD-Studie zur Berufsbildung Schweiz. OECD 2009.

Andreas Pfister: Matura für alle! Wie wir das Geissenpeter-Syndrom überwinden. Aris Verlag 2018.

Andreas Pfister: Neue Schweizer Bildung. Upskilling für die Moderne 4.0. hep Bildungsverlag 2022.

Tanjev Schultz, Klaus Hurrelmann (Hrsg.): Die Akademiker-Gesellschaft. Müssen in Zukunft alle studieren? Beltz-Juventa 2013.

Richard Senett: Handwerk. Berliner Taschenbuch Verlag 2009.

Margrit Stamm: Kluge Köpfe goldene Hände. Überdurchschnittlich begabte Lehrlinge in der Berufsbildung. Rüegger Verlag Chur Zürich 2007.

Margrit Stamm: Goldene Hände. Praktische Intelligenz als Chance für die Berufsbildung. hep Bildungsverlag 2017.

Margrit Stamm: Die Top 200 des beruflichen Nachwuchses. Was hinter den Medaillengewinnern an Berufsmeisterschaften steckt. Dossier Berufsbildung 17/1. Swiss Education 2017.

Mirjam Strupler, Stefan Wolter: Die duale Lehre: eine Erfolgsgeschichte – auch für Betriebe. Rüegger Verlag, Chur 2012.

Jeannine Silja Volken, Carlo Knöpfel: Armutsrisiko Nummer eins: geringe Bildung. Was wir über Armutskarrieren in der Schweiz wissen. Caritas Verlag 2004.

Foto: FHNW

4

Mit Lehre zum Studium

Was Fachhochschulen ihren Studierenden bieten können (und sollten)

Sie finden in diesem Kapitel Antworten auf folgende Fragen:

A   Welche Funktion haben Fachhochschulen und was haben sie ihren Studierenden zu bieten?

B   Für wen ist ein FH-Studium geeignet?

C   Worauf ist bei der Wahl der Hochschule und des Studiums zu achten?

D   Welche Finanzierungsmöglichkeiten gibt es?

E   Welche Berufs- und Verdienstaussichten haben FH-Absolvierende?

F   Wie können die Fachhochschulen in Zukunft noch besser werden?

Dieses Kapitel gibt einen Überblick über die Schweizer Fachhochschulen und dient all jenen als Wegweiser, die sich für ein Fachhochschulstudium interessieren. Eignungs- und Zulassungsvoraussetzungen werden ebenso dargelegt wie Studienkosten, Finanzierungsmöglichkeiten, geeignete Kriterien bei der Hochschul- und Studienwahl sowie die beruflichen und finanziellen Perspektiven nach dem Studium.

Das Kapitel richtet sich zudem an bildungspolitisch interessierte Personen, die sich mit der Entwicklung und Zukunft der Fachhochschulen auseinandersetzen. Aufgrund ungünstiger Rahmenbedingungen besteht die Gefahr einer zunehmenden Akademisierung der Fachhochschulen bzw. einer Profilkonvergenz von Fachhochschulen und Universitäten.

Das Kapitel beleuchtet diese Rahmenbedingungen und zeigt Wege auf, wie sich die Fachhochschulen im Spannungsfeld von Wissenschaft und Praxis künftig (noch) besser positionieren können. Am Schluss des Kapitels werden Reformvorschläge zur besseren Profilstärkung (statt Akademisierung) und zur noch besseren Integration von Wissenschaft und Praxis zur Diskussion gestellt.

Hinweis: Soweit nicht anders angegeben, wurden die in diesem Kapitel verwendeten Zahlen und Statistiken vom Bundesamt für Statistik *(www.bfs.admin.ch)* bezogen.

Die Fachhochschulen der Schweiz – ein Überblick

Die Schweizer Fachhochschulen wurden in den 1990er-Jahren gegründet und ziehen seitdem immer mehr Studierende an: waren es im Jahr 2000 ca. 25 000 Studierende, so sind es heute bereits über 85 000. Bildungspolitisches Motiv für die Schaffung dieses Hochschultypus war die Erkenntnis, dass es in einer zunehmend wissensorientierten Wirtschaft und Gesellschaft Fachkräfte braucht, die den Stand der Technik beherrschen und Problemstellungen aus der Praxis mit wissenschaftlichen Methoden lösen können. Wissenschaftlichkeit und Praxisbezug sind demnach die Wesensmerkmale der Fachhochschulen.

Damit fungieren die Fachhochschulen als Bindeglied zwischen Universitäten und eidgenössischen technischen Hochschulen (ETH) einerseits, und der höheren Berufsbildung andererseits. Letztere stellt den nichthochschulischen Bereich der Tertiärstufe (Tertiärstufe B) dar, welcher die Spezialisierung und Vertiefung von berufsbezogenem Fachwissen ermöglicht *(vgl. Kapitel 3)*. Dem stehen die Universitäten und ETHs gegenüber, die neben den Fachhochschulen und Pädagogischen Hochschulen den akademischen Bereich der Tertiärstufe darstellen (Tertiärstufe A), im Gegensatz zu den Fachhochschulen aber nicht der angewandten Forschung, sondern der Grundlagenforschung und der Ausbildung des wissenschaftlichen Nachwuchses verpflichtet sind. Um die Rolle der Fachhochschulen besser zu verstehen, lohnt sich ein Blick auf deren Entstehungsgeschichte *(vgl. Kasten «Eine kurze Geschichte der Fachhochschulen»)*.

«Eine kurze Geschichte der Fachhochschulen»

Die Fachhochschulen der Schweiz wurden Mitte der 1990er Jahre durch Umbau und Zusammenschluss bereits bestehender Höherer Fachschulen geschaffen: Aus über fünfzig Höheren Fachschulen wurden acht öffentliche, regionale Fachhochschulen gebildet. Zu diesen sieben öffentlichen Fachhochschulen kamen zwei Fachhochschulen dazu, die eine private Trägerschaft besitzen und sich auf wenige Spezialdisziplinen konzentrieren. Die eine der beiden stellte ihre Tätigkeit 2018 jedoch wieder ein. Grundlage für die Gründung war das

WAS FACHHOCHSCHULEN IHREN STUDIERENDEN BIETEN KÖNNEN (UND SOLLTEN)   4

1995 verabschiedete Fachhochschulgesetz (FHSG). Laut FHSG Abschnitt 2, Artikel 2 sind: «Fachhochschulen [...] Ausbildungsstätten der Hochschulstufe, die grundsätzlich auf einer beruflichen Grundausbildung aufbauen.» Diese umfassende Erweiterung des tertiären Sektors wurde als notwendiger Schritt gesehen, zusätzlich zu den Universitäten und der berufsorientierten Bildung einen Bereich zu etablieren, der einer wachsenden Wissensorientierung in der Wirtschaft gerecht werden und zugleich kleine und mittlere Unternehmen bei ihren Aktivitäten in Forschung und Entwicklung angemessen unterstützen konnte. Die «Gleichwertigkeit» der Fachhochschulen war als ergänzende und gleichberechtigte dritte Säule im tertiären Bildungsbereich gegeben; ihre «Andersartigkeit» sollte sich als Bindeglied zwischen den Universitäten und der Höheren Berufsbildung in einer ausgeprägten Praxisorientierung zeigen.

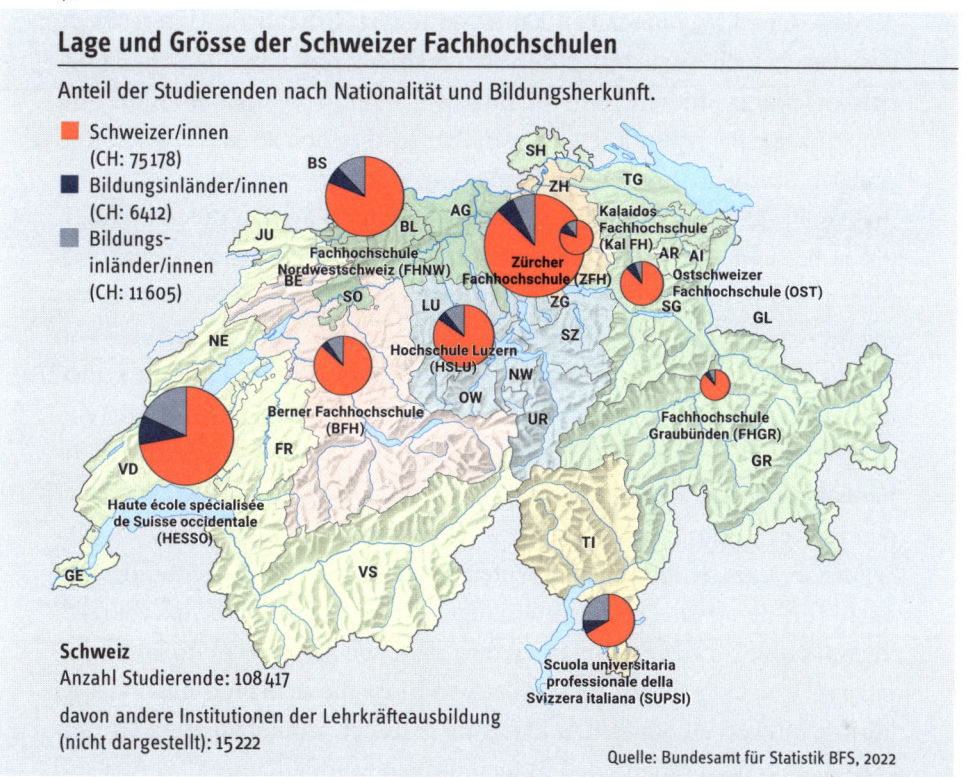

4.1

Lage und Grösse der Schweizer Fachhochschulen

Anteil der Studierenden nach Nationalität und Bildungsherkunft.

- Schweizer/innen (CH: 75178)
- Bildungsinländer/innen (CH: 6412)
- Bildungsinländer/innen (CH: 11605)

Fachhochschule Nordwestschweiz (FHNW)
Zürcher Fachhochschule (ZFH)
Kalaidos Fachhochschule (Kal FH)
Ostschweizer Fachhochschule (OST)
Hochschule Luzern (HSLU)
Berner Fachhochschule (BFH)
Fachhochschule Graubünden (FHGR)
Haute école spécialisée de Suisse occidentale (HESSO)
Scuola universitaria professionale della Svizzera italiana (SUPSI)

Schweiz
Anzahl Studierende: 108 417
davon andere Institutionen der Lehrkräfteausbildung (nicht dargestellt): 15 222

Quelle: Bundesamt für Statistik BFS, 2022

133

Abbildung 4.1 zeigt die Lage und Grösse der Schweizer Fachhochschulen. Mit 24 000 Studierenden ist die Zürcher Fachhochschule die grösste Hochschule, gefolgt von der Fachhochschule Westschweiz (ca. 22 000 Studierende) und der Fachhochschule Nordwestschweiz (ca. 14 500 Studierende). Mit 2 155 Studierenden ist die Fachhochschule Graubünden die kleinste Hochschule.

Studieren an einer Fachhochschule – Studierende und Studienbereiche
Die Fachhochschulen verfügen über ein reichhaltiges und attraktives Studienangebot auf Bachelor- und Masterstufe, das auf 14 Fachbereiche verteilt ist *(vgl. Abbildung 4.2)*. Dabei stellen die Bereiche *Wirtschaft und Dienstleistungen* und *Technik und IT* mit 36 Prozent bzw. 17 Prozent aller Studierenden die grössten Fachbereiche dar. An dritter Stelle steht der Bereich Gesundheit mit 11 Prozent.

In den letzten 20 Jahren hat sich der relative Studierendenanteil in den verschiedenen Fachbereichen kaum verändert. Erhebliche Unterschiede bestehen jedoch hinsichtlich des Frauenanteils sowie des Anteils an berufsbegleitend Studierenden. Schlusslicht beim Frauenanteil bildet mit 13,2 Prozent die Technik. Demgegenüber sind in den künstlerischen und sozialen Studienbereichen die Frauen am stärksten vertreten. So beträgt ihr Anteil im Bereich Design 63 Prozent, in der Angewandten Psychologie 74 Prozent und in der Gesundheit 82 Prozent. Berufsbegleitend Studierende sind am ehesten in der Angewandten Psychologie und im Bereich Wirtschaft und Dienstleistungen anzutreffen, mit einem Anteil von jeweils über 60 Prozent der Studierenden. Schlusslicht ist das Fach Kunst, das weniger als 10 Prozent der Studierenden berufsbegleitend studieren.

Erfreulich ist, dass der Frauenanteil insgesamt, d. h. über alle Fachbereiche hinweg, seit Gründung der Fachhochschulen merklich gestiegen ist: Waren im Jahr 2000 nur 25 Prozent aller eingeschrieben Studierenden Frauen, so beträgt ihr Anteil im Jahr 2022 54 Prozent. Dies gilt auch für den vom Fachkräftemangel besonders betroffenen Bereich Technik und IT: Der Frauenanteil dort stieg von 3,4 Prozent im Jahr 2000 auf 13,2 Prozent im Jahr 2022. Gleichwohl ist dieser Anteil noch viel zu gering, um von einem echten Erfolg zu sprechen, zumal vor dem Hintergrund, dass der Frauenanteil in technischen Studienfächern im Ausland vielfach deutlich höher liegt als in der Schweiz. Daher dürfen die zahlreichen Anstrengungen, die Wirtschaft, Staat und Bildungseinrichtungen unternehmen, um junge Menschen für MINT-Berufe zu begeistern, nicht nachlassen. Für den Wirtschaftsstandort Schweiz ist es entscheidend, dass bei talentierten jungen Frauen derzeit noch brachliegende Potenzial im technischen Bereich künftig noch besser zu nutzen.

Die in *Tabelle 4.2* dargestellten Studierendenzahlen umfassen sowohl Bachelor- und Masterstudiengänge als auch den Bereich der Weiterbildung mit berufsbegleitenden, spezialisierten Lehrgängen und Weiterbildungszertifikaten (CAS, DAS, MAS). Da die Grundfinanzierung durch die öffentliche Hand für den Bereich Ausbildung, d. h. für grundständige Bachelor- und Masterstudiengänge, deutlich höher ausfällt als für den Bereich Weiterbildung, sind die von den Studierenden zu tragenden Kosten für Weiterbildungsprogramme ebenfalls höher. So müssen beispielsweise bei einem Master of Advanced Studies (MAS) meist über CHF 20 000.- bezahlt werden, während bei einem Master Master of Science

4.2

Studierende an Fachhochschulen (Studienjahr 2021/22)

	Total		davon		
	Absolut	Relativ (%)	Frauen (%)	Ausland (%)	berufsbegleitend (%)
Architektur, Bau- und Planungswesen	4436	5,2	32,2	20,8	23,0
Technik und IT	14728	17,3	13,2	16,6	40,8
Chemie und Life Science	3167	3,7	49,2	16,3	24,7
Land- und Forstwirtschaft	574	0,7	44,8	5,2	–
Wirtschaft und Dienstleistungen	30383	35,8	45,2	18,9	63,0
Design	3520	4,1	63,0	27,3	6,0
Sport	183	0,2	30,6	3,8	19,7
Musik, Theater und andere Künste	7130	8,4	55,7	52,0	6,2
Angewandte Linguistik	567	0,7	83,1	14,8	25,9
Soziale Arbeit	8065	9,5	72,8	11,3	40,8
Angewandte Psychologie	2571	3,0	73,9	8,4	66,9
Gesundheit	9596	11,3	81,9	15,2	18,0
Total	**84920**	**100**	**53,6**	**18,0**	**36,6**

Quelle: BFS, 2022 © Jörg Wombacher

oder Master of Arts jährliche Semestergebühren von durchschnittlich CHF 1100.– fällig werden. In der Regel liegt der Anteil Weiterbildungsstudierender an der Gesamtstudierendenzahl im einstelligen Prozentbereich, weshalb im Folgenden auf den Bereich Ausbildung fokussiert wird.

Wer eignet sich?
Wer das Studium an einer Fachhochschule aufnimmt, wird es mit hoher Wahrscheinlichkeit auch erfolgreich abschliessen: Die Studienerfolgsquote liegt bei 85 Prozent für Bachelorabschlüsse. Ausserdem kommen Fachhochschulstudierende zügig zum Diplom: 38 Prozent haben ihren Abschluss nach drei Jahren, weitere 39 Prozent nach vier Jahren in der Tasche. Dies entspricht der Regelstudienzeit. Im Vergleich dazu brauchen UH-Studierenden mit 26 Prozent der Abschlüsse nach drei Jahren und weiteren 46 Prozent nach vier Jahren etwas länger. Häufigster Grund für einen Abbruch sind falsche Erwartungen an das Studienfach. Da Studierende an Fachhochschulen in der Regel bereits praktische Erfahrung bzw. eine Grundbildung in ein dem gewählten Studienfach zumindest ähnlichen Berufsfeld mitbringen, klaffen Erwartungen und Studienrealität weniger stark auseinander und führen somit zu weniger Abbrüchen.

Ein Hochschulstudium an einer Fachhochschule setzt eine Reihe persönlicher Kompetenzen bei den Studierenden voraus. So ist die Fähigkeit zur Selbstorganisation von zentraler Bedeutung, da von den Studierenden ein hohes Mass an Selbstständigkeit verlangt wird. Zwar gibt es an den meisten Hochschulen Einführungsangebote für neue Studierende, doch fällt der Wechsel von einem fremdstrukturierten Schulumfeld in eine selbst zu steuernde Lernumgebung auch mit dieser Unterstützung nicht immer einfach. Hier sind Fachhochschulstudierende mit abgeschlossener Grundbildung teilweise im Vorteil, da sie während ihrer Lehrzeit bereits selbstständig arbeiten mussten.

Neben einer guten Selbstorganisation sind ein ausgeprägtes Interesse am Studienfach, Lerndisziplin sowie eine hohe intrinsische Motivation notwendig. Darüber hinaus ist Studierenden zu empfehlen, sich frühzeitig mit Mitstudierenden in Lerngruppen zusammenzuschliessen, um individuelle Schwächen mit gegenseitiger Unterstützung ausgleichen zu können.

Welche Zulassungsvoraussetzungen gibt es?

Der Zugang zu den Fachhochschulen (ebenso wie zu den Universitäten und Pädagogischen Hochschulen) ist im Hochschulförderungs- und -koordinationsgesetz (HFKG) geregelt. Die Zulassung an einer Fachhochschule für die erste Studienstufe, d. h. ein Bachelorstudium, erfordert gemäss *4. Kapitel, Artikel 25*:

a) eine Berufsmaturität in Verbindung mit einer beruflichen Grundbildung in einem dem Fachbereich verwandten Beruf;
b) eine gymnasiale Maturität und eine mindestens einjährige Arbeitswelterfahrung, die berufspraktische und berufstheoretische Kenntnisse in einem dem Fachbereich verwandten Beruf vermittelt hat; oder
c) eine Fachmaturität in einer dem Fachbereich verwandten Studienrichtung.

Zugang mit Berufsmaturität

Die Berufsmaturität kann über verschiedene Wege erlangt werden, die allesamt den Abschluss der Berufsmaturitätsprüfung neben einer beruflichen Grundbildung erfordern. Die drei- bis vierjährige berufliche Grundbildung (Lehre oder Berufslehre) wird mit dem Eidgenössischen Fähigkeitszeugnis (EFZ) abgeschlossen, das den Zugang zum Arbeitsmarkt im jeweiligen Beruf ermöglicht.

In der Regel besuchen Jugendliche den Berufsmaturitätsunterricht in einem anerkannten Bildungsgang mit Berufsmaturitätsprüfung. Dieser mindestens 1440 Lektionen umfassende Unterricht wird entweder im Rahmen einer beruflichen Grundbildung typischerweise an einer Berufsfachschule, Handelsmittelschule oder in einer Lehrwerkstätte oder nach Abschluss einer beruflichen Grundbildung in Voll- oder Teilzeit angeboten. Darüber hinaus können Studieninteressierte nach Abschluss ihrer beruflichen Grundbildung die eidgenössische Berufsmaturitätsprüfung auch schulunabhängig ohne vorherigen Unterricht ablegen.

Dabei sollen die fünf unterschiedlichen fachlichen Ausrichtungen der Berufsmaturität die künftigen Studierenden bereits auf die jeweiligen fachbereichsspezifischen Anforderungen vorbereiten, wie aus *Tabelle 4.3* hervorgeht.

4.3
Zuordnung der FH-Fachbereiche auf Ausrichtungen der Berufsmaturität

Ausrichtungen der Berufsmaturität	Mit dem Beruf (EFZ) verwandte FH-Fachbereiche
Technik, Architektur, Life Sciences	Technik und Informationstechnologie Architektur, Bau- und Planungswesen Chemie und Life Sciences
Natur, Landschaft und Lebensmittel	Land- und Forstwirtschaft
Wirtschaft und Dienstleistungen	Wirtschaft und Dienstleistungen
Gestaltung und Kunst	Design
Gesundheit und Soziales	Gesundheit Soziale Arbeit

Quelle: Staatssekretariat für Bildung, Forschung und Innovation SBFI, 2022

Zugang mit gymnasialer Maturität

Mit der gymnasialen Maturität ist die Zulassung an einer Fachhochschule mit mindestens einem Jahr anschliessender berufspraktischer Erfahrung möglich, wobei diese Berufspraxis konkrete «berufspraktische und berufstheoretische Kenntnisse in einem dem Fachbereich verwandten Beruf»[1] vermitteln muss. Entsprechend können sich Studieninteressierte mit einem einjährigen Praktikum im sozialen Bereich für ein Studium der Gesundheit und Sozialen Arbeit qualifizieren, nicht jedoch für ein Studium der Architektur.

Sehr vereinzelt gibt es Ausnahmen von dieser Regel. FH-Studiengänge, die nach dem dualen Prinzip aufgebaut sind – d.h., in denen sich die Theoriesemester an der Hochschule mit Praxisphasen in Unternehmen abwechseln –, verlangen in der Regel keine vorherige berufspraktische Erfahrung. So stehen beispielsweise die trinationalen Studiengänge der Fachhochschule Nordwestschweiz auch Studierenden mit gymnasialer Maturität offen *(vgl. Abbildung 4.4)*.

Zugang mit Fachmaturität

Die Fachmaturität können Jugendliche an einer Fachmittelschule üblicherweise nach Abschluss des Fachmittelschulausweises und einem weiteren Jahr des Schulbesuchs einschliesslich Praktikum erlangen. Ähnlich wie die Berufsmaturität wird auch die Fachmaturität in definierten Berufsfeldern abgelegt, die den Fachbereichen an Fachhochschulen zugeordnet sind. Hinzu kommen Sonder- und Ausnahmeregelungen, die von den einzelnen Fachhochschulen angewendet werden. Zusätzlich können diese den Zugang zu bestimmten, häufig besonders begehrten Studienfächern, durch die für die Zulassung zu erbringenden Mindestnoten einschränken.

Zugang mit ausländischen Abschlüssen
Für ausländische Studieninteressierte gelten für eine Zulassung an einer Fachhochschule vergleichbare Voraussetzungen, d. h. ein der Maturität vergleichbarer Schulabschluss sowie mindestens ein Jahr berufspraktische Erfahrung im gewählten Fachbereich. Haben Studieninteressierte bereits ein Studium wegen nicht erbrachter Studienleistungen abgebrochen, können sie das Studium zwar erneut aufnehmen, jedoch nicht im gleichen Studienfach.

Studienkosten und Finanzierungsmöglichkeiten
Die Studiengebühren an den öffentlichen Fachhochschulen in der Schweiz liegen für Studierende mit Wohnsitz in der Schweiz (= Bildungsinländerinnen und -inländer) durchschnittlich bei CHF 700.– pro Semester für Bachelorstudiengänge und CHF 1100.– für Masterstudiengänge. Je nach besuchter Fachhochschule können diese Gebühren variieren. Für Studierende aus dem Ausland gelten teilweise andere, höhere Sätze. Ungefähr die Hälfte der Einnahmen der Studierenden (über alle Hochschulen) erfolgt über die finanzielle Unterstützung durch Eltern und Familienangehörige, wobei vier von zehn Studierenden noch zu Hause wohnen. Wenn Studierende auch Mietkosten bestreiten müssen, ist von monatlichen Studien- und Lebenshaltungskosten in Höhe von CHF 2000.– bis 2100.– zusätzlich zu den Studiengebühren auszugehen.[2] Diese Kosten sind ein Grund für die hohe Erwerbstätigenquote unter Studierenden, die bei den Studierenden an Fachhochschulen mit 79 Prozent noch höher ausfällt als bei Studierenden an den Universitäten mit 69 Prozent. Auch ist bei Studierenden an Fachhochschulen in der Regel ein höherer Beschäftigungsgrad zu verzeichnen.

Da sich ein hoher Beschäftigungsgrad negativ auf den Studienerfolg und die Studiendauer auswirken kann, sollten insbesondere bei Vollzeitstudierenden andere oder zusätzliche Finanzierungsmöglichkeiten in Betracht gezogen werden. Ausbildungsbeihilfen, d.h. Stipendien und Studiendarlehen, können hier finanzielle Entlastung bieten. Die Stipendienvergabe erfolgt über die Kantone und erfüllt dabei eine subsidiäre Funktion. Das bedeutet, dass in erster Linie der Student bzw. die Studentin und deren Familie für die Finanzierung des Studiums verantwortlich sind und die Kantone einen Zuschuss abhängig von den vorhandenen Eigenmitteln leisten, der in einigen wenigen Ausnahmefällen zurückzuzahlen ist.

Im Jahr 2020 haben die Kantone Stipendien im Wert von 364 Mio. CHF ausbezahlt. Davon wurden 44 Prozent an die Tertiärstufe ausgeschüttet, wobei lediglich 7 Prozent aller Studierenden überhaupt ein Stipendium beziehen.[3] Das komplexe Vergabesystem über die Kantone, die in der Vergangenheit sehr unterschiedliche Kriterien für die Stipendienvergabe ansetzten, hielt und hält jedoch viele Studierende von einer Stipendienbewerbung ab. An dieser Stelle können Beratungsportale wie *www.stipendium.ch* Unterstützung bei der Antragstellung leisten. Zudem hat das neue Stipendienkonkordat der Schweizerischen Konferenz der kantonalen Erziehungsdirektoren (EKD) im Jahr 2021 Harmonisierungen beschlossen. So wurde der Höchstansatz für Ausbildungsbeiträge in der Tertiärstufe in nahezu allen Kantonen auf 16 000 CHF im Jahr angehoben. Weitere wichtige Grundsätze des Konkordats sind nachstehend aufgeführt:[4]

- Stipendien der Kantone werden nicht nach akademischen Leistungen und Notendurchschnitt, sondern nach Bedürftigkeit vergeben.
- Bezügerinnen und Bezüger erhalten das Stipendium mindestens für die Regelstudienzeit plus zwei Semester. Bei einem einmaligen Ausbildungswechsel bleibt der Anspruch erhalten.
- Studierende haben die freie Wahl des Studienfachs und des Studienorts.
- Neben Voll- werden auch Teilzeitausbildungen berücksichtigt.
- Studierende können ein gewisses Erwerbseinkommen ohne Stipendienkürzung erwirtschaften.

Insoweit können Stipendien auch für Studierende an Fachhochschulen eine wichtige und attraktive Finanzierungsquelle darstellen, da diese Stipendien in der Regel nicht zurückgezahlt werden müssen und so auch keine Schulden angehäuft werden. Studiendarlehen werden ebenfalls über die Kantone vergeben, müssen jedoch verzinst zurückgezahlt werden.

Die Wahl der richtigen Fachhochschule
Die Fachhochschulen in der Schweiz unterscheiden sich in erster Linie durch Grösse, fachlichen Schwerpunkt und einzelne, nur am jeweiligen Standort belegbare Studiengänge. Grundsätzlich sollte die Auswahl nach persönlicher Neigung und Interesse getroffen werden. So fühlen sich manche Studierende an grossen Fachhochschulen wohl, andere wiederum bevorzugen ein familiäres Umfeld oder möchten möglichst wohnortnah studieren. Zuvor sind jedoch andere Punkte für die Auswahl der richtigen Hochschule relevant.

Zu den wichtigsten Auswahlkriterien zählen:
- *Spezialisierung und Lehrangebot:* So kann eine Hochschule mit einem grossen Departement für Gesundheit in der Regel ein umfangreicheres und vielseitigeres Lehrangebot vorweisen als eine Hochschule, die nur ein oder zwei Studiengänge in diesem Berufsfeld anbietet.
- *Besondere Studienangebote:* Einige Studiengänge gibt es nur an bestimmten Fachhochschulen. So weist beispielsweise die Fachhochschule Nordwestschweiz mit ihren trinationalen Studiengängen und einer Vielzahl internationaler Programme einzigartige Studienangebote im Bereich Internationalisierung auf.
- *Lehrende:* Je nach Berufswunsch oder fachlicher Spezialisierung kann es sinnvoll sein, sich zum Abgleich vor der Entscheidung über die Arbeits- und Forschungsschwerpunkte der Lehrenden zu informieren.
- *Partnerschaften und Projekte:* Fachhochschulen arbeiten meistens eng mit Partnern aus der Wirtschaft an anwendungsorientierten Forschungsprojekten oder betreiben Auftragsforschung. Auf diese Weise entstehen enge Verbindungen zu den Partnern, die bei der Suche nach einem Praktikumsplatz oder einem späteren Berufseinstieg nützlich sein können.

Eine Übersicht zu den einzelnen Fachhochschulen mit Kennzahlen und besonderen Studienangeboten findet sich in *Abbildung 4.4*:

4.4

Übersicht der Fachhochschulen in der Schweiz (eigene Darstellung)

Fachhochschule	Besondere Studienangebote	Zahl der Studiengänge (Bachelor)	Grösse (Studierendenzahl)
Berner Fachhochschule BFH	Sport, Agronomie, Waldwissenschaften, Holztechnik, Automobiltechnik, Medizininformatik sowie Literarisches Schreiben	30	7000
Fachhochschule Graubünden FH GR	Multimedia Production, Photonics, Information Science, Tourismus (zweisprachig oder englisch und als Double Degree mit einer australischen Partnerhochschule)	15	2050
Fachhochschule Nordwestschweiz FHNW	Optometrie, Mechatronik trinational (CH/D/F), Bauingenieurwesen trinational (CH/D/F), International Business Management Trinational (CH/D/F), Business – Artifical Intelligence (ab 2023), Sustainable Business Development Trinational (CH/D/F) (ab 2024), Informatik mit Profilierung iCompetence (Verbindung von Informatik, Design und Management), Prozessgestaltung/Hyperwerk, Medizininformatik, Data Science	29	14500
Fachhochschule Ostschweiz FHO/ OST – Ostschweizer Fachhochschule		10	3800
Fachhochschule Südschweiz SUPSI	Fernfachhochschule Schweiz (FFHS) gehört dazu	22	5400
Fachhochschule Westschweiz HES-SO	Weinbau und Önologie	47	22000
Hochschule Luzern HSLU	Gebäudetechnik, Wirtschaftsingenieur und Innovation, Digital Ideation, Information und Cyber Security	39	6200
Zürcher Fachhochschule ZHAW	Biotechnologie, Facility Management, Film, Kommunikation, Aviatik, Verkehrssysteme	40	24000
Kalaidos Fachhochschule FH KAL (privat)	Alle Studiengänge werden berufsbegleitend angeboten. Im Bachelorstudium ist ein Einstieg jeden zweiten Monat möglich.	30	3500
Fernfachhochschule Schweiz FFHS	Praxisintegriertes Bachelorstudium Informatik (PiBS)	8	2500

Quelle: Schweizerisches Dienstleistungszentrum Berufsbildung, 2022

Perspektiven nach dem Studium – Berufsaussichten und Verdienstmöglichkeiten

Fachhochschulabsolvierende haben als Hochqualifizierte grundsätzlich ausgezeichnete Perspektiven auf dem Arbeitsmarkt und sind deutlich seltener von Erwerbslosigkeit betroffen als Universitätsabsolvierende. Zahlen des Bundesamtes für Statistik für das Jahr 2022 zeigen, dass die Erwerbslosenquote ein Jahr nach einem Universitätsabschluss (Bachelor) bei 5,8 Prozent lag, nach einem Fachhochschulabschluss (Bachelor) jedoch mit 2,9 Prozent nur halb so hoch war. Bei den Verdienstaussichten haben Fachhochschulabsolvierende ebenfalls die Nase vorn. Ein Jahr nach Studienabschluss beträgt das Bruttoerwerbseinkommen (Median) CHF 78 000 (Bachelor) bzw. CHF 84 000 (Master) gegenüber CHF 68 900 (Bachelor) bzw. CHF 78 400 (Master) bei Universitätsabsolvierenden *(vgl. Kapitel 3, Lohnvergleiche Grafiken 3.14, 3.15, 3.17)*.

Insoweit scheinen Fachhochschulabsolvierende von der hohen Anwendungsorientierung des Studiums sowie ihrer vorangegangenen Berufserfahrung besonders zu profitieren. Es liegt nahe, dass unter diesen Voraussetzungen der Einarbeitungsaufwand für viele Unternehmen deutlich geringer und somit weniger kostenintensiv ausfällt als bei universitär ausgebildeten Fachkräften, die weniger Arbeitserfahrung mitbringen. Wie obenstehend ausgeführt, sind Studierende an Universitäten zudem auch während des Studiums weniger häufig und zu einem geringeren Beschäftigungsgrad erwerbstätig als Studierende an Fachhochschulen.

Ein vollständigeres Bild zu den beruflichen Perspektiven der FH-Absolvierenden erhält man, wenn man nach Fachbereichen differenziert *(Abbildung 4.5)*. So sind die Absolvierenden von Studiengängen aus dem künstlerischen Bereich (Design, Musik, Theater, etc.) deutlich stärker von Erwerbslosigkeit und geringeren Einkommen betroffen als die Absolvierenden anderer Fachbereiche. Zudem benötigen sie deutlich länger, eine Stelle zu finden, die ihren Qualifikationen entspricht: die Berufseintrittsquote – d.h. der Anteil der Absolvierenden, die ein Jahr nach Abschluss eine qualifizierte Stelle ausüben, an allen Erwerbspersonen – beträgt bei Kunstabsolvierenden gerade einmal 27 Prozent bei Bachelorabschlüssen und 66 Prozent bei Masterabschlüssen, womit diese das Schlusslicht aller Fachbereiche bilden.

4.5

Berufliche Perspektiven FH-Absolvent*innen nach Studienstufe und Fachbereich, Stand ein Jahr nach Studienabschluss, Abschlussjahr 2020

	Bruttoerwerbseinkommen* Bachelor	Bruttoerwerbseinkommen* Master	Erwerbslosenquote Bachelor	Erwerbslosenquote Master	Berufseintrittsquote Bachelor	Berufseintrittsquote Master
	Median	Median	%	%	%	%
Architektur, Bau- und Planungswesen	78 000	76 700	1,5	2,3	82,0	77,2
Technik und IT	83 000	87 600	2,7	4,3	62,2	78,3
Chemie und Life Science	78 000	84 000	1,4	5,3	60,7	73,8
Land- und Forstwirtschaft	78 000	–	1,9	–	60,9	–
Wirtschaft und Dienstleistungen	80 000	95 000	3,9	3,6	46,1	65,8
Design	54 000	65 000	5,3	7,0	37,6	47,7
Musik, Theater und andere Künste	60 000	67 300	12,1	4,3	27,2	66,1
Angewandte Linguistik	76 100	**	2,3	**	31,3	**
Soziale Arbeit	80 600	98 500	1,7	1,6	77,0	81,6
Angewandte Psychologie	86 500	92 800	2,4	0,0	55,7	85,3
Gesundheit	71 300	90 000	0,4	0,0	78,4	75,5
Total	**78 000**	**84 000**	**2,9**	**3,8**	**60,3**	**68,2**

Quelle: BFS, Befragung der Hochschulabsolvent/-innen (EHA)

* Bruttoerwerbseinkommen für eine Vollzeitstelle
** Zellhäufigkeit ‹ 25

Zunehmender Fachkräftebedarf

Die demografische Entwicklung in der Schweiz wird in den nächsten Jahrzehnten zu einem signifikanten Anstieg des Altersquotienten führen: Betrug der Altersquotient – d. h. die Anzahl 65-Jähriger und Älterer je 100 20 bis 64-Jähriger – im Jahr 2020 knapp 30 Prozent, wird er bis zum Jahr 2050 auch wegen der geburtenstarken Baby-Boomer-Jahrgänge auf 46 Prozent ansteigen. Die Zahl der Personen, die aus dem Erwerbsleben ausscheiden, ist damit auf absehbare Zeit deutlich höher als die Zahl der nachrückenden Arbeitskräfte. Das führt nicht nur zu Verwerfungen in den Gesundheits- und Sozialversicherungssystemen, sondern stellt auch den Arbeitsmarkt vor grosse Herausforderungen.

Während die Digitalisierung einerseits Jobs verschwinden lässt, entstehen andererseits Aufgaben und Berufe, die heute noch nicht existieren. Gleichzeitig verschärft sich der Fachkräftemangel in bestehenden

Berufen. Eine Studie des Eidgenössischen Departements für Wirtschaft, Bildung und Forschung hat bereits 2016 ermittelt, dass in Ingenieurberufen, Managementberufen sowie bei Technikerinnen und Technikern von einem erhöhten Fachkräftebedarf auszugehen ist. Ebenso betroffen sind die Berufe des Rechtswesens und des Gesundheitswesens sowie Informatikberufe.[5]

Der Bedarf der Schweizer Wirtschaft ist insbesondere in den betriebswirtschaftlichen und informations- und kommunikationstechnologischen Berufen stark gestiegen. Auch naturwissenschaftliche Berufe verzeichnen einen wachsenden Bedarf, wie beispielsweise Physikerinnen, Chemiker und – wie bereits oben ausgeführt – Ingenieurfachleute. Lehrkräfte sowie Betreuungs- und Pflegefachkräfte sind zudem im öffentlichen Bereich oder im Gesundheitssektor stark nachgefragt.[6] All diese Berufsfelder werden – teilweise mit unterschiedlichen Ausprägungen – an den Fachhochschulen mit hohem Praxisbezug und grosser Nähe zu den potenziellen Arbeitgebern ausgebildet. Wie weiter oben aufgeführt, müssen jedoch die Anstrengungen zur Attraktivitätssteigerung der vom Fachkräftemangel besonders betroffenen Bereiche (MINT, Pflege), insbesondere bei jungen Frauen, weiter verstärkt werden.

Anerkennung im In- und Ausland
Studienabschlüsse aus der Schweiz geniessen weltweit ein hohes Ansehen, da die Schweiz als technologisch innovatives Industrieland mit anspruchsvollem Bildungssystem gilt. Laut dem IMD World Competitiveness Ranking 2022 belegt die Schweiz beim «Global Competitiveness Index» mit 98 von 100 Punkten den zweiten Platz von 141 Ländern.[7] Im Bereich «Education» erreicht die Schweiz sogar den ersten Platz, was unter anderem einem hervorragenden Lehrende-Lernenden-Verhältnis sowie der Tatsache geschuldet ist, dass sich die Hochschul- und Managementausbildung konsequent an den Bedürfnissen der Wirtschaft orientiert.

Dennoch können sich die traditionell praxisorientierten Fachhochschulen der Schweiz in internationalen Hochschulrankings wie dem QS World University Ranking oder dem Academic Ranking of World Universities kaum gegen die mit üppigen Forschungsgeldern ausgestatteten und international hervorragend vernetzten Universitäten in den USA und Grossbritannien behaupten. Die Bedeutung dieser Rankings innerhalb Europas ist zwar gering und beeinträchtigt nicht die Reputation der Schweizer Fachhochschulabschlüsse als solche. Jedoch wird im zunehmenden hart umkämpften Bildungsmarkt die internationale Reputation der Hochschule als Entscheidungskriterium für die Studienwahl, insbesondere im Bereich der Weiterbildung, immer wichtiger.

Akademische Karrieren
Der typische berufsqualifizierende Abschluss an der Fachhochschule ist der akademische Grad des Bachelors. Im Jahr 2021 wurden an den Fachhochschulen 16 060 Bachelorabschlüsse und nur 4277 Masterabschlüsse verliehen. Das heisst, der Anteil der Masterabschlüsse beläuft sich auf rund ein Viertel aller Ausbildungsabschlüsse. An den Universitäten hingegen gilt der Bachelor vor allem als Zugangsvoraussetzung für die Fortsetzung des Studiums auf Masterebene. Entsprechend wurden im Jahr 2021 an den Schweizer Universitäten 15 796 Bachelorabschlüsse und mit 15 765 fast genauso viele Masterabschlüsse verliehen. Da die Abschlüsse der Universitäten und Fachhochschulen als gleichwertig gelten, ist es grundsätzlich möglich, mit dem Bachelorabschluss einer Fachhochschule ein Masterstudium an einer Universität aufzunehmen. Oft ist dies aber an bestimmte Voraussetzungen geknüpft, wie z. B. das Absolvieren einer Passerelle oder gute Notendurchschnitte.

Da die Fachhochschulen kein eigenständiges Promotionsrecht haben, benötigen Master-Absolvierende an der Fachhochschule für ein Doktorat neben der betreuenden Dozierenden an der Fachhochschule zusätzlich eine Doktormutter bzw. einen Doktorvater an einer universitären Partnerhochschule. Insoweit stehen den Absolvierenden mit Fachhochschulabschluss grundsätzlich die gleichen Wege für eine akademische Karriere offen wie mit einem Universitätsabschluss.

Quo vadis, Fachhochschulen? Im Spannungsfeld zwischen Wissenschaft und Praxis
Seit ihrer Gründung sind die Fachhochschulen darauf bedacht, ihr Profil in enger Anlehnung an die bildungspolitischen Ziele zu entwickeln und sich als wichtige Partner der Wirtschaft und als anwendungsorientierte

Ausbildungsstätten vor allem für Studierende mit beruflicher Grundausbildung zu etablieren. Seit den späten 2000er-Jahren findet jedoch aufgrund von ungünstigen Rahmenbedingungen eine zunehmende Akademisierung der Fachhochschulstrukturen statt. In der Folge haben sich in der tertiären akademischen Bildung eine Reihe von Konvergenzfaktoren entwickelt, die mittelfristig eine ungewollte Einebnung der Differenzierungsmerkmale zwischen Universitäten und Fachhochschulen befürchten lassen.

Das Spitze-Breite-Dilemma
Diese Entwicklung hat verschiedene Ursachen. Unter anderem sind Fachhochschulen und Universitäten in der Schweiz ebenso wie in anderen deutschsprachigen Ländern in einem «Spitze-Breite-Dilemma» gefangen. Das heisst, sie sollen breit diversifiziert sein und gleichzeitig Spitzenleistung in ausgewählten Bereichen erbringen. Das Breite-Postulat bedingt, dass die gleichen Fächer immer häufiger an den unterschiedlichen Institutionen parallel angeboten werden und damit eine inhaltliche Annäherung der verschiedenen Studienangebote begünstigen. Entsprechend wird eine klare Profilbildung der Fachhochschulen erschwert.

Akademisierungstrend durch Drittmittelvergabe
Hinsichtlich Drittmittelvergabe stehen die Fachhochschulen im direkten Wettbewerb mit den Universitäten, sind diesen gegenüber jedoch systematisch im Nachteil. Zum einen fehlt es den Fachhochschulen im Gegensatz zu Universitäten an einer ausreichend gesicherten Forschungsgrundfinanzierung. Gleichzeitig hat der Bund 2017 das Forschungsvolumen bei der Mittelzuweisung an Fachhochschulen stärker gewichtet und damit deren Abhängigkeit von Drittmitteln nochmals verstärkt. Entsprechend wird von den Fachhochschulprofessorinnen und -professoren die Einwerbung von Drittmitteln für ihre vertraglich festgelegten Forschungstätigkeiten erwartet. Da die Mittelvergabe jedoch unter anderem von der Zahl veröffentlichter Forschungspublikationen abhängt, wurden die Fachhochschulen schrittweise in eine Akademisierung gedrängt, die zu einer politisch unerwünschten Schwerpunktverlagerung von anwendungsorientierter Bildung auf theorielastige Forschung führt. Denn die

Chancen auf Drittmittel stehen dann besonders gut, wenn die Forschenden in möglichst «hochgerankten» wissenschaftlichen Zeitschriften publiziert haben und in der Wissenschafts-Community gut vernetzt sind. Demgegenüber fallen Dienstleistungen, Praxisvorträge und Publikationen in Berufs- und Fachzeitschriften – wesentliche Leistungen der Fachhochschulen – kaum ins Gewicht.[8] Hinzu kommt, dass die Universitäten immer stärker in den Bereich der angewandten Forschung vordringen *(vgl. Kasten «Grundlegende vs. Angewandte Forschung»)*. So gehen mittlerweile mehr als ein Drittel aller durch Innosuisse bereitgestellten Projektmittel an Universitäten. Demgegenüber beziehen die Fachhochschulen gerade mal drei Prozent der durch den Schweizer Nationalfonds ausbezahlten Drittmittelvolumens.[9]

Internationale Hochschulakkreditierungen
Auch sind bei internationalen Hochschulakkreditierungen die akademische Qualifizierung des Hochschulpersonals und deren individuelle Publikationstätigkeiten stets von höherer Bedeutung als die anwendungsorientierte Lehre, da Akkreditierungen für Universitäten entwickelt, jedoch in gleicher Form für Fachhochschulen angewendet werden. Auf der anderen Seite ringen die Schweizer Universitäten um ihre Legitimation, indem sie ihre Forschung immer stärker auf wirtschaftlich oder gesellschaftlich relevante Themen ausrichten, damit aber auch Gefahr laufen, zentrale Aufgabenfelder wie Grundlagenforschung hintenanzustellen.

«Grundlegende vs. angewandte Forschung»

Grundlagenforschung ist universelle Forschung, die Informationen sammelt und Wissen für das vollständige Erfassen eines Themas oder Naturphänomens generiert. Dies geschieht weitgehend unabhängig von der Frage, welcher konkrete Nutzen dadurch gestiftet wird. Demgegenüber widmet sich angewandte Forschung der Lösung konkreter Probleme aus Wirtschaft, Gesellschaft und Umwelt und versucht, das Leben durch neue Erfindungen zu erleichtern. Beispiele sind die Entwicklung von sparsameren Glühbirnen oder Windkraftanlagen mit höherem Wirkungsgrad, die Diagnose von Krankheiten mittels künstlicher Intelligenz oder die Entwicklung eines neuen Medikaments.

Grundlegende und angewandte Forschung sind nicht voneinander trennbar – sie sind beide von unschätzbarem Wert. So setzt etwa die Erfindung der Glühbirne voraus, dass man die physikalischen Gesetze der Elektrizität kennt. Antibiotika gibt es nur, weil man über die Existenz von Bakterien und deren Stoffwechsel Bescheid weiss. Man kann sich die Beziehung zwischen grundlegender und angewandter Forschung als einen Baum vorstellen, dessen Wurzeln und Stamm die Grundlagenforschung darstellen, die Verästelungen, Blätter und Früchte die angewandte Forschung.

In der Schweiz existieren mit dem Schweizer Nationalfonds (SNF) und der Schweizerischen Agentur für Innovationsförderung (Innosuisse) zwei zentrale, vom Bund bereitgestellte Gefässe zur Finanzierung und Förderung von Grundlagenforschung (SNF) und angewandter Forschung (Innosuisse).

Beispiel Pädagogik:
- Grundlegende Fragestellungen:
  Wie funktioniert das menschliche Gedächtnis?
  Wie lernen Kinder neue Sprachen?
- Angewandte Fragestellungen:
  Wie können Lernende Gelerntes am besten in Erinnerung behalten?
  Wie kann das Interesse von Lernenden am Erlernen von Fremdsprachen gefördert werden?

- Beispiel Psychologie
- Grundlegende Fragestellungen:
  Wie entstehen Panikattacken?
  Wie entsteht Identität (Ich-Gefühl)?
- Angewandte Fragestellungen:
  Wie können Panikattacken am besten behandelt werden?
  Wie kann ein Unternehmen die Identifikation seiner Mitarbeitenden erhöhen?

Dieser Konvergenzprozess hat in den letzten Jahren stark an Dynamik gewonnen und stellt Fachhochschulen wie Universitäten gleichermassen vor die Frage, wie eine nachhaltige und glaubwürdige Profilbildung unter Berücksichtigung der sich rasant wandelnden gesellschaftlichen und wirtschaftlichen Anforderungen gelingen kann. Wichtigster Einflussfaktor für eine erfolgreiche Profilentwicklung sind zweifelsfrei die Lehrenden an den jeweiligen Institutionen.

Lehrende an Fachhochschulen
Ein wesentlicher Unterschied zwischen Professorinnen an Universitäten und Professorinnen an Fachhochschulen liegt in der Formalqualifikation. Für die Berufung an eine Schweizer Universität ist nach dem Universitätsstudium mit Masterabschluss ein Doktorat erforderlich, gefolgt in der Regel von einer Habilitation mit Weiterqualifizierung im Bereich Hochschuldidaktik. Die Anzahl der Publikationen in renommierten internationalen Fachzeitschriften und das Volumen eingeworbener Forschungsgelder sind für die Berufungen auf einen Lehrstuhl entscheidend. Praktische Berufserfahrung ausserhalb der Universität wird nicht verlangt.

Doch auch für Berufungen an Fachhochschulen scheint die zwingend vorausgesetzte Berufserfahrung an Stellenwert verloren zu haben: Seit den 2000er-Jahren ist es «gängiger Standard, dass neu Berufene die Ausbildung mindestens mit einem Doktorat abgeschlossen haben und sie über ihr Forschungsinteresse hinaus Erfahrung in selbständiger Konzeption und Führung von Forschungsprojekten nachweisen können. Unverändert ist die Anforderung nach didaktischer Qualifikation, die allerdings in Ausnahmefällen auch nach Stellenantritt nachgeholt werden kann. Gleich geblieben ist ferner die Forderung nach mehrjähriger einschlägiger Berufserfahrung; zusätzlich wird aber der Nachweis von typischerweise sechs Jahren Forschungspraxis verlangt.»[10]

Im Kontext der zuvor genannten Konvergenzfaktoren ist dieser mittlerweile etablierte «gängige Standard» zwar nachvollziehbar, läuft jedoch der originären Anwendungsorientierung der Fachhochschulen zuwider. Denn liegt ein grosser Vorteil des Fachhochschulstudiums gegenüber dem Universitätsstudium nicht gerade in der umfangreichen Berufserfahrung und Industrienähe ihrer Lehrenden? Rückmeldungen von Fachhochschulstudierenden, etwa im Rahmen von Unterrichtsevaluationen, legen nahe, dass die Praxisnähe des Unterrichts entscheidend für die Motivation und das Lerninteresse ist. Dies dürfte auch daran liegen, dass immer mehr FH-Studierende berufsbegleitend studieren. Laut Bundesamt für Statistik stieg die Quote kontinuierlich von 30 Prozent im Jahr 2000 auf 41 Prozent im Jahr 2022. Die Frage, wie das Gelernte auf den beruflichen Alltag angewendet werden kann, stellt sich für diese Zielgruppe ganz besonders.

Die Studie «Dozierende an Fachhochschulen und Pädagogischen Hochschulen der Schweiz» von Böckelmann und Kolleginnen[11] aus dem Jahr 2019 stellt fest, dass 5 Prozent der Dozierenden an den Schweizer Fachhochschulen über eine Berufsmaturität verfügen. 90 Prozent waren oder sind noch laut eigener Aussage in einem der künftigen Berufsfelder ihrer Studierenden tätig. Die durchschnittliche Dauer beträgt dabei 15 Jahre. Allerdings schliessen diese Zahlen sowohl Professorinnen und Professoren als auch Dozierende im Mittelbau ein. Im Hinblick auf die Befähigung zur eigenständigen wissenschaftlichen Forschungstätigkeit sind die Lehrenden an Fachhochschulen grundsätzlich gut aufgestellt. 40 Prozent verfügen über eine Promotion oder Habilitation, bei weiteren 32 Prozent ist der höchste akademische Bildungsabschluss ein Master an einer Universität. 59 Prozent von ihnen veröffentlichen in den zwei Jahren vor der Befragung Beiträge allein oder in Kooperation mit weiteren Autoren, wobei ein Viertel dieser Beiträge kein Peer-Review-Verfahren durchlief.

Ausgehend von diesen Zahlen kann festgehalten werden, dass das wichtige «doppelte Kompetenzprofil», d. h. Berufs- und Forschungspraxis, bei der überwiegenden Mehrzahl der Lehrenden gegeben ist. Um jedoch der Gefahr einer zunehmenden Akademisierung der Fachhochschulen entgegenzuwirken, ist eine Aufwertung der Berufserfahrung im Rahmen der Personalselektion und -entwicklung sinnvoll. Personen mit herausragender Praxiskompetenz, insbesondere in den vom Fachkräftemangel besonders betroffenen Bereichen (z. B. ICT-Branche), sollte die Möglichkeit einer Professorenstelle nicht aufgrund eines fehlenden Doktorats oder fehlender Forschungserfahrung verwehrt werden. Vielmehr sollte es hier die Möglichkeit geben, allfällig fehlende Wissenschaftskompetenz durch individuelle Personalentwicklungsmassnahmen zu erwerben. Für den bestehenden Lehrkörper sollten die Anreize zum Erwerb von ausserhochschulischer Praxiskompetenz ebenso hoch sein wie zum Erwerb von wissenschaftlichen und didaktischen Kompetenzen. Dies kann neben angewandter Forschung auch durch das Absolvieren von (betrieblichen) Praktika oder den Einbezug von Expertinnen und Experten aus der Praxis im Rahmen von Ko-Vorlesung geschehen.

Wie können Fachhochschulen besser werden? – Profilstärkung oder Akademisierung?
Die zunehmende Akademisierung der Fachhochschulen verwässert deren originäres Profil und verliert das Ziel aus den Augen, in erster Linie hochqualifizierte Fachkräfte für die Wirtschaft und andere Bereiche auszubilden. Interessanterweise hat ausgerechnet der einflussreiche Dachverband FH SCHWEIZ insgesamt 13 Forderungen aufgestellt, die in einigen Punkten eine weitere Nivellierung der Unterschiede zwischen Fachhochschule und Universitäten zur Folge hätten.[12] Diese Forderungen werden nachfolgend kritisch diskutiert.

1. Es wird die Beibehaltung des bewährten Profils verlangt; der Fachhochschulabschluss soll auf eine berufliche Grundbildung folgen.

Das ist im Hinblick auf eine Profilstärkung mit Ausrichtung auf eine definierte Zielgruppe ein guter Vorschlag.

2. Der Begriff *FH* oder *Fachhochschule* soll im Namen der Fachhochschule verwendet werden, um die Identität herauszustellen.

Angesichts einer wachsenden Zahl an Hochschulen ist ein sichtbares Differenzierungs- und Qualitätsmerkmal möglicherweise sinnvoll.

3. Die Fachhochschulen sollen gute Lehre garantieren und die guten Betreuungsverhältnisse zwischen Lehrenden und Studierenden aufrechterhalten.

Ein gutes Betreuungsverhältnis allein gewährleistet noch keine qualitativ hochwertige Lehre. Hier muss der didaktische oder anderweitige Weiterbildungsbedarf der Lehrenden identifiziert und mit geeigneten Qualifizierungsmassnahmen adressiert werden. Inzwischen wird jedoch an den meisten Fachhochschulen von den Dozierenden entsprechende Zertifikate und Weiterbildungskurse im Rahmen der Personaleinstellung und -entwicklung verlangt.

4. Gefordert wird die Einbindung von Dozierenden aus der Praxis, da deren Praxistätigkeit ein konstitutives Element des Fachhochschulprofils ist.

Auch hier gilt, dass Praxiserfahrung allein noch keine gute Lehre garantiert. Lehrende aus der Praxis müssen sich zwingend didaktisch qualifizieren und weiterbilden.

5. Es wird verlangt, eine hohe Beschäftigungsfähigkeit zu garantieren.

Diese Forderung ist kaum umsetzbar, da die Fachhochschulen keinen unmittelbaren Einfluss auf die gesamtwirtschaftliche Situation in der Schweiz ausüben können. Jedoch ist eine arbeitsmarktorientierte Ausrichtung der Hochschulinvestitions- und Personalpolitik sinnvoll. Das heisst, dass Mittel vor allem für jene Fachbereiche zur Verfügung gestellt werden sollten, die zur Beseitigung des aktuellen und zukünftig zu erwartenden Fachkräftemangels beitragen und den Innovations- und Wirtschaftsstandort Schweiz stärken. Demgegenüber sind Wachstumsbeschränkungen für solche Bereiche angezeigt, die von angespannten Beschäftigungs- und Einkommensverhältnissen der Absolvierenden absehbar betroffen sind.

6. Der Dachverband verlangt, Studiengänge mit Bezug zum Arbeitsmarkt einzurichten, da einige Studiengänge kein eindeutiges Berufsprofil aufweisen.

Diese Forderung ignoriert die inhärente Dynamik von Arbeitsmärkten. Neue Studiengänge werden mit der Zeit curricular angepasst werden und für neu entstehende Marktanforderungen spezifische Schwerpunkte setzen. Grundsätzlich sind Fachhochschulen gehalten, innovative technologische Themen sowie gesellschaftliche Veränderungen bei der Konzeption und Weiterentwicklung ihrer Studiengänge zu berücksichtigen.

7. Es wird die Sicherstellung einer klaren Zulassung verlangt, um den Fachhochschulzugang der Studieninteressierten nach ihrer Grundausbildung bzw. Berufsmaturität zu erleichtern.

Diese Forderung lässt sich dahingehend auslegen, dass Studieninteressierte je nach absolvierter Grundbildung einen einfachen Zugang zu den entsprechenden Fachbereichen an der Fachhochschule erhalten sollen. Solange die akademischen Mindestanforderungen an die künftigen Studierenden dabei erfüllt sind, ist eine Vereinfachung der Zulassung (sofern nötig) grundsätzlich positiv zu bewerten. Sie sollte jedoch nicht dazu führen, dass aus guten Handwerkerinnen und Berufsfachleuten mittelmässige Akademikerinnen werden.

8. Der Dachverband fordert eine engere Zusammenarbeit der Fachhochschulen mit dem Ziel, ein vielfältiges Angebot mit weniger Konkurrenz zwischen gleichen Lehrinhalten aufzubauen.

Für den Ausbau eines individuellen Fachhochschulprofils ist eine enge Zusammenarbeit bei der Entwicklung komplementärer Lehrangebote insbesondere in dem vom Fachkräftemangel betroffenen Bereichen unabdingbar. Dennoch ist die Aufrechterhaltung des Wettbewerbsgedankens bei beliebten Studiengängen wie Betriebswirtschaftslehre oder Architektur notwendig, um die Qualität konkurrierender Angebote an den jeweiligen Fachhochschulen aufrechtzuerhalten.

9. Die Unterstützung des lebenslangen Lernens ist eine weitere Forderung.

Dieser Bereich bietet bei geeigneter Umsetzung ein hohes Potenzial für eine nachhaltige Profilstärkung der jeweiligen Fachhochschulen. Der Kontakt mit den Alumni und ihren Arbeitgebern könnte mit der Entwicklung geeigneter Lern- und Austauschformate vertieft werden. Auch könnten die Fachhochschulen auf diese Weise künftige Lern- oder Lehrbedarfe für aktuelle oder neue Studiengänge rechtzeitig antizipieren. In jedem Fall ist der kontinuierliche Dialog mit der Praxis unabdingbar für die akademische Berufsausbildung.

Integration von Wissenschaft und Praxis
Die Forderungen des Dachverbandes umfassen auch die Bereiche Forschung, Lehre und Praxis.

1. Angewandte Forschung soll weiter ausgebaut werden. Der Dachverband fordert eine Koppelung der Studiengänge der Fachhochschulen mit angewandter Forschung mit einer Vergabe zusätzlicher finanzieller Mittel.

Diese Forderung ist kritisch zu betrachten. Zwar ist die angewandte Forschung ein wesentliches Leistungsmerkmal der Fachhochschulen. Allerdings muss eine Abhängigkeit von einzelnen Wirtschaftsunternehmen oder anderen Organisationen durch eine zu hohe Zahl an Forschungsvorhaben mit einem Auftraggeber vermieden werden. Die angewandte Forschung muss zudem stets nach den Grundsätzen guter wissenschaftlicher Praxis agieren, um in der (internationalen) wissenschaftlichen Community anschlussfähig sein zu können.

Entsprechend kann angewandte Forschung auch Einschränkungen bei der wissenschaftlichen Freiheit bzw. Auswahl der Forschungsthemen mit sich bringen. Insoweit sollten Fachhochschulen darauf achten, eine gewisse Ausgewogenheit bei Forschungsthemen und auftraggebenden Organisationen zu wahren, um ihre wissenschaftliche Glaubwürdigkeit nicht zu gefährden und damit ihre Forschungstätigkeit zu entwerten.

2. Der Dachverband fordert mehr Fachhochschulabsolventinnen und -absolventen in Gremien bei Bund und Kantonen, die derzeit ausschliesslich mit Personen mit Universitätsabschluss besetzt sind.

Diese Forderung ist im Sinne einer adäquaten Repräsentation der Fachhochschulen in den öffentlichen Gremien nachvollziehbar. Dabei muss jedoch berücksichtigt werden, dass Fachhochschulen recht junge Einrichtungen sind. Die älteren Personen (50 plus) in diesen Gremien hatten somit gar keine Möglichkeit, einen Fachhochschulabschluss zu erwerben. Es ist also zu erwarten, dass mit den nachrückenden Generationen der Anteil an Fachhochschulabsolvierenden steigen wird.

3. Konsekutive Masterstudiengänge sollen nach dem Willen des Dachverbandes an den Fachhochschulen eingeführt werden, um die glei-

chen Möglichkeiten für einen Masterabschluss zu schaffen wie an den Universitäten.

Das Ziel der Fachhochschulen ist es in erster Linie, qualifizierte Fachkräfte für die Wirtschaft und andere Sektoren auszubilden. Die Einführung weiterer konsekutiver Masterstudiengänge an den Fachhochschulen sollte daher mit Augenmass erfolgen und sich konsequent an den zukünftigen Bedürfnissen des Arbeitsmarkts orientieren. Ist diese Voraussetzung erfüllt, können Masterstudiengänge zur Profilbildung von Fachhochschulen beitragen, indem sie konsequent an den Forschungskompetenzen und strategischen Schwerpunkten der jeweiligen Hochschule ausgerichtet und diese Kompetenzen und Schwerpunkte gleichzeitig aufeinander abgestimmt und koordiniert werden.

4. Der Dachverband fordert das Promotionsrecht für Fachhochschulen, da er hier eine Benachteiligung gegenüber den Universitäten sieht.

Bereits jetzt können Personen mit Fachhochschulabschluss promovieren, wenn sie eine Partneruniversität einbinden. Die im Bildungsauftrag der Fachhochschulen verankerte Andersartigkeit kann es jedoch sinnvoll erscheinen lassen, das FH-Profil auch auf die dritte Bologna-Stufe – die Promotion – zu übertragen, sofern das Promotionsrecht dann konsequent zum Forschungstransfer in die Praxis und zur wirtschaftsnahen Nachwuchsförderung an den Fachhochschulen genutzt wird. Sonst besteht auch hier die Gefahr einer wachsenden Akademisierung der Fachhochschulen bzw. eine zunehmende Entfremdung vom originären Bildungsauftrag.

Fazit

Die Fachhochschulen bilden zusammen mit den Universitäten und der Höheren Berufsbildung die Tertiärstufe des schweizerischen Bildungssystems und sind dort inzwischen als wichtiges Bindeglied zwischen Praxisorientierung und Wissenschaft erfolgreich etabliert. Aufgrund einer zu stark nach akademischen Kriterien ausgerichteten Drittmittelvergabe und des Trends hin zur Erlangung internationaler Akkreditierungslabels besteht mittelfristig die Gefahr einer zu starken akademischen und zu wenig praxisorientierten Ausrichtung der Fachhochschulen. Dieser Gefahr kann nur mit einer geeigneten Einstellungs- und Personalpolitik, einer konsequent an den Bedürfnissen des Wirtschafts- und Innovationsstandorts Schweiz ausgerichteten Hochschulinvestitionspolitik sowie einer fachhochschulübergreifend koordinierten strategischen Schwerpunktbildung entgegnet werden.

Gelingt es den Fachhochschulen, eigene fachliche Profile weiterzuentwickeln und zu stärken, können sie nicht nur ihren Studierenden, sondern auch ihren Alumni und anderen Stakeholdern wie Unternehmen, dem öffentlichen Sektor oder der Zivilgesellschaft vielseitige Bildungs- und Forschungsleistungen anbieten.

Die Perspektiven für Studierende an Fachhochschulen im Hinblick auf spätere berufliche Entwicklungs- und Verdienstmöglichkeiten sind jedenfalls bereits heute hervorragend.

Fussnoten

[1] Bundesversammlung der Schweizerischen Eidgenossenschaft 1.1.2015: Bundesgesetz über die Förderung der Hochschulen und die Koordination im schweizerischen Hochschulbereich. Hochschulförderungs- und -koordinationsgesetz, HFKG, 30.9.2011.

[2] ETH (2022): Studien- und Lebenshaltungskosten für Studierende (approximativ). Hg. v. Eidgenössische Technische Hochschule Zürich. Eidgenössische Technische Hochschule Zürich.

[3] EDK (2021): Das Stipendienkonkordat der EDK. Hg. v. Schweizerische Konferenz der kantonalen Erziehungsdirektoren. Schweizerische Konferenz der kantonalen Erziehungsdirektoren.

[4] ibid.

[5] SECO (2016): Fachkräftemangel in der Schweiz. Indikatorensystem zur Beurteilung der Fachkräftenachfrage. Hg. v. Staatssekretariat für Wirtschaft SECO.

[6] Bundesrat (2018): Schlussbericht zur Fachkräfteinitiative. Hg. v. Bundesrat.

[7] IMD – International Institute for Management Development (2022): World Competitiveness Booklet 2022. Hg.v. IMD.

[8] Böckelmann, Christine; Tettenborn, Annette; Baumann, Sheron; Elderton, Melanie (2019): Dozierende an Fachhochschulen und Pädagogischen Hochschulen der Schweiz: Qualifikationsprofile, Laufbahnwege und Herausforderungen. Hg. v. Hochschule Luzern.

[9] Böckelmann et al. (2019), S. 28.

[10] SWTR (2010): Forschung an Fachhochschulen in der Schweiz. Einblicke in den Entwicklungsstand. Empfehlungen des Schweizerischen Wissenschafts- und Technologierats SWTR. Hg. v. SWTR. Bern (SWRT Schrift, 2).

[11] Böckelmann et al. (2019), S. 28.

[12] FH SCHWEIZ (2022): Forderungen.

$$F_z \cos(\varphi) + F_r \times \sin(\alpha) - F_c \, a \, \sin(\rho) = 0$$

$$F_z = \frac{F_c \, a \, \sin(\ldots)}{\ldots}$$

$$\min_{\wedge, \chi, z, \theta} \left[\ldots - \min(F_z(\varphi \mid r)) \right]$$

5

Bildungssystem und Stärken des Wirtschaftsstandorts Schweiz

Internationale Vergleiche

Sie finden in diesem Kapital Fakten und Antworten auf folgende Fragen:

A Wie das Bildungssystem die Beschäftigung und Jugendarbeitslosigkeit in Europa beeinflusst

B Wie das Bildungssystem die internationale Konkurrenzfähigkeit der Länder prägt. Industrie-Indikatoren der Konkurrenzfähigkeit.

C Wie die Kombination von akademischer und berufsbezogener Fachkräftekultur die Innovation beschleunigt und konkurrenzfähig macht.

D Wie die gute berufspraktische Bildung und Weiterbildung die Bewältigung des rasanten Strukturwandels erleichtert und beschleunigt.

In Europa spielt sich ein Drama ab. Ein Siebtel aller Jugendlichen von 15 bis 24 Jahren, die nicht in einer Ausbildung stecken, sind arbeitslos. Allerdings haben wir eine grosse Kluft innerhalb Europas: Die Länder mit einem dualen Berufsbildungssystem weisen markant tiefere Jugend-Arbeitslosenquoten auf. Dabei handelt es sich vor allem um die Schweiz, Deutschland, Österreich, Liechtenstein sowie auch die Niederlande und Dänemark. Die andern Länder West- und Südeuropas kennen hauptsächlich vollschulische Bildungscurricula. Die duale Berufsbildung ist bezüglich Arbeitsmarktfähigkeit (Employability) und Arbeitsintegration den vollschulischen Bildungsgängen eindeutig überlegen.

Die Berufsbildung verbessert auch die wirtschaftliche Performance und industrielle Innovationsfähigkeit, die internationale Konkurrenzfähigkeit und die Exportchancen. Dieses Kapitel gibt einen Überblick über die wirtschaftliche Stärke und Konkurrenzfähigkeit unter dem Gesichtswinkel der Berufsbildungssysteme. (Wir schliessen die EU-Staaten Osteuropas wegen der unterschiedlichen Wirtschaftsgeschichte von diesem Vergleich aus.)

Die Rolle der Bildungssysteme bei der internationalen Konkurrenzfähigkeit wurden lange unterschätzt oder ignoriert. Sie ist aber matchendscheidend für Innovation und Bewältigung des Strukturwandels. Wir zeigen in diesem Kapitel die Wechselwirkung zwischen Bildungssystem, Innovation, Strukturwandel und wirtschaftlicher Performance. Die Länder mit einem dualen Berufsbildungssystem sind in der wirtschaftlichen Performance und der Innovation überlegen. Wir belegen es in diesem Kapital mit zahlreichen Indikatoren und Ländervergleichen

Die folgenden Performance-Vergleiche sind 2021 in der chinesischen Ausgabe des Buchs über das schweizerische Berufsbildungssystem abgedruckt worden. Sie werden hier – wo sinnvoll, aktualisiert – für die schweizerische Leserschaft aufgearbeitet.

5 INTERNATIONALE VERGLEICHE

5.1

Jugendarbeitslosigkeit in Westeuropa und Diskrepanz der Bildungssysteme

Jugendarbeitslosenquote: Anteil der Arbeitslosen an den jungen Erwerbspersonen, Alter 15–24 Jahre, Westeuropa Frühjahr 2022.

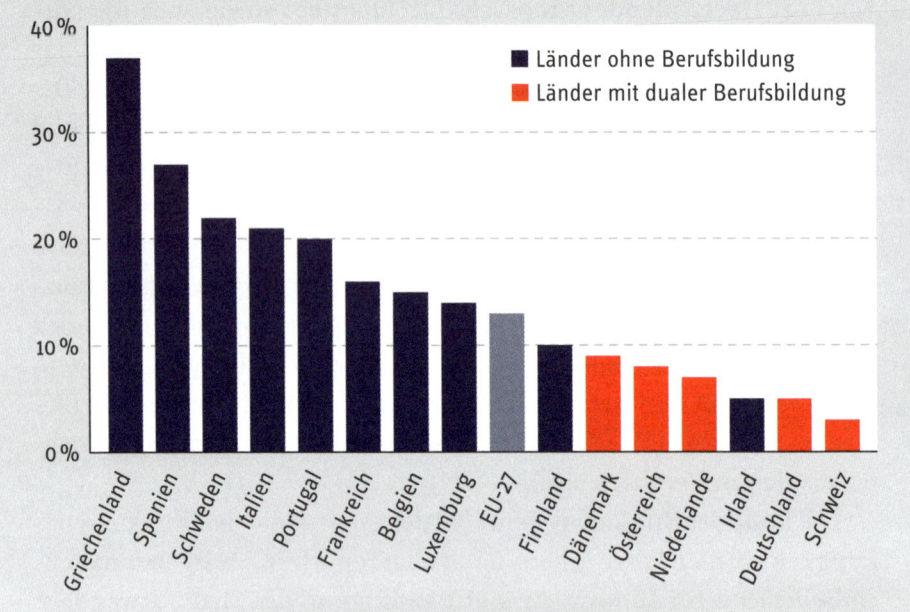

- Länder ohne Berufsbildung
- Länder mit dualer Berufsbildung

Griechenland, Spanien, Schweden, Italien, Portugal, Frankreich, Belgien, Luxemburg, EU-27, Finnland, Dänemark, Österreich, Niederlande, Irland, Deutschland, Schweiz

Quelle: Eurostat. Jugendarbeitslosenquoten. Euroindikatoren 72/2022. Mai 2022.
Schweiz: Seco: Die Lage auf dem Arbeitsmarkt. Mai 2022. S. 5 © Strahm

Europa leidet unter hoher Jugendarbeitslosigkeit. Jeder siebte Jugendliche in Europa, der nicht in Ausbildung begriffen ist, war im Frühjahr 2022 arbeitslos.

Die Länder mit einem dualen Berufsbildungssystem (rot markiert) haben jedoch ständig markant tiefere Jugendarbeitslosenquoten (rot). Es sind dies die Schweiz, Deutschland, Österreich, Liechtenstein und – etwas weniger weit reichend – die Niederlande und Dänemark. Unter «dualer Lehre» versteht man eine Kombination von praktischer Ausbildung in einem Betrieb und staatlicher Berufsfachschule.

Die andern EU-Länder in Westeuropa (blau) kennen keine formale duale Betriebslehre, sondern schwergewichtig vollschulische Bildungsgänge. Sie haben strukturell und signifikant höhere Jugendarbeitslosenquoten. Das duale Berufsbildungssystem ist bezüglich Arbeitsmarktintegration und Employability eindeutig überlegen.

5.2

Internationale Manager gewichten die Berufsfachleute als wichtigsten Standortfaktor

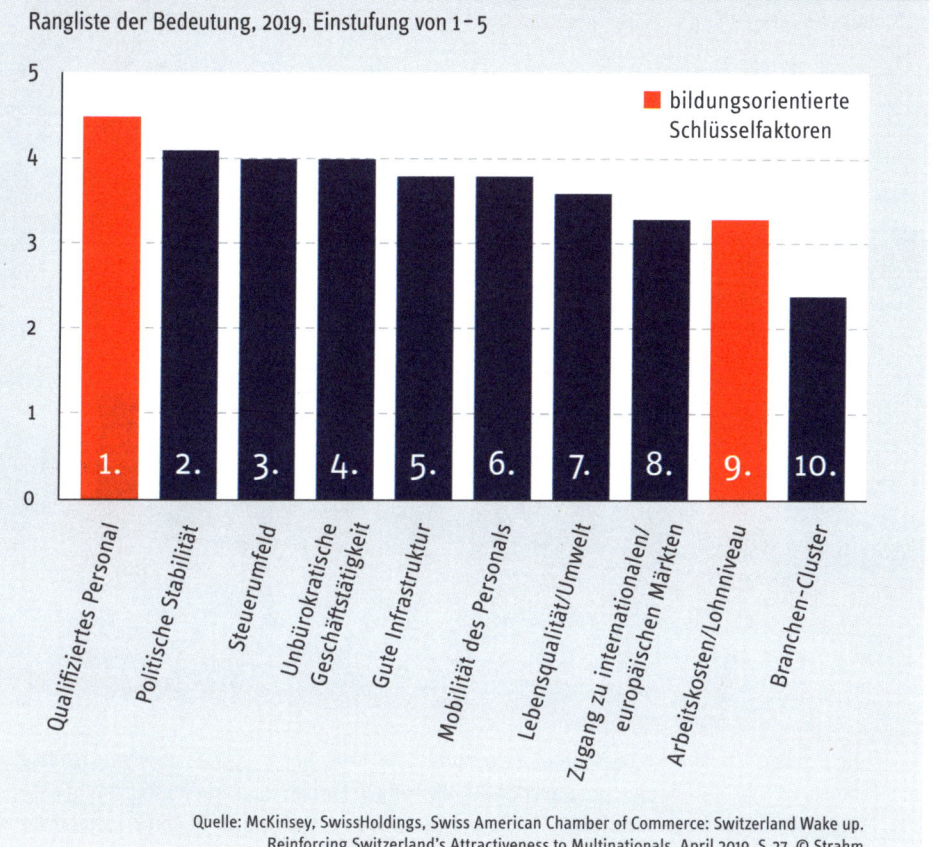

Rangliste der Bedeutung, 2019, Einstufung von 1–5

■ bildungsorientierte Schlüsselfaktoren

1. Qualifiziertes Personal
2. Politische Stabilität
3. Steuerumfeld
4. Unbürokratische Geschäftstätigkeit
5. Gute Infrastruktur
6. Mobilität des Personals
7. Lebensqualität/Umwelt
8. Zugang zu internationalen/europäischen Märkten
9. Arbeitskosten/Lohnniveau
10. Branchen-Cluster

Quelle: McKinsey, SwissHoldings, Swiss American Chamber of Commerce: Switzerland Wake up. Reinforcing Switzerland's Attractiveness to Multinationals. April 2019. S. 27 © Strahm

Die Schweiz ist ein begehrter Standort von rund 24 000 internationalen Firmen und globalen Holdinggesellschaften. Was sind die Standortfaktoren?

In einer Befragung von internationalen Managerinnen und Managern über die wichtigsten Attraktionsfaktoren wird im ersten Rang die Verfügbarkeit von qualifiziertem Personal genannt. Die hohen Löhne werden erst an 9. Stelle aufgeführt. Qualifikation ist wichtiger als die Arbeitskosten!

Das internationale Management schätzt die Skilled Workforce, also die Exaktheit, Präzision, Zuverlässigkeit, Termintreue der schweizerischen Berufsleute. Diese Kompetenzen werden mit der dualen Berufslehre gefördert.

5 INTERNATIONALE VERGLEICHE

5.3

Berufsbildungsländer sind Spitzenreiter in der Industrieproduktion pro Einwohner (Westeuropa)

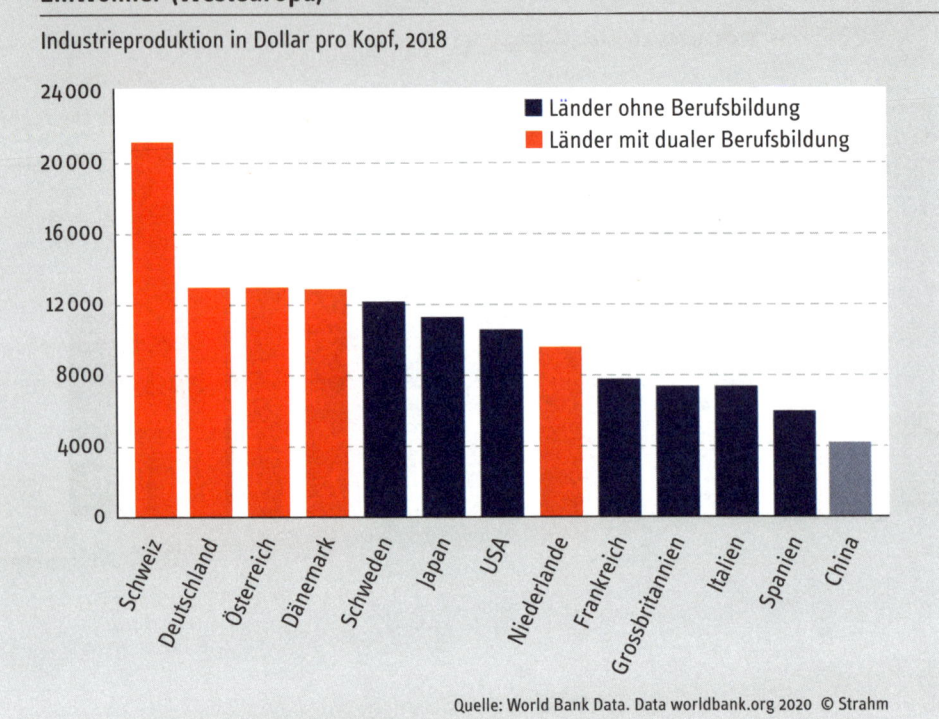

Industrieproduktion in Dollar pro Kopf, 2018

- ■ Länder ohne Berufsbildung
- ■ Länder mit dualer Berufsbildung

Schweiz, Deutschland, Österreich, Dänemark, Schweden, Japan, USA, Niederlande, Frankreich, Grossbritannien, Italien, Spanien, China

Quelle: World Bank Data. Data worldbank.org 2020 © Strahm

Die Schweiz ist ein Hochlohnland und Hochpreisland. Trotz hoher Löhne und Preise ist ihre industrielle Wertschöpfung pro Kopf der Bevölkerung unter den Industrieländern am höchsten. Auch andere Berufsbildungsländer, wie Deutschland, Österreich, Dänemark, gehören zur Spitzengruppe bei der Industrieproduktion pro Einwohner. In der Grafik sind die Länder mit dualem Berufsbildungssystem mit roter Farbe hervorgehoben. Das Ranking betrifft nur die vergleichbaren Länder in Westeuropa. Finnland und Irland sind als Produktionsstandorte seit 2010 stark eingebrochen.

Hochlohnländer können sich auf dem Weltmarkt nur behaupten mit hochpreisigen Spezialitäten, Innovationen, Nischenprodukten, massgeschneiderten, qualitativ hochstehenden Lösungen. Die Berufsqualifikation der Skilled Workforce ist matchentscheidend für die internationale Konkurrenzfähigkeit. Bei Massenkonsumgütern haben Hochlohnländer im Preiswettbewerb keine Chance.

5.4

Berufsbildungsländer haben die stärkste Exportkraft in Europa

Güterexporte in Euro pro Einwohner, 2019. Ohne Warentransitländer in Europa: Belgien (74 000), Niederlande (37 000) und Irland (32 000 Euro pro Kopf).

■ Länder ohne Berufsbildung
■ Länder mit dualer Berufsbildung

Schweiz, Österreich, Dänemark, Deutschland, Schweden, Italien, Frankreich, Spanien, Grossbritannien, China

Grafik: de.statista.com. Export von Gütern aus den EU-Ländern 2019. De.statista.com. Bevölkerungsentwicklung in der EU. 23. Januar 2020 © Strahm

Bei den Exporten pro Kopf der Bevölkerung liegen in Europa die Berufsbildungsländer wie die Schweiz, Österreich, Dänemark, Deutschland an der Spitze (Säulen der Berufsbildungsländer in roter Farbe). Auch Schweden liegt weit vorne. Schweden hat kein duales Berufsbildungssystem, aber technische Schulen mit einem sehr hohen Praxisanteil in Werkstätten. Auch diese Grafik zeigt, dass die hohe Berufsqualifikation entscheidend ist für die Exportstärke. Die Volksrepublik China liegt mit den Exporten pro Kopf der Bevölkerung gegenüber Westeuropa noch zurück, aber holt sehr rasch auf.

In Südeuropa (Italien, Spanien, Portugal, Griechenland) ist die traditionelle industrielle Produktion von Textilien, Schuhen, Leder, Haushaltsgeräten durch Billigimporte aus Asien verdrängt worden.

Die beiden Länder Belgien und Niederlande sind hier nicht dargestellt, weil deren Exportwerte stark vom Warentransit geprägt sind, also durch die Umschlaghäfen wie Rotterdam und Antwerpen.

5 INTERNATIONALE VERGLEICHE

5.5

Trotz hoher Löhne und dank Qualitätsarbeit erzielt die Schweiz jährlich Exportüberschüsse

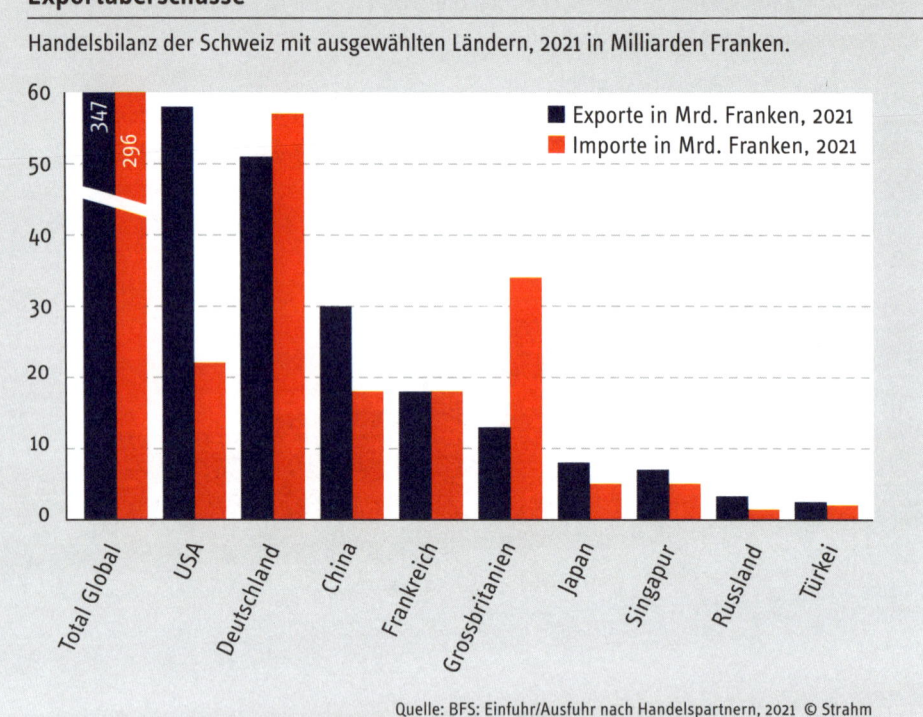

Handelsbilanz der Schweiz mit ausgewählten Ländern, 2021 in Milliarden Franken.

- Exporte in Mrd. Franken, 2021
- Importe in Mrd. Franken, 2021

Total Global: 347 / 296

Quelle: BFS: Einfuhr/Ausfuhr nach Handelspartnern, 2021 © Strahm

Die Schweiz hat trotz hoher Löhne und Preise einen Exportüberschuss im Handelsverkehr mit starken Industrie- und Schwellenländern und allen starken Exportnationen in Asien und mit den BRIC-Staaten – mit Ausnahme von Deutschland, Frankreich und Italien, bedingt durch die hohen Energieimporte aus diesen Ländern. Das heisst, die Schweiz exportiert mehr, als sie importiert. Dank ihrer industriellen Performance liefert die Schweiz Investitionsgüter wie Textilmaschinen, Automaten, Roboter, Präzisions- und Messgeräte, Pharmazeutika und Hochpreisuhren.

Die Volksrepublik China ist hier nur als Handelspartnerin der Schweiz dargestellt. Für sich betrachtet erwirtschaftet China einen extrem hohen Exportüberschuss im umfassenden internationalen Handel!

Immer häufiger werden Industriesysteme im Paket geliefert, kombiniert mit Serviceleistungen und Installationsgarantien. Dabei sind Präzision, Innovation, Exaktheit, Zuverlässigkeit, Termintreue und Mobilität der Skilled Workforce wichtige Konkurrenzfaktoren.

5.6

Kombination von Hochschulbildung und dualer Berufsbildung ergibt Spitzenposition im globalen Talent-Ranking

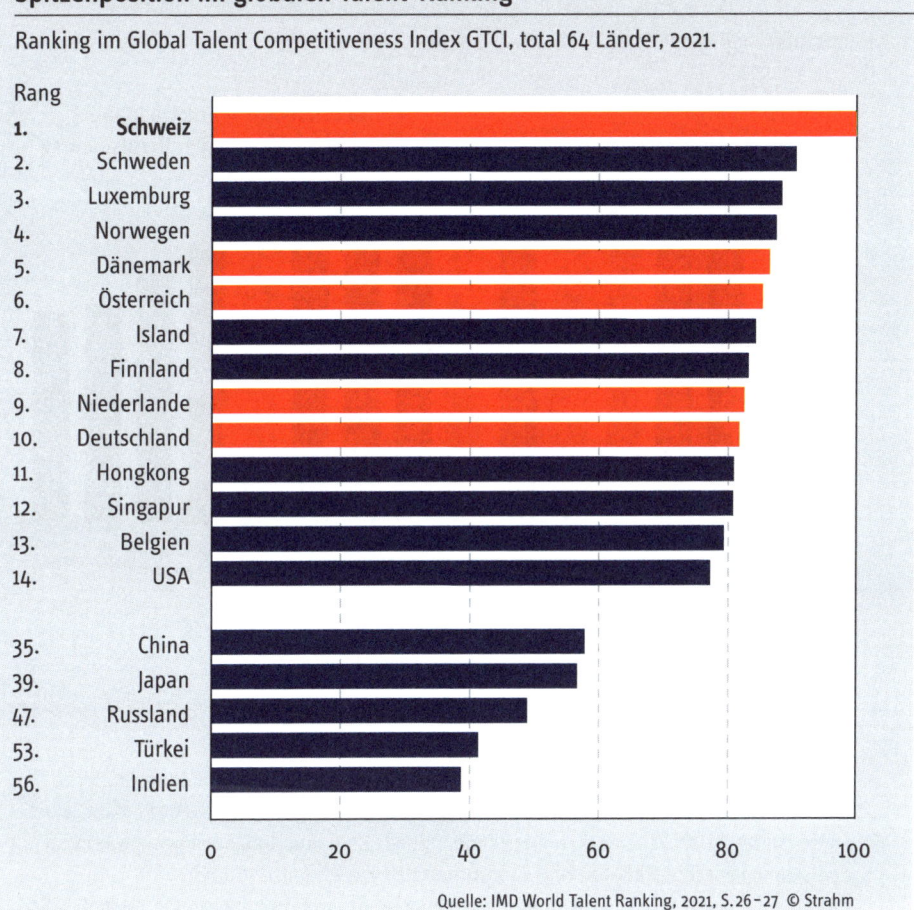

Ranking im Global Talent Competitiveness Index GTCI, total 64 Länder, 2021.

Rang	Land	
1.	**Schweiz**	100
2.	Schweden	
3.	Luxemburg	
4.	Norwegen	
5.	Dänemark	
6.	Österreich	
7.	Island	
8.	Finnland	
9.	Niederlande	
10.	Deutschland	
11.	Hongkong	
12.	Singapur	
13.	Belgien	
14.	USA	
35.	China	
39.	Japan	
47.	Russland	
53.	Türkei	
56.	Indien	

Quelle: IMD World Talent Ranking, 2021, S. 26–27 © Strahm

Dieser Global Talent Competitiveness Index (GTCI) vergleicht 64 Länder der Welt bezüglich ihrer Performance in Bildung, Forschung, Innovation. Das Talent-Ranking misst sowohl den Stand der Berufsbildung wie auch der Hochschulbildung.

Im Ranking des Jahres 2021 ist die Schweiz weltweit an der Spitze, obschon sie weniger akademische Fachkräfte aufweist. Die Berufsbildungsländer Schweiz, Dänemark, Österreich, Niederlande und Deutschland (rot) liegen bei den 64 Vergleichsländern unter den ersten zehn. Die Volksrepublik China ist derzeit noch auf dem 35. Rang, aber sie holt sehr rasch auf.

5 INTERNATIONALE VERGLEICHE

5.7

Berufsbildungsländer haben auch eine Spitzenstellung in der Innovation

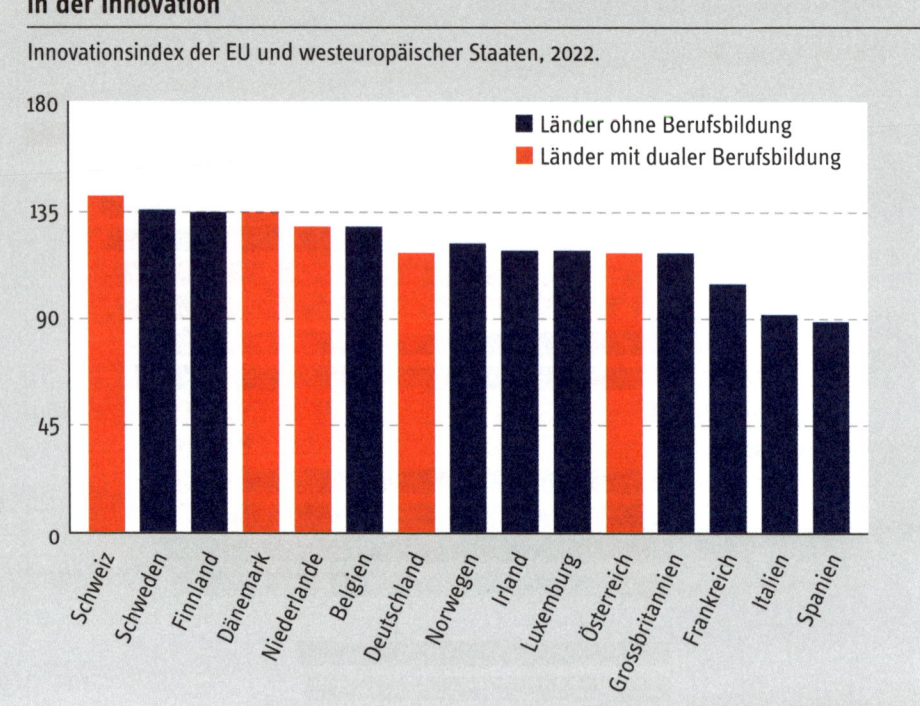

Innovationsindex der EU und westeuropäischer Staaten, 2022.

- Länder ohne Berufsbildung
- Länder mit dualer Berufsbildung

Schweiz, Schweden, Finnland, Dänemark, Niederlande, Belgien, Deutschland, Norwegen, Irland, Luxemburg, Österreich, Grossbritannien, Frankreich, Italien, Spanien

Quelle: European Commission: European Innovation Scoreboard 2022, S. 99 © Strahm

Nach dem European Union Innovation Scoreboard gehören die Berufsbildungsländer zu den innovativeren Volkswirtschaften in Europa. Die Schweiz liegt nach diesem Ranking der EU an der Spitze. Auch Dänemark, Niederlande, Deutschland und Holland liegen zusammen mit den skandinavischen Ländern und Grossbritannien in der Spitzengruppe.

Das EU Innovation Scoreboard ist ein Sammelindex für innovative Produkte, Hightech-Produktion, Patente, neue und effiziente Herstellungsverfahren.

Die Innovation erfordert ständige Forschung und Entwicklung, aber darüber hinaus auch die Fähigkeiten, Innovationen rasch in die produktive Praxis umsetzen zu können. Länder, in denen viel geforscht wird, sind nur top, wenn sie auch über Skilled Workforce, also qualifizierte Fachkräfte, verfügen.

In dieser Grafik sind nur die europäischen Länder gezeigt. Sie werden statistisch von der Europäischen Union verglichen. Die Schweiz ist bei Eurostat beteiligt.

5.8

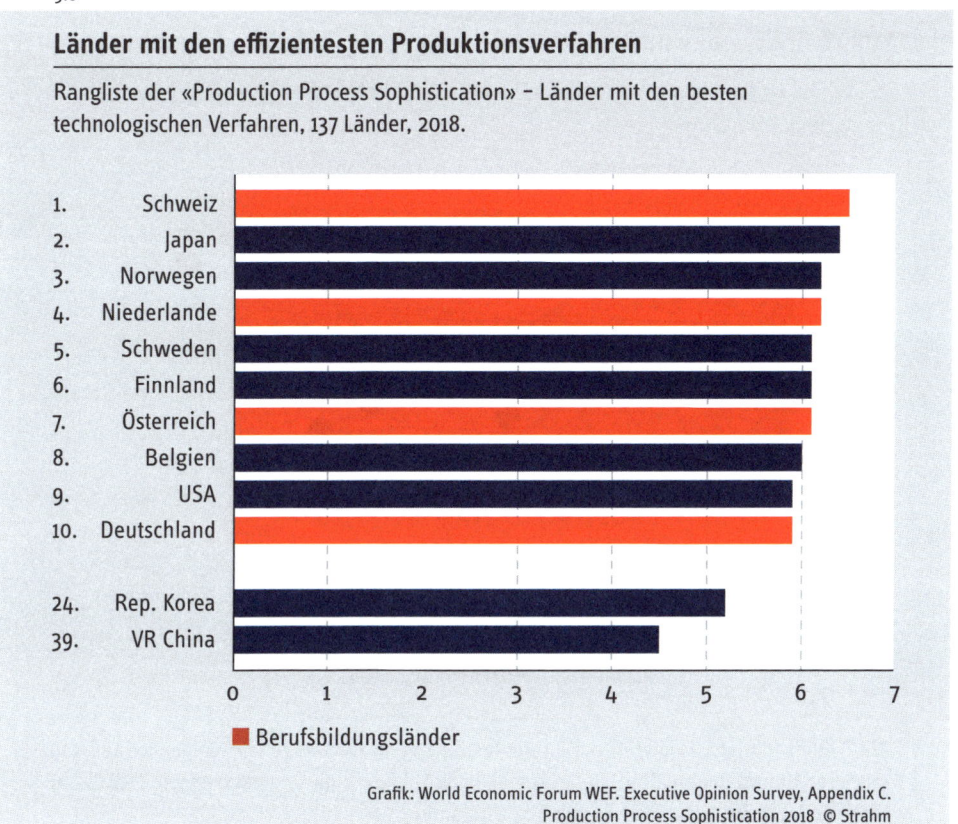

Länder mit den effizientesten Produktionsverfahren

Rangliste der «Production Process Sophistication» – Länder mit den besten technologischen Verfahren, 137 Länder, 2018.

Rang	Land	Wert
1.	Schweiz	~6.5
2.	Japan	~6.4
3.	Norwegen	~6.3
4.	Niederlande	~6.2
5.	Schweden	~6.2
6.	Finnland	~6.2
7.	Österreich	~6.1
8.	Belgien	~6.0
9.	USA	~5.9
10.	Deutschland	~5.9
24.	Rep. Korea	~5.2
39.	VR China	~4.5

■ Berufsbildungsländer

Grafik: World Economic Forum WEF. Executive Opinion Survey, Appendix C. Production Process Sophistication 2018 © Strahm

Nicht nur die Innovationskraft ist für die Konkurrenzfähigkeit von Bedeutung, sondern auch die Effizienz der Produktionsverfahren (Production Process Sophistication and Efficiency). Es handelt sich um automatisierte Herstellungsprozesse, Roboter, Automaten, Sicherheitstechnologie, clevere Marketingprozesse, kurz, um Verfahrenseffizienz.

Die Berufsbildungsländer Schweiz, Deutschland, Niederlande, Österreich und Deutschland liegen mit den skandinavischen Staaten bezüglich Verfahrenseffizienz in der Spitzengruppe. Die ständige Verbesserung der Produktionsverfahren erfordert hochqualifizierte Berufsleute. Sie müssen sich die neuesten Verfahrenstechnologien laufend durch Weiterbildung aneignen.

5.9

Mitarbeiterqualifikation ist für KMU der wichtigste Erfolgsfaktor

Heutige Bedeutung und zukünftiger Einfluss von Standortfaktoren für KMU-Erfolg.

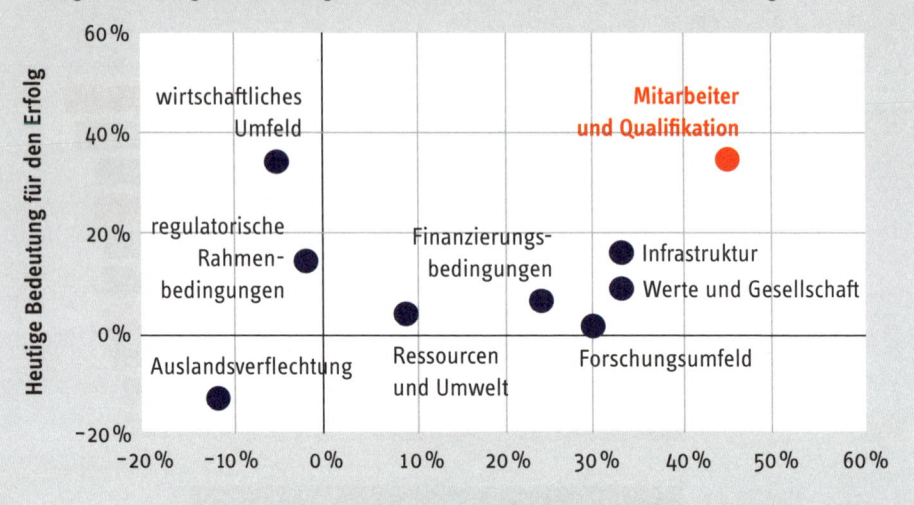

[Scatter plot: Heutige Bedeutung für den Erfolg (y-axis, -20% to 60%) vs. Einfluss auf den Erfolg in Zukunft (x-axis, -20% to 60%)]

- wirtschaftliches Umfeld
- Mitarbeiter und Qualifikation
- regulatorische Rahmenbedingungen
- Finanzierungsbedingungen
- Infrastruktur
- Werte und Gesellschaft
- Auslandsverflechtung
- Ressourcen und Umwelt
- Forschungsumfeld

Quelle: Credit Suisse Economic Research. KMU-Unfrage. Swiss Issues Branchen. September 2016 © Strahm

Die Qualifikation der Fachkräfte ist für den heutigen und zukünftigen Erfolg der kleinen und mittleren Unternehmen (KMU) der entscheidende Faktor. Unter Qualifikation wird bei dieser KMU-Umfrage die berufliche Ausbildung verstanden.
Aber auch die «weichen Faktoren» (Soft Skills) wie Exaktheit, Präzision, Zuverlässigkeit, Termintreue entscheiden über die Effizienz. Aus diesem Grund wird die Berufslehre vor allem auch von KMU gefördert. Mehr als zwei Drittel aller Lehrstellen in der Schweiz werden von den KMU angeboten.
Wirtschaftliche Rahmenbedingungen wie politische Stabilität, gute Finanzierungsbedingungen, funktionierende Infrastruktur und KMU-freundliche Werte zählen auch. Im Gefolge der Corona-Stagnation betrachten die KMU-Firmeninhaber aber die qualifizierten Fachkräfte verstärkt als Schlüsselfaktor.

5.10

Das Paradox Schweiz: Trotz tiefer Akademikerquote mit Spitzenplatz in der Innovationsfähigkeit der Wirtschaft

Rang-Vergleich Anteil Universitätsabsolventen in Naturwissenschaft/Ingenieurwesen mit der Innovationsfähigkeit mit neuen Technologien, 2010 – 2020.

\	Universitäre Naturwissenschaftler und Ingenieure nach IMD		Innovationsfähigkeit der Wirtschaft nach INSEAD
Rang	Land	Rang	Land
1.	Thailand	1.	Schweiz
2.	Singapur	2.	Schweden
3.	Japan	3.	USA
4.	China	4.	Niederlande
5.	Portugal	5.	Grossbritannien
6.	Katar	6.	Finnland
7.	Malaysia	7.	Dänemark
8.	Griechenland	8.	Singapur
18.	Deutschland	9.	Deutschland
19.	Finnland	10.	Israel
21.	Österreich	11.	Südkorea
23.	Italien	12.	Island
25.	Frankreich	13.	Hongkong/China
35.	**Schweiz**	14.	Japan

Quellen: INSEAD: Global Innovation Index 2021; IMD World Competitiveness Yearbook. 4.3.10 Percentage of first university degree in science and engineering, 2012. Innovationsindex siehe auch Grafik 5.7, Jahr 2022 © Strahm

Diese bewusst retrospektive Grafik aus dem vergangenen Jahrzehnt zeigt ein Paradox: Die Schweiz ist mit dem Anteil an akademisch gebildeten Naturwissenschaftlern und Ingenieuren, die in der Wirtschaft tätig sind, im internationalen Ranking sehr weit hinten. Sie liegt erst auf dem 35. Platz (linke Spalte). Dennoch figuriert sie im Ranking der Innovationsfähigkeit der Wirtschaft in der Spitzengruppe (rechte Spalte).

Dieses Paradox zeigt: Es braucht zwar gute Wissenschaftler und Ingenieure. Aber es braucht ebenso praktisch ausgebildete Berufsfachleute in der Wirtschaft, die die Innovationen rasch in die Praxis umsetzen können. Wo die hochqualifizierte Skilled Workforce, also die Fachkräfte, fehlen, können Erfindungen und Entwicklungen nicht rasch genug in der ökonomischen Realität umgesetzt und fruchtbar gemacht werden.

5.11

Länder ohne Berufsbildung und mit fehlenden Anwendungskompetenzen unterliegen stärkerem Industrieabbau

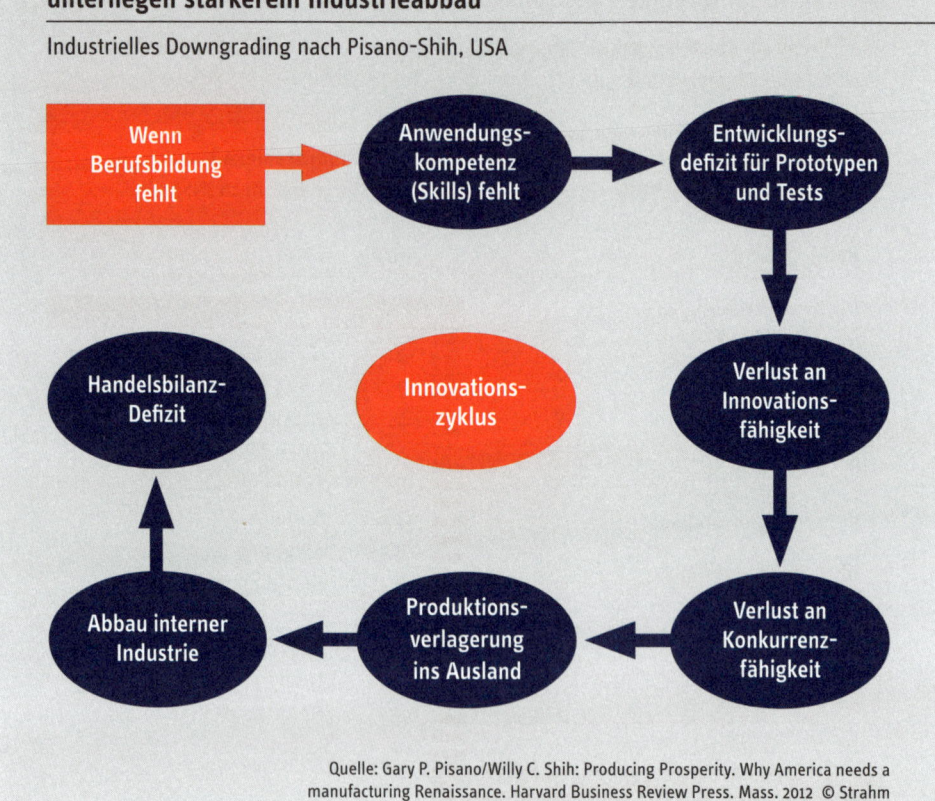

Industrielles Downgrading nach Pisano-Shih, USA

```
Wenn Berufsbildung fehlt → Anwendungskompetenz (Skills) fehlt → Entwicklungsdefizit für Prototypen und Tests → Verlust an Innovationsfähigkeit → Verlust an Konkurrenzfähigkeit → Produktionsverlagerung ins Ausland → Abbau interner Industrie → Handelsbilanz-Defizit
```

Innovationszyklus

Quelle: Gary P. Pisano/Willy C. Shih: Producing Prosperity. Why America needs a manufacturing Renaissance. Harvard Business Review Press. Mass. 2012 © Strahm

Wo die Berufsbildung fehlt, fällt die Industrie bezüglich Innovation und Konkurrenzfähigkeit zurück. Wo die Anwendungskompetenz (Skills) fehlt, verliert die Industrie Innovationsfähigkeit, weil die simultane eigene Entwicklung von Prototypen, Pilotmodellen und Tests mangels Skills behindert ist.

Jahrzehntelang predigte die amerikanische Managementlehre die Auslagerung von Produktionsvorgängen ins Ausland, vor allem nach Asien (industrial deployment). Damit verlor die US-Industrie mehr und mehr hochqualifizierte Berufsfachkräfte mit Anwendungskompetenz (highly qualified skilled workforce). Die Ökonomen der Harvard Business School, Gary P. Pisano und Willy C. Shih, haben im Buch «Producing Prosperity: Why America Needs a Manufacturing Renaissance» aufgezeigt, dass die US-Industrie nicht mehr konkurrenzfähig ist, weil ihr die praxisorientierten Fähigkeiten zur raschen Innovation fehlen. Die Folge war eine Produktionsverlagerung nach Asien und eine extreme Desindustrialisierung. Das ist ein Schlüssel zum Verständnis der Bedeutung der Berufsbildung in der Wertschöpfungskette.

Ein Fallbeispiel

Wie die Zusammenarbeit von Chirurgen und Mechanikern die Schweizer Medtech-Branche gross und innovativ gemacht hat. Der Historiker Viktor Moser hat die Geschichte der kompetitiven und innovativen Medizintechnik-Branche in der Schweiz nachgezeichnet. Die Anfänge der verhältnismässig jungen Medtech-Branche ist das Resultat einer exemplarischen Zusammenarbeit von Chirurgen und Mechanikern auf Augenhöhe. Die junge Medizintechnik-Branche umfasst 1400 Firmen, die zusammen 67 000 Arbeitsplätze anbieten, 21 Milliarden Franken Umsatz und 12 Milliarden Franken Exporterlöse (2021) generieren. Diese innovativen Firmen verfügen heute über mehrere Tausend Patente.

Die Anfänge der Implantate-Herstellung begann in den 1970er-Jahren durch die Zusammenarbeit von Schweizer Chirurgen mit Mechanikern, die die ersten künstlichen Gelenkprothesen, Schrauben und Platten in ihrer Werkstatt anfertigten. Der Chirurg eines Berner Spitals ging zu einem Tüftler-Mechaniker in die Werkstatt und schaute zu, wie sich die Implantate mit verschiedenen Formen und Metalllegierungen herstellen lassen. Und umgekehrt wohnte der Mechaniker-Konstrukteur im Operationssaal den Gelenkoperationen bei. Danach ging er zurück in seine Werkstatt, tüftelte und optimierte die Prothesenformen und die geeigneten Metalle. Es gab wenig Hierarchiedenken. Beide haben voneinander gelernt. Diese Nähe der Handwerker zu den Chirurgen beschleunigte den Innovationsprozess.

Dieser jahrelange Prozess der wechselseitigen Zusammenarbeit in gegenseitiger Wertschätzung führte zu einem Medtech-Cluster: Mathys, Synthes, Straumann, Stryker, Ypsomed sind einige der prominenten Namen. Später sind aus den Werkstatt-Technologien industrielle Fertigungsbetriebe geworden. Gewisse Pioniere wie Maurice Müller, Hansjörg Wyss, Familiendynastien wie Mathys, Straumann sind dabei zu Multimillionären geworden.

Charakteristisch war auch, dass die von Chirurgen gegründete Arbeitsgemeinschaft für Osteosynthese AO im Laufe der Jahrzehnte rund 200 000 Chirurgen und 100 000 Operationsfachleute aus aller Welt in Kursen in die Implantate-Technik einführte und damit zur globalen Verbreitung verhalf.

Quelle: Viktor Moser: Chirurgen und Mechaniker auf Augenhöhe. Geschichte der Medizintechnik am Jurasüdfuss.
LIBRUM Publishers & Editors LLC. 2021

5 INTERNATIONALE VERGLEICHE

5.12

Entscheidend für den Markterfolg von Innovationen sind die Fachkräfte mit Anwendungskompetenz

Innovationspfade und erforderliche Ausbildungsstufen

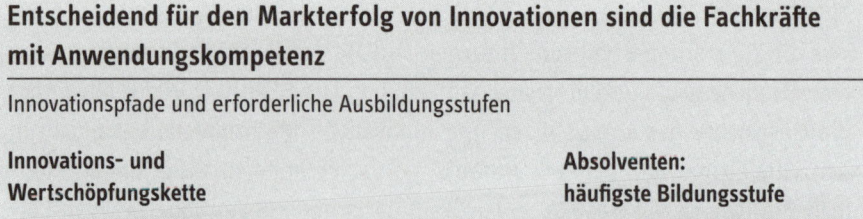

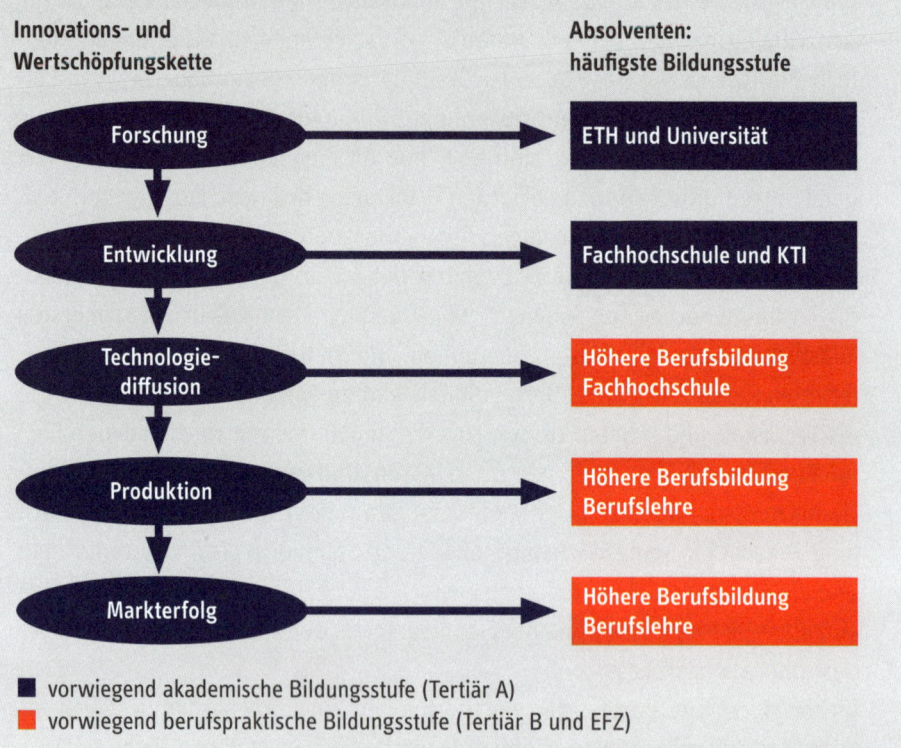

Innovations- und Wertschöpfungskette	Absolventen: häufigste Bildungsstufe
Forschung	ETH und Universität
Entwicklung	Fachhochschule und KTI
Technologiediffusion	Höhere Berufsbildung Fachhochschule
Produktion	Höhere Berufsbildung Berufslehre
Markterfolg	Höhere Berufsbildung Berufslehre

■ vorwiegend akademische Bildungsstufe (Tertiär A)
■ vorwiegend berufspraktische Bildungsstufe (Tertiär B und EFZ)

© Strahm

In der industriellen Innovations- und Wertschöpfungskette braucht es am Anfang akademische Forscher, die aus Universitäten, ETH und Technischen Hochschulen stammen. Für die Entwicklung bis zur Marktreife sind meist Fachhochschul-Absolventen geeignet. Doch bei der Technologiediffusion in der Wirtschaft und dann in den Produktionsprozessen und im Marketing braucht es praxisorientierte Fachleute mit Berufsbildung. Häufig haben sie noch eine Spezialausbildung mit einer Höheren Berufsbildung erworben. Diese ist heute das wichtigste Technologie-Diffusionsinstrument in der KMU-Wirtschaft (siehe Kapitel 3).

Die modernen Wirtschaftsprozesse erfordern praxisorientierte Fachleute und Kader, die Berufskönnen (Skills) mit neuem Fachwissen (Knowledge) verbinden. Die Desindustrialisierung in Südeuropa, Frankreich und England ist auch durch den Mangel an Skilled Workforce mit diesen praxisbezogenen Qualifikationen verursacht.

5.13

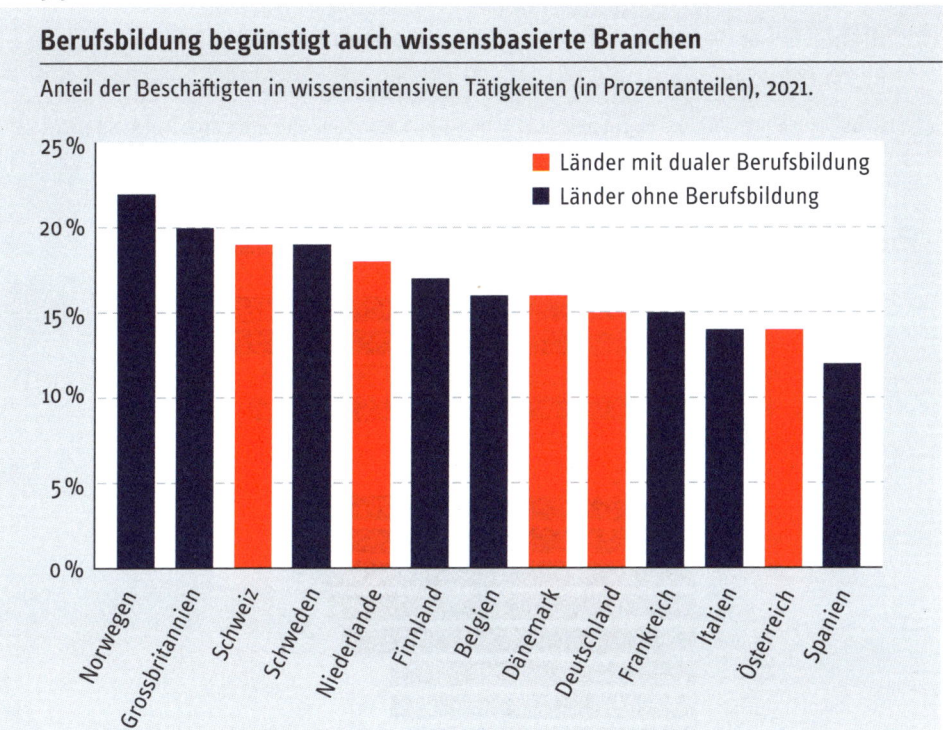

Berufsbildung begünstigt auch wissensbasierte Branchen

Anteil der Beschäftigten in wissensintensiven Tätigkeiten (in Prozentanteilen), 2021.

- Länder mit dualer Berufsbildung
- Länder ohne Berufsbildung

Land	%
Norwegen	22
Grossbritannien	20
Schweiz	19
Schweden	19
Niederlande	18
Finnland	17
Belgien	16
Dänemark	16
Deutschland	15
Frankreich	15
Italien	14
Österreich	14
Spanien	12

Quelle: European Commission. European Innovations Scoreboard 2021. Annex C, 4.11, S. 81f. © Strahm

Neben Norwegen, Grossbritannien und Schweden verfügen auch die Länder mit einem dualen Berufsbildungssystem über überdurchschnittlich viele Fachkräfte mit wissensbasierten Tätigkeiten. Praktische, anwendungsorientierte Fachkräfte (mit Skills) und wissensbasierte Fachkräfte (mit Knowledge) bedingen und unterstützen sich gegenseitig!

Diese Grafik aus dem European Union Innovation Scoreboard zeigt den Anteil der Beschäftigten in wissensbasierten Tätigkeiten in Prozent der gesamten Beschäftigten. Dort, wo gute Fachkräfte mit praktischen Kompetenzen (Berufslehre) vorhanden sind, haben auch Forscher und Wissenschaftler eine gute Arbeitsbasis, weil die Forschungsresultate rasch und kompetent industriell und kommerziell verwertet werden. Umgekehrt haben die Berufsleute mit Berufslehre dort eine gute Karrieremöglichkeit, wo Forschung und Entwicklung stark sind.

Grossbritannien ist in diesem Ranking weit vorn wegen des relativen Übergewichts des Banking-Sektors und der Finanzbranche.

5.14

Hightech-Länder bleiben trotz hoher Löhne international konkurrenzfähig

Arbeitskosten (Lohn und Sozialbeiträge) in Euro pro Stunde in der Industrie, 2018/2019.

Land	Arbeitskosten
Schweiz	51,5
Norwegen	48,4
Dänemark	45,6
Deutschland (West)	42,9
Belgien	42,7
Deutschland Ø	41,0
Schweden	40,7
Österreich	38,2
Niederlande	38,2
Frankreich	37,9
Finnland	36,9
Luxemburg	34,0
USA	33,5
Irland	32,2
Italien	27,9
Deutschland (Ost)	27,8
Grossbritannien	26,5
Südkorea	25,6
Griechenland	16,2
Tschechien	12,5
VR China	7,0
Russland	4,9

■ Berufsbildungsländer

Quelle: Institut der Deutschen Wirtschaft, Industrielle Arbeitskosten im internationalen Vergleich. Iw-Trends 2/2019. Abb. 1., S. 68 © Strahm

Länder mit einem guten Berufsbildungssystem können auch hohe Löhne und hohe Preise verkraften. Hier sind die Arbeitskosten in Euro pro Arbeitsstunde verglichen. Diese enthalten die Löhne pro Stunde plus die Lohnnebenkosten der Arbeitgeber für die Sozialversicherungen Die roten Balken zeigen die fünf europäischen Länder mit dem dualen Berufsbildungssystem. Die hohen Löhne müssen durch hohe Arbeitsproduktivität, also durch effiziente Arbeitsmethoden und Hochpreisprodukte, erarbeitet werden. Qualitätsarbeit und Produktinnovation sind für die internationale Konkurrenzfähigkeit entscheidender als die Lohnkosten.

5.15 Strukturwandel: Wachsende und schrumpfende Branchen

Mittelfristige Chancen-Risiken-Bewertung der Branchenentwicklung, von Credit Suisse Economic Research, synthetischer Indikator.

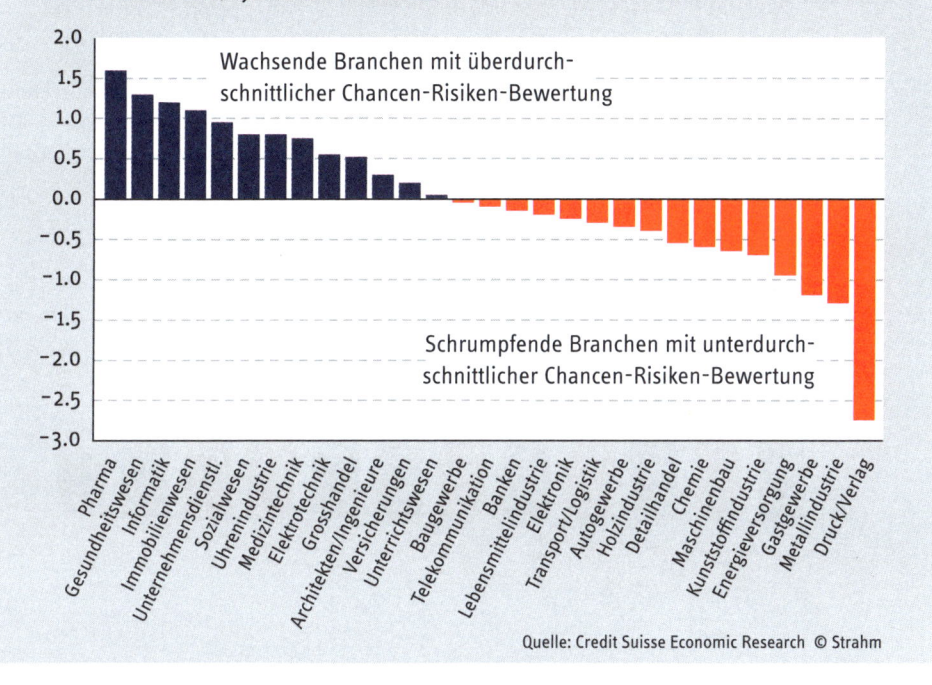

Wachsende Branchen mit überdurchschnittlicher Chancen-Risiken-Bewertung

Schrumpfende Branchen mit unterdurchschnittlicher Chancen-Risiken-Bewertung

Branchen (von links nach rechts): Pharma, Gesundheitswesen, Informatik, Immobilienwesen, Unternehmensdienstl., Sozialwesen, Uhrenindustrie, Medizintechnik, Elektrotechnik, Grosshandel, Architekten/Ingenieure, Versicherungen, Unterrichtswesen, Baugewerbe, Telekommunikation, Banken, Lebensmittelindustrie, Elektronik, Transport/Logistik, Autogewerbe, Holzindustrie, Detailhandel, Chemie, Maschinenbau, Kunststoffindustrie, Energieversorgung, Gastgewerbe, Metallindustrie, Druck/Verlag.

Quelle: Credit Suisse Economic Research © Strahm

Die globale Konkurrenz zwingt die Wirtschaft in Hochlohnländern zum ständigen Strukturwandel: Traditionelle Branchen mit ausgereiften Technologien werden in Billiglohnländer verlagert und schrumpfen. Demgegenüber entstehen neue Branchen mit neuen Technologien und wachsenden Dienstleistungen.

Diese Grafik zeigt das Chancen- und Risikoprofil der schweizerischen Wirtschaftsbranchen. Bisherige Branchen wie Druckerei- oder Metallindustrie schrumpfen, neue Branchen wie Pharmaindustrie, Medtech-Branchen, Gesundheitssektor, Informatikbranchen und Beratungstätigkeiten wachsen.

Das erfordert eine ständige Weiterbildung und Umschulung des Personals während ihrer Berufskarriere. Die Bewältigung des Strukturwandels erfordert eine intensivierte und teure Weiterbildungsstrategie der Unternehmen, wie die nächste Grafik 5.16 zeigt.

Entscheidend für die Bewältigung des Strukturwandels ist «lebenslanges Lernen». Konkret heisst das, dass sich auch 30- und 40-Jährige und Ältere berufsbegleitend weiterqualifizieren müssen. Das schweizerische System der (meist berufsbegleitenden) Höheren Berufsbildung bietet für Ältere über 30 die besten Chancen zur Höherqualifizierung und Spezialisierung.

5.16

Innovation und Strukturwandel erfordern lebenslanges Lernen oder Umschulung

Anteil der aktiven Bevölkerung 25–64-jährig, die in Weiterbildung oder Umschulung involviert ist, Europa 2021.

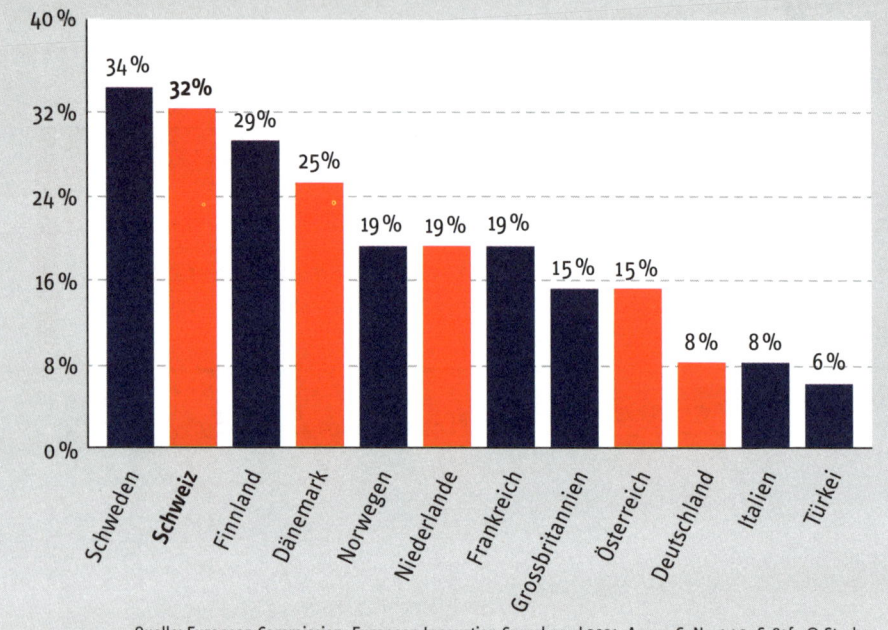

Land	Anteil
Schweden	34%
Schweiz	32%
Finnland	29%
Dänemark	25%
Norwegen	19%
Niederlande	19%
Frankreich	19%
Grossbritannien	15%
Österreich	15%
Deutschland	8%
Italien	8%
Türkei	6%

Quelle: European Commission. European Innovation Scoreboard 2021. Annex C, No. 1.1.3, S. 81f. © Strahm

Der Strukturwandel und die digitale Revolution in der Wirtschaft («Industrie 4.0») zwingen zur ständigen Weiterbildung, Umschulung und Nachqualifizierung der Mehrheit der Beschäftigten, um konkurrenzfähig zu bleiben.

Die lebenslange Weiterbildung hat einen doppelten Nutzen: Einerseits hilft sie den Individuen für die berufliche Karriere und die kulturelle Entwicklung. Und anderseits ist die ständige Innovation und Technologieentwicklung der Arbeitnehmer absolut entscheidend für die wirtschaftliche Konkurrenzfähigkeit eines Landes.

Wer schon eine Ausbildung (Berufslehre) absolviert hat, ist eher bereit und befähigt, später im Leben eine Weiterbildung oder Umschulung zu machen. Die meisten Weiterbildungen für Erwachsene in der Schweiz werden berufsbegleitend durchgeführt, also zum Beispiel jede Woche einen Tag oder drei Abende pro Woche für ein bis zwei Jahre. Die Fachkräfte werden in der Regel von ihren Arbeitgebern dazu animiert und freigestellt. Häufig beteiligen sich die Arbeitgeber auch finanziell an der teuren Weiterbildung in der Höheren Berufsbildung oder in Nachdiplomstudien der Hochschulen.

Was Leute aus der Wirtschaft sagen

«Unser duales Bildungssystem ist weltweit einzigartig und ein grosser Erfolg der Schweizer Gesellschaft und Wirtschaft.»
    Philipp Wyss, CEO Coop in: Sonntags-Zeitung 20.11.2022, S. 41

«Die duale Berufsbildung hat, grob gesagt, zwei strategische Ziele: Sie ist erstens für alle offen und gibt allen eine Chance. Und zweitens ist sie dank Durchlässigkeit und praxisnahen Weiterbildungsangeboten auf nachhaltigen Erfolg und erfolgreiche Nachhaltigkeit ausgerichtet.»

«Die Schweiz hat ein Berufsbildungssystem, um das uns alle Welt beneidet. Diesen Vorsprung dürfen wir nicht preisgeben.»
    Johann N. Schneider-Ammann, Industrieller, Bundesrat als Wirtschaftsminister, in: Weltwoche grün, Nr. 6, 8.12.2022, S. 10–11

«Wenn ich als Schweizer im Ausland etwas vermisse, dann sind es kompetente Handwerker. … Gute Ärzte und Ingenieure gibt es überall, nicht aber gute Elektriker, Mechaniker und Sanitäre.»

«Solides Handwerk und eine hohe Durchschnittsqualität ihrer Arbeitskräfte sind das Erfolgsrezept der schweizerischen Wirtschaft in der Welt. … Das Können schweizerischer Handwerker hebt sich viel deutlicher von demjenigen der ausländischen Berufskollegen ab als bei den Akademikern.»
    Herodot, langjähriger, weitgereister UNO- und UNHCR-Experte.
    In: Weltwoche vom 16.6.2022, S. 35

Eine der größten Stärken des dualen Systems ist das hohe Maß an aktivem Engagement der Arbeitgeber und anderen Sozialpartner.
OECD. Lernen für die Arbeitswelt. Studie Deutschland. 2010, S. 5

«Wer ausbildet, ist top. Wer sich weiterbildet, ist top.»
Werbespruch der KMU-Wirtschaft

Weiterführende Literatur zur internationalen Konkurrenzfähigkeit und Performance der Nationen

Franz Betschon et al.: Ingenieure bauen die Schweiz. Technikgeschichte aus erster Hand. Band 1 und Band 2. Verlag Neue Zürcher Zeitung 2014.

Handwerkskammer Düsseldorf (Hrsg.): Wohlstand der Nationen durch berufliche Qualifizierung. 5. Röpke-Symposium. Verlagsanstalt Handwerk 2013.

Beat Hotz-Hart, Adrian Rohner: Nationen im Innovationswettlauf. Ökonomie und Politik der Innovation. Springer Gabler Verlag 2014.

Matthias Jäger, Markus Maurer, Martin Fässler: Exportartikel Berufsbildung? Internationale Bildungszusammenarbeit zwischen Armutsreduktion und Wirtschaftsförderung. hep Bildungsverlag 2016.

Reto Jäger et al.: Baumwollgarn als Schicksalsfaden. Wirtschaftliche und gesellschaftliche Entwicklungen, Zürcher Oberland 1750–1920. Chronos 1986.

Viktor Moser: Chirurgen und Mechaniker auf Augenhöhe. Geschichte der Medizintechnik am Jurasüdfuss. LIBRIUM Publishers & Editors LLC. 2021.

Rho Khana: Entrepreneurial Nation. Why Manufacturing is Key to America's Future. McGrawHill 2013.

Gary P. Pisano, Willy C. Shih: Producing Productivity. Why America needs a Manufacturing Renaissance. Harvard Business Review Press 2012.

Richard Senett: Der flexible Mensch. Die Kultur des neuen Kapitalismus. Berlin Verlag 1998.

Markus Somm: Warum die Schweiz reich geworden ist. Mythen und Fakten eines Wirtschaftswunders. Stämpfli Verlag 2022.

Foto: Béatrice Devènes

6

Wie das Berufsbildungssystem weiterentwickelt wird

Reformprojekte und Baustellen

In diesem Kapitel finden Sie Hinweise und Antworten auf folgende Fragen:

A   Wie geht die Berufsbildung mit Veränderungen in der Arbeitswelt um?

B   Welche Projekte und Ideen sind bereits lanciert und werden diskutiert?

C   Wo gibt es noch Bedarf an weiteren Reformen, die aufgegleist werden müssen?

D   In welchen Gebieten hat die Berufsbildung heute noch keine griffigen Konzepte gefunden?

E   Welche Bemühungen zur Behebung sozialer Unterschiede, für stufengerechte Bildungsangebote und Integrationsleistungen sind im Gang?

F   Weitere Reformvorschläge speziell zur Positionierung der Fachhochschulen FH werden am Schluss des 4. Kapitels zur Diskussion gestellt.

Alles ist im Fluss und in Veränderung begriffen. Die Gesellschaft verändert sich, der Arbeitsmarkt, die Technologien, die Bildungs- und Karriereanforderungen, aber auch die Lernenden und Studierenden selbst.

Auch das Berufsbildungssystem steht unter Anpassungsdruck. Was die Curricula und Lehrpläne betrifft, geschieht die Anpassung und Modernisierung der Berufsbildung zügiger als in jedem andern Bildungsbereich, weil die laufende Aktualisierung der Bildungsverordnungen für jedes Berufsfeld gesetzlich vorgegeben ist: Wie schon im 2. Kapitel erwähnt, müssen aufgrund des Berufsbildungsgesetzes BBG die Bildungsverordnungen laufend, aber spätestens nach fünf Jahren an die neuen Ausbildungsbedürfnisse und an den Strukturwandel im Arbeitsmarkt angepasst werden. Wie im 3. Kapitel erläutert, sind auch die Curricula der Höheren Berufsbildung sehr praxis- und modernisierungsorientiert.

Doch in manchen Bereichen des Berufsbildungssystems sind Reformen und Anpassungen im Verzug. Gerade in den flankierenden Bereichen der beruflichen Grundbildung – Arbeitsmarkt, Berufstitel, Gender, Informatisierung, Lehrbetriebsverhalten, Lehr- und Lernmethodik – besteht Handlungsbedarf.

In diesem Schlusskapitel werden die wichtigsten Baustellen im Berufs- und Weiterbildungssystem überblicksmässig beschrieben und die behördlichen oder institutionellen Reformfelder vorgestellt.

6 REFORMPROJEKTE UND BAUSTELLEN

Leitbild Berufsbildung 2030
In einem mehrjährigen Prozess wird unter der Federführung des Staatssekretariats für Bildung, Forschung und Innovation SBFI auf Bundesebene die strategische Ausrichtung der Berufsbildung im Reform-Zeithorizont 2030 bearbeitet.

Ausgangspunkt dieses Prozesses waren eine Tagung der Verbundpartner Berufsbildung im April 2016 und danach weitere Konsultationen, Befragungen, Stärke-Schwächen-Analysen und Strategieentwicklungen. Als Verbundpartner bezeichnet der Bund die Kooperation von Organisationen der Arbeitswelt ODA (Arbeitgeberverbände und Gewerkschaften), der Kantone und der Bundesbehörden.

Die Verbundpartner formulierten in einem mehrjährigen Prozess ein «Leitbild Berufsbildung 2030» mit einer kurzgefassten Vision und zehn strategischen Leitlinien, mit welchen thematische Schwerpunktfelder abgesteckt werden. Diese Leitlinien sind abstrakt gehalten und aus ihnen gehen noch keine Reformprojekte hervor.

Ausgehend von diesem Leitbild Berufsbildung 2030 beschloss ein «Steuerungsgremium Berufsbildung 2030» konkrete Reformprojekte, deren Umsetzung und Konkretisierung noch im Gang ist.

Damit sich die Leserschaft ein Bild machen kann, sind hier einige der ersten Reformprojekte vorgestellt:

- Die Revisionsprozesse zur Anpassung und Neudefinition der Berufe in der beruflichen Grundbildung und der Höheren Berufsbildung sollen beschleunigt werden.
- In den Lehrbetrieben soll der bürokratische Aufwand reduziert werden.
- Digitalisierung wird Schwerpunkt in der Projektgestaltung.
- Der Berufsabschluss für Erwachsene soll besser propagiert werden.
- Die bisherigen vorlaufenden Bildungsleistungen sollen besser angerechnet werden (Validation des Acquis, wichtig zum Beispiel für Migrationspersonen mit Vorbildung).
- Die höheren Fachschulen sollen überprüft und gestärkt werden *(siehe später: Titelaufwertung)*.
- Die Rahmenlehrpläne für Berufsbildungsverantwortliche (Lehrmeister/innen) sollen revidiert werden.

In der parlamentarischen Beratung, die in den Bildungskommissionen des Nationalrats und des Ständerats stattfand, gab es zunächst heftige Kritik am vorgelegten «Leitbild Berufsbildung 2030», weil es zu abstrakt, zu allgemein formuliert und ohne Projektumsetzung «fern von der Praxis» formuliert sei.

Die Eidgenössische Hochschule für Berufsbildung EHB, die auf Bundesebene in allen drei Sprachregionen die Berufsfachschul-Lehrpersonen ausbildet, hat aus diesem Leitbild folgende Priorisierungen für die Berufslehren in den Entwicklungsfeldern abgeleitet:

- Weiterentwicklung des Berufsbildungssystems in Zeiten disruptiver Transformation, das heisst bei Trendbrüchen und abrupten Veränderungen,
- digitales Lehren und Lernen,
- Berufsbildung in einer globalisierten Welt,
- Skills und Kompetenzen der Zukunft,
- nachhaltige Entwicklung,
- Mobilität und Sprachen.

Digitalisierung wird prioritär vorangetrieben

Digitalisierung soll nicht nur den Unterricht erfassen, sondern auch alle institutionellen Prozesse im Berufsbildungssystem, wie zum Beispiel die digitalisierte Organisation von Lehrabschlussprüfungen, die Nutzung von Informations- und Kommunikationstechnologien IKT im Unterricht und beim Lernen, aber auch bei der Zusammenarbeit der Bildungsinstitutionen.

Die Stärkung der Nachwuchsqualifikation (Digital Skills) und der Wissenstransfer zur Innovationsförderung sollen noch mehr Gewicht erhalten. Dazu gehört auch die Aufrüstung der Schulen und Institutionen mit neuen Computern und IKT-Installationen.

Aufwertung der Berufstitel in der Höheren Berufsbildung

Die Abschlüsse der Höheren Berufsbildung, wie Eidg. Berufsprüfung, Eidg. Höhere Fachprüfung und Höheres Fachschuldiplom sind im Arbeitsmarkt hochgradig anerkannt und begehrt *(siehe Kapitel 3)*. Es gibt rund 480 Abschlüsse (Stand 2022) mit Fachausweisen und Diplomen, aber es gibt keinen übergeordneten, einheitlichen Titel. Doch die Titelgestaltung ist für Berufe und Abschlüsse gesellschaftspolitisch wichtig und oft geradezu existenziell. Insbesondere ist eine Titeläquivalenz gegenüber gleichwertigen Abschlüssen im Ausland dringend. Schweizerische Inhaber/innen eines Abschlusses der Höheren Berufsbildung werden oft im Ausland benachteiligt, weil der gleichwertige Titel fehlt.

Wenn in der Schweiz für grössere internationale Unternehmen rekrutiert wird, deren HR-Fachleute das System der Schweiz zu wenig kennen, werden die Schweizer und Schweizerinnen auch gegenüber Bewerbenden aus dem Ausland schlechter gestellt.

Seit einem Jahrzehnt begehren die Gewerbeverbände und Ausbildungsorganisationen die Einführung des übergeordneten Titels «Professional Bachelor» für die Abschlüsse der Höheren Berufsbildung – dies in Abgrenzung zum Titel «Bachelor» oder «Master» der Hochschulen. Der Nationalrat hatte sich schon zwei Mal für den «Professional Bachelor» ausgesprochen, gegen die standespolitischen Widerstände der Hochschulen. Der Ständerat lehnte Anfang 2023 aufgrund einer starken Lobby von Swissuniversities, dem Verband der Universitäts-Hochschulrektoren, eine Titeläquivalenz nach deutschem Vorbild knapp ab.

Seit drei Jahren kennt Deutschland den Titel «Bachelor professional», Österreich folgte nach. 2021/2022 ist die Evaluation der Titeläquivalenz in der Schweiz wieder in Gang gekommen. Im Rahmen der Neupositionierung der Höheren Berufsbildung soll auch die Titeläquivalenz den gleichwertigen Abschlüssen in andern Berufsbildungsländern (D, Oe) angepasst werden. Das SBFI spielte dabei aufgrund der starken Hochschullobbys lange Jahre eine retardierende Rolle. Im Jahr 2022 hat es aufgrund der internationalen Entwicklung und durch die politische Entwicklung eine Kehrtwende vollzogen und eine Gesetzesrevision vorbereitet. An der Lehrstellenkonferenz im November 2022 wurde die Prüfung des «Professional Bachelor» grossmehrheitlich befürwortet. Im Frühjahr 2023 ist nun eine schriftliche Konsultation für eine Gesetzesvorlage vorbereitet worden, die 2024 vom Parlament behandelt werden soll.

Streit um die KV-Reform

Die Bildungsverordnungen für die kaufmännischen Berufslehren sollten angepasst und modernisiert werden. Als Organisation der Arbeitswelt ODA ist vor allem die Interessengemeinschaft Kaufmännische Grundbildung Schweiz (IGKG) sowie zusätzlich die Schweizerische Konferenz der kaufmännischen Ausbildungs- und Prüfungsbranchen (SKKAB) verantwortlich für die KV-Curricula. Durch Initiative des SBFI wurde eine teils schul- und branchenfremde Beratungsfirma eingesetzt, die eine sehr radikale Umkrempelung der KV-Lehrpläne vorschlug.

Anstelle der bisherigen KV-Berufsschulfächer wie Deutsch, Englisch, Französisch, Wirtschaft und Gesellschaft («Berufskunde») sollten nach diesen Vorschlägen neu folgende fünf abstrakte Handlungskompetenzen als Lernfelder eingeführt werden:
- Handeln in agilen Arbeits- und Organisationsformen,
- Interagieren in einem vernetzten Arbeitsumfeld,
- Koordinieren von unternehmerischen Arbeitsprozessen,
- Gestalten von Kunden- und Lieferantenbeziehungen,
- Einsetzen von Technologien der digitalen Arbeitswelt.

Lehrbetriebsbanken, weitere KV-Lehrbetriebe und Lehrpersonen an kaufmännischen Berufsschulen protestierten gegen diese «Reform über die Köpfe hinweg». Es brauche weiterhin die Vermittlung von Fachwissen wie Wirtschaftskunde, Recht, Buchführungstechniken. Gerade der Kaufmann/die Kauffrau seien die zuverlässigen Wissensträger. Es geschehe eine «Verhöhnung des Wissens» und die KV-Schulen würden «zu Handlangern degradiert». Es brauche Wissen und Kompetenzen, aber der Kompetenzerwerb könne nicht auf der Schulbank geschehen. Soweit die breite Kritik an der geplanten KV-Reform und ebenso am SBFI, das diese Vorschläge initiiert und aufgegleist hatte.

Aufgrund von parlamentarischen und verbandlichen Interventionen hatte der Bundesrat die Inkraftsetzung der KV-Reform für ein Jahr ausgesetzt. Sie wird mit einigen Korrekturen ab dem Jahr 2023 schrittweise umgesetzt. Sicher wird das Spannungsverhältnis von Wissensvermittlung und Kompetenzeneinübung bestehen bleiben. Vieles wird von der Umsetzung in KV-Schulen und der Praxis der Fachschullehrpersonen abhängen. In ihrem Selbstverständnis sollen die Kaufleute «die Problemlöser der Zukunft» bleiben.

Kompetenzen oder Wissen – ein andauerndes Spannungsverhältnis
Im Grundverständnis der Berufsbildung ist der Unterricht in Berufsfachschulen auf Kompetenzvermittlung ausgerichtet. Es besteht aber stets ein Spannungsverhältnis zwischen Einüben von Handlungskompetenz und schulischer Vermittlung von Wissen. Jede Lehrplangestaltung bewegt sich in diesem Spannungsfeld.

Wissensvermittlung, etwa die Aneignung von Fachbegriffen, von berufskundlichem Grundwissen, sind als Grundrüstzeug in jedem Beruf unverzichtbar. Aber, das ist der andere Aspekt, viele Wissenselemente lassen sich heute digital abrufen und müssen nicht mehr auswendig gelernt werden.

Kompetenz ist die Fähigkeit und Fertigkeit, in einem bestimmten Gebiet Probleme zu lösen. Sie umfasst Wissen, Knowhow sowie Selbst- und Sozialkompetenz. Kompetenz mit praktischer Intelligenz bedeutet, Wissen auch anwenden zu können.

Besondere und zunehmend grössere Bedeutung haben die so genannten fachübergreifenden Kompetenzen. Dazu gehören die so genannten «Soft Skills» der Lernenden. Dies sind Eigenschaften wie etwa Einsatzbereitschaft, Fleiss, Selbstständigkeit, Zuverlässigkeit oder Stressresistenz. Je nach Sichtweise gehören zu den Soft Skills auch Kommunikations- und Kooperationsbereitschaft. Solche sozialen Kompetenzen spielen auch im Arbeitsmarkt eine zunehmend wichtigere Rolle.

Bei Lehrstellen-Bewerbungen werden in Eignungstests solche sozialen Kompetenzen oft auch geprüft. Einige Berufsbildungsexponenten gehen so weit, die Social Skills und Soft Skills höher zu gewichten als die Schulnoten. Jedenfalls ist die Balance zwischen Kompetenztraining und Wissensvermittlung in den Berufsfachschulen ein dauerndes Reform- und Ermessensthema.

Berufsbildner, Berufsbildnerinnen und Umgang mit Jugendlichen
Die Lernenden sind während der beruflichen Grundbildung zwischen 16 und 20 in einem nicht problemfreien Alter. Die Berufsbildner in den

Lehrbetrieben («Lehrmeister» und «Lehrmeisterin») müssen eine Ausbildung absolvieren, die den Umgang mit Lernenden im Betrieb beinhaltet. Diese Ausbildung von einigen Tagen oder ein bis zwei Wochenkursen ist nicht obligatorisch, aber eine solche Besserqualifizierung der Berufsbildner/-bildnerinnen gehört zum Reformprogramm in der Berufsbildungspolitik.

Wir haben im 2. Kapitel gezeigt, dass die Lehrabbruchquote in bestimmten Branchen (z. B. in Hotelküchen oder Carosseriebetrieben) recht hoch ist – wobei die Lernenden danach mit Hilfe des kantonalen Berufsbildungsamts an einen anderen Lehrbetrieb vermittelt werden und nicht einfach abstürzen.

Oft sind Lehrabbrüche auch auf die fehlende Ausbildung oder mangelnde Sensibilität der Berufsbildner oder der Chefs zurückzuführen, nach ihren eigenen Angaben aber auch auf den Arbeitsstress und die Dauerbelastung im Betrieb. Der Umgang mit jugendlichen Lernenden wird in Zukunft gewiss vertieft diskutiert und womöglich institutionell klarer überwacht werden. Die Zeiten des autoritären Lehrmeisters sind jedenfalls vorbei.

Dabei wäre es wichtig, den Berufsbildnerinnen und Berufsbildnern mehr Handwerkszeug zu vermitteln, damit sie nicht alleingelassen werden, wenn sie Probleme erleben in den Ausbildungen. Wie man Probleme konstruktiv angehen kann, wie man es schaffen kann, Lernende trotz Schwierigkeiten in der Ausbildung zu halten, wie man Lern- oder Motivationsprobleme überwinden kann, Weiterbildungen dazu wären für Berufsbildende sehr praxisrelevant.

Der Bedarf wurde in einigen Branchen bereits erkannt, die Carosseriebranche hat zum Beispiel ein eigenes Weiterbildungsprogramm für Berufsbildende eingeführt und zeichnet besonders gute Lehrbetriebe aus.

Die Berufsbildenden erhalten noch zu wenig Unterstützung. Berufsbildnerinnen und Berufsbildner haben zum Teil schwierige Situationen zu bewältigen und werden dafür heute noch zu wenig ausgebildet und erfahren zu wenig Unterstützung. Es kann nicht sein, dass es abhängig von der Initiative und dem Goodwill einer bestimmten Branche ist, ob die Berufsbildenden genügend Weiterbildungen erhalten, damit sie auch herausfordernde Situationen mit den Lernenden meistern können. Dies würde die Abbruchquoten und Durchfallquoten deutlich reduzieren und auf einer individuellen Ebene manche Misserfolge verhindern. Auch bei der Selektion der Lernenden (wer passt zu uns?) werden die Berufsbildenden noch zu wenig begleitet.

Berufsmaturität und Behinderung durch den Lehrbetrieb

Wenn Lernende während der Berufslehre in der Berufsfachschule gleichzeitig die Berufsmaturität (die sogenannte BMS-1) absolvieren, sind sie im Schnitt einen Tag länger in der Schule und vom Lehrbetrieb abwesend. Das heisst, sie arbeiten nur 2,5 bis 3 Tage im betrieblichen Team.

Bei Grossbetrieben ist dies meist kein Problem, ja, viele Konzerne fördern sogar den Besuch der BMS-1. In kleineren, gewerblichen Lehrbetrieben wird die etwa halbzeitliche Abwesenheit als Verlust empfunden und die Chefs behindern auf subtile oder versteckte Weise den Besuch der BMS-1. Als Alternative kommt dann der Besuch der BMS-2 während eines Jahres nach Lehrabschlussprüfung (Qualifikationsverfahren) in Frage, was aber die Ausbildungsdauer bis zur BM um ein Jahr länger macht. Es gibt aber auch Stimmen, die die BM-2 befürworten, weil sie den Lernenden mehr Zeit und «Luft» für eine zusätzliche Wissensaneignung verschaffen.

Diese Behinderung der lehrbegleitenden Berufsmaturität-1 ist verpönt und muss bekämpft werden. Die Branchenverbände wollen sich, so das Versprechen, schon aus Reputationsgründen für die ungehinderte Wahlfreiheit einsetzen. Möglicherweise werden in der Frage der freien BM-Wahl institutionelle Lösungen nötig werden, jedenfalls ist sie auf der Reformagenda.

Es können allerdings auch finanzielle Schwierigkeiten auftreten: Den Lohnausfall bei einem Jahr Vollzeitschule muss man sich erst einmal leisten können – das verschärft die soziale Ungleichheit. Natürlich gibt es auch berufsbegleitende Programme, die gehen länger (1,5 – 2 Jahre) und auf Kosten der Freizeit (oder sie kollidieren z. B. mit Betreuungspflichten).

Berufsmaturität und tertiäre Weiterbildungen

Die Berufsmaturität BM berechtigt heute zum prüfungsfreien Eintritt in eine Fachhochschule. Nur rund die Hälfte der BM-Absolventinnen und

-Absolventen nützen ihren BM-Abschluss für den Eintritt in eine Fachhochschule. Diese Weiterbildungsquote für die Tertiärbildung sollte erhöht werden.

Mit einem schulischen Zusatzjahr – einer sogenannten Passerelle – ermöglicht die BM auch den Eintritt in eine universitäre Hochschule, wobei die Universitäten die Passerellen-Bedingungen formulieren können.

Allerdings müssen die Schüler und Schülerinnen nach dem Passerellen-Schuljahr zu einer eidgenössischen Maturität antreten. Dort gibt es eine höhere Durchfallquote, weil es kaum Zwischenprüfungen gibt, die Leute wissen nicht so recht, wo sie stehen. Zudem haben sie gegenüber den gymnasialen Maturanden einen Nachteil: Es gibt keine Vornoten, die zählen – es hängt also alles von den Prüfungstagen ab. Bei den gymnasialen Maturanden ist die Hälfte des Prüfungserfolges meist schon im Sack, die Vornoten machen 50 Prozent aus.

Vergleichsstudien von gymnasialen Maturanden und Berufsmaturanden mit Passerelle zeigen allerdings, dass Berufsmaturanden an der Universität praktisch gleich erfolgreich sind wie Gymnasiasten *(Prof. Franz Eberle, em. Professor für Gymnasialpädagogik Uni Zürich, nach: NZZ, 7.12.2022).*

Die Berufsmaturität könnte noch flexibler werden. Die Vereinbarkeit von Berufsausbildung und Besuch der Berufsmaturitätsschule kommt an gewissen Stellen an ihre Grenzen. Eine Möglichkeit, die BM auch vor der Lehre zu absolvieren oder in Blöcken zu organisieren würde unserer Meinung dazu beitragen, die Berufsmaturitätsquote zu erhöhen.

Neu ist auch eine Erweiterung der Zugangsmöglichkeiten von BM-Absolventinnen und -Absolventen in die kantonal organisierten Pädagogischen Hochschulen PH im Gang. Das wird heissen, dass man mit einer Berufslehre plus Berufsmaturität auch Lehrperson mit PH-Bachelor-Abschluss werden kann. Der Kanton Bern hat den PH-Eintritt für Personen mit BM bereits erleichtert. Im eidgenössischen Parlament ist angesichts des Lehrermangels der Druck gross, den PH-Zugang von BM-Absolventinnen und -Absolventen in allen Kantonen zu ermöglichen und die Zugangshürden schweizweit zu beseitigen. Entscheide sind noch nicht gefällt. Es gibt Stimmen, die diese Lösung als positiv für die Schule einschätzen, um ein Gegengewicht gegen die «Kopflastigkeit» der PH-

Bildung für Lehrpersonen zu schaffen. Allerdings opponiert Swissuniversities gegen die Zugangsmöglichkeit der BM-Absolventen und -Absolventinnen zu den Pädagogischen Hochschulen. Dabei spielen standespolitische Interessen eine Rolle.

Im 4. Kapitel am Schluss werden spezifische Reformvorschläge zur besseren Positionierung der Fachhochschulen FH zur Diskussion gestellt.

Streitpunkt Stundentafel und Fremdsprachen
Alle Bildungsverordnungen schreiben für alle Lehrberufe mit EFZ für den Allgemeinbildenden Unterricht ABU in der Berufsfachschule mindestens drei Wochenstunden vor. Hinzu kommen pro Woche fünf bis acht oder zehn Unterrichtsstunden für den Fachunterricht. Damit bewegt sich die Schulpräsenz etwa zwischen 8 und 14 Wochenstunden. Beim Sportunterricht fehlt uns der Überblick *(siehe https://www.sbfi.admin.ch/sbfi/de/home/bildung/berufliche-grundbildung/sportunterricht.html).*

Wir sind der Meinung, dass drei Wochenlektionen ABU-Unterricht zu wenig sind und dass für alle Berufe zumindest eine Wochenlektion hinzukommen sollte, wobei diese aus organisatorischen Gründen auch in Form einer Blockwoche mit einem allgemeinbildenden Schwerpunktthema zu ermöglichen wäre.

In manchen Berufsfeldern wird die Frage der Fremdsprachen-Vermittlung in der Berufsfachschule diskutiert. Bei den gewerblich-industriellen Berufen ist eine Fremdsprache nicht obligatorisch. Die Berufsfachschulen bieten aber freiwillige, unentgeltliche Lektionen in Englisch oder Französisch an. In den Kaufmännischen Berufsschulen sind sie obligatorisch.

In grossen Lehrbetrieben laufen zahlreiche Projekte, mit denen die Lernenden für eine bestimmte Zeit (1 Monat, 3 Monate) in der andern Sprachregion ihre Berufsbildung weiterführen und damit den Spracherwerb festigen können. (Sprachpraxis im Sprachgebiet ist pädagogisch wirksamer als rein schulisch-kognitives Lernen.) Solche «Welschland-Berufssemester» werden von Verbänden und Ämtern empfohlen, fallen aber zahlenmässig (noch) nicht stark ins Gewicht.

Der Kanton Zug mit seinen zahlreichen multinationalen Firmensitzen und Expatriates bietet seinen ortsansässigen Lehrbetrieben Hilfen an, indem gewisse Lehrabschlüsse auch in Englisch ermöglicht werden. Die Lehrmaterialien werden auf Englisch zur Verfügung gestellt und Lehrpersonen unterrichten in dieser Sprache. Solche fremdsprachlichen Berufslehren werden vom kantonalen Berufsbildungsamt und von den Berufsfachschulen mit den lokalen Firmenleitungen ausländischer Konzerne koordiniert. Es ist nur eine Frage der Zeit, bis andere Berufslehrstandorte wie Zürich und Basel auch solche Modelle einführen.

Zunehmend nimmt in einer wachsenden Zahl technischer Berufslehren EFZ das sogenannte «technische Englisch» überhand. Das heisst, es werden die englischen Fachausdrücke des Berufsfeldes vermittelt und das Leseverständnis zum Beispiel eines englischen Manuals oder einer englischen Betriebsanleitung geübt.

Englisch ist im Wirtschaftsleben in der globalisierten Welt die unverzichtbare Lingua franca. Diesem globalen Trend müssen sich alle Berufe stellen. Es wird sich in Zukunft in den Bildungsverordnungen, die ja von den Organisationen der Arbeitswelt ausgehen, auswirken. Wir sind der Meinung, dass dieser schulische Rahmen moderat erweitert werden sollte, ohne eine Verschulung (die dann kontraproduktiv wirkt) zu übertreiben. Eine Fremdsprache kann auch in immersivem Unterricht erfolgreich erlernt werden, Fachunterricht direkt in Englisch stattfinden – weiterführende Schulen zeigen schon seit Jahren, dass das geht und bei den Jugendlichen durchaus auf Nachfrage stösst.

Der dritte Lernort oder «ÜK»
Die organisatorische Ausgestaltung der schulischen Module in der Berufslehre ist vielfältig. Zahlreiche Berufslehren kennen die sogenannten Überbetrieblichen Kurse, genannt «ÜK». In diesen werden Lehrlinge aus allen Lehrbetrieben des gleichen Berufsfelds in einer Art Blockunterricht von einer oder mehreren Wochen zusammengezogen. In solchen Blockwochen wird branchenspezifisches Wissen vermittelt, wie etwa Fachterminologie, Standardmethoden, branchenspezifische Kalkulation und nicht zuletzt auch ein Stück Branchenkultur.

Alle Lernenden der Bauberufe werden zum Beispiel in einem ÜK-Zentrum des Baumeisterverbandes in Sursee, Effretikon oder Burgdorf in Wochenblöcken ausgebildet. Oder die Lernenden der Gastroberufe werden ausserhalb der touristischen Hauptsaison in Schulungszentren (mit Schulküchen und Gastroeinrichtungen) zusammengezogen.

Die ÜK werden von den Branchen-Mitgliedfirmen und Branchenverbänden organisiert und finanziert. Die Mitgliedfirmen einer bestimmten Berufsbranche entrichten einen Beitrag an den sozialpartnerschaftlich verwalteten Ausbildungsfonds oder Lehrstellenfonds. Unter bestimmten Bedingungen kann diese Beitragspflicht in der Gewerbebranche vom Staat sogar allgemeinverbindlich erklärt werden. Die ÜK-Optimierung ist in den Branchenverbänden ein dauerndes Diskussions- und Reformthema.

Lehrbetriebsverbünde und Kooperationen
Die Berufslehrgänge erfordern für den EFZ-Abschluss eine bestimmte, von der Bildungsverordnung vorgegebene Breite an technischen Kompetenzen. Es gibt viele kleine und hochspezialisierte Firmen, die diese berufliche Vielfalt an Branchentechniken nicht mehr gewährleisten können.

Gesetzlich besteht die Möglichkeit, dass zwei oder mehrere Lehrbetriebe zusammenarbeiten und die Lernenden in einer Art Rotation an verschiedenen Betriebsstandorten oder in verschiedenen Werkstätten arbeiten lassen, damit sie die erforderliche Vielfalt an technischen Skills erlernen. Es wird auch praktiziert, dass kooperierende Grossfirmen ihre Lernenden in einer praxisorientierten Verbundausbildung temporär arbeiten lassen, zum Beispiel Laboranten in einer Ausbildungsstätte in Muttenz oder Polymechanikerinnen in einem Berufsbildungszentrum von Sulzer.

Ausbildung von Lehrpersonen an Berufsschulen
Als Lehrer oder Lehrerin an Berufsschulen zu wirken, ist anspruchsvoll. Wir würden aus breitem Erfahrungswissen sagen: Die Anforderung an Lehrpersonen einer Berufsschule ist als die an Gymnasiallehrpersonen.

Beide Schultypen bilden adoleszente Jugendliche zwischen 16 und 20 aus. Die Klassen in den Berufsschulen sind aber heterogener: Es gibt in den Lehrlingsklassen hochqualifizierte, leistungsorientierte Lernende, die auf Gymnasialniveau einzustufen sind, und gleichzeitig gibt es in derselben Klasse auch schulisch Schwächere oder einseitig Begabte, die sich stets am Limit durchkämpfen. Lernende in Berufsschulklassen setzen oft ihre Priorität auf das Arbeiten im Lehrbetrieb, allenfalls noch auf den Fachunterricht, aber die Motivation lässt bei den ABU-Fächern nach. In den Berufsschulklassen sind viel mehr Jugendliche mit Migrationshintergrund und Schwierigkeiten in der Sprachbeherrschung. Und letztlich lässt sich in der Berufsfachschule der Leistungsdruck mittels Schulnoten nicht gleichermassen forcieren wie am Gymnasium. Man kann Lehrlinge nicht einfach mit Noten sanktionieren und ausgrenzen. Denn jeder Schul- oder Lehrabbruch hat die Intervention des kantonalen Berufsbildungsamts zur Folge.

Die Lehrpersonen für Berufsfachschulen werden für diese Stufe spezifisch ausgebildet. Die zentrale Institution des Bundes für die Lehrpersonen ist in allen drei Sprachregionen die Eidgenössische Hochschule für Berufsbildung EHB (Sitze in Zollikofen, Renens und Lugano). Drei Kantone, Zürich, St. Gallen und Luzern, bieten auch eigene Ausbildungs-Curricula für Berufsfachschullehrpersonen an. Lehrpersonen im ABU-Bereich kommen auch von den Pädagogischen Hochschulen. Die technischen Fachlehrpersonen jedoch absolvieren nach ihrer Berufslehre, ihrem Höheren Berufsabschluss oder ihrem Fachhochschuldiplom ihre Ausbildung in Berufspädagogik in der Regel an der EHB.

Das Ringen um Einfluss gewisser Kantone und die Arbeitsteilung zwischen Kanton und EHB ist nicht immer reibungslos. Nach Meinung des Bundesparlaments soll sich die Berufspädagogik nach dem EHB ausrichten, wie die Debatte um das EHB-Gesetz (2020/2021) gezeigt hat. In der Westschweiz und im Tessin ist die Berufspädagogik schwergewichtig auf das EHB konzentriert und wird nicht angefochten.

Genderfragen in Berufswahl und Weiterbildungen
Wie bereits im 1. und im 2. Kapitel beschrieben, sind die Berufe immer noch stark auf die traditionellen geschlechtsspezifische berufliche Rollenbilder ausgerichtet. So sind Pflege- und Betreuungsberufe extrem frauen- und die technisch-gewerblichen Berufe ebenso männerlastig.

Die Genderproblematik ist eine der grössten, aber wenig erfolgreichen Reformfelder in der Berufsbildung. Bei den Bemühungen zur Geschlechterdurchmischung gibt es keine eindeutigen Erfolgsstrategien. Das SBFI und die Erziehungsdirektoren-Konferenz pflegen zahlreiche Aktivitäten, aber es fehlt an wirklichen Durchbrüchen.

Viele Branchenverbände betreiben selbst geschlechterspezifische Werbekampagnen. Grössere Lehrbetriebe versuchen, bei der Lehrlingsanstellung einen Geschlechtermix zu rekrutieren. Der Reformdruck geht weiter.

Fest steht: Die Berufslehre kann das Potenzial von jungen Frauen noch zu wenig ausschöpfen. Heute schaffen es viele Branchen in der Schweiz noch nicht, junge Frauen richtig anzusprechen – und haben entsprechende Schwierigkeiten, genügend Nachwuchs zu finden. Passende Werbung, passende Strukturen, ein unterstützendes Klima im ganzen Betrieb und weitere Massnahmen würden helfen, den Gender-Gap zu schliessen.

Übrigens gilt das Gleiche in gewissen Branchen auch für junge Männer: In sozialen und pflegerischen Berufen sind sie heute deutlich untervertreten. Auch hier wäre ein bessere Mischung und gezielte Förderung wünschenswert.

Berufsbildung als Exportmodell
Das duale Berufsbildungsmodell wird von anderen Ländern beobachtet und zum Teil hoch geachtet. Eine duale Berufsbildung gibt es auch in Deutschland, Österreich, Holland und Dänemark. In Schweden erfolgt die berufspraktische Ausbildung in Schulwerkstätten, aber sie kommt dem dualen Modell nahe. In einigen osteuropäischen EU-Ländern kennt man ebenfalls eine Kombination von Schule und praxisnaher Ausbildung.

Die anderen Länder Westeuropas kennen das duale Modell nicht. Die berufliche Ausbildung erfolgt meist schulisch in Universitäten, Fachhochschulen oder technischen (Hoch-)Schulen, bestenfalls verbunden mit einem Praktikum. Mit anderen Worten, Berufsbildung wird dort bloss als «Schulung» verstanden.

Gewisse Industrie- und Schwellenländer interessieren sich für das duale Bildungsmodell der Schweiz. Insbesondere hat China ein grosses Interesse an einem Berufsbildungsmodell mit betrieblicher Praxis. Die Eidgenössische Hochschule für Berufsbildung EHB und die Fachhochschule Nordwestschweiz FHNW haben ein eingespieltes System, Besucher/innen aus China zu betreuen und sie mit dem schweizerischen Berufsbildungssystem vertraut zu machen. (Die Autoren dieses Buches haben 2020 ein Buch über das schweizerische Berufsbildungssystem verfasst, das von EHB und FHNW auf Chinesisch und für die Verbreitung in China herausgegeben wurde.) Weitere Besucher aus USA, aus Finnland und asiatischen Schwellenländern sind hie und da in der Schweiz, um sich mit dem schweizerischen Berufsbildungssystem und Firmenbesuchen vertraut zu machen.

Vereinzelt, aber nicht sehr verbreitet, wird die Berufsbildung auch in schweizerischen Entwicklungsprojekten in Entwicklungsländern und in Osteuropa (Slowakei, Bulgarien) eingesetzt. Der Anteil der Entwicklungs- und Kohäsionsgelder für die Berufsausbildung im engeren Sinn beträgt allerdings nur einige Prozente der ganzen Hilfsbudgets. Ein Ausbau der Berufsbildung vor Ort könnte auch für die Rückkehrhilfe für abgewiesene Migrationspersonen im Sinne einer Migrations-Aussenpolitik eingesetzt werden.

Die Erfahrungen haben indes gezeigt, dass dort, wo keine Tradition der dualen Berufsausbildung besteht, grosse Schwierigkeiten manifest werden, um Firmen zu einer systematischen betrieblichen Ausbildungstätigkeit mit formalen, zertifizierten Berufsabschlüssen zu bewegen.

Entwicklung von niederschwelligen Berufslehren für Menschen mit Beeinträchtigungen

Die formalen Berufslehren mit den Abschlüssen EFZ und EBA sind für Menschen mit körperlichen oder geistigen Beeinträchtigungen teilweise zu anspruchsvoll. Neben den Berufslehren aufgrund des Berufsbildungsgesetzes BBG gibt es, organisiert von Sozialinstitutionen, eine ganze Anzahl von spezifischen, berufsbefähigenden Ausbildungen, die gezielt auf Menschen mit Beeinträchtigungen zugeschnitten sind.

Die bekannteste und verbreitetste berufliche Integrationsbildung ist die INSOS-Lehre. INSOS heisst der Berufsverband der Dienstleister für Menschen mit Behinderung. Der Verband arbeitet mit anderen Institutionen zusammen wie Curaviva für Menschen im Alter, mit ARTISET, der Föderation für Dienstleister für Menschen mit Unterstützungsbedarf, ebenso mit der Invalidenversicherung IV.

Die standardisierte Ausbildung für Menschen mit Beeinträchtigung, die keinen Zugang zum EFZ und zur EBA haben, ist die sogenannte «PrA», die praktische Ausbildung in Institutionen. Der PrA-Lehrvertrag standardisiert bis zu einem gewissen Grad diese Berufsausbildung.

Die erwähnten Institutionen sind bestrebt, die PrA weiterzuentwickeln und eine breitere Anerkennung und besonders auch eine Anrechnung von Bildungsleistungen in den formalen Ausbildungsgängen (EFZ, EBA) zu erreichen. Das ganze System der niederschwelligen Berufsintegration ist im Fluss und wird in Zukunft noch grössere Breite und Wichtigkeit entwickeln.

Die Berufslehre kann das Potenzial von Menschen mit Migrationserfahrung und spätmigrierten Jugendlichen noch zu wenig ausschöpfen.

Es fehlen vielerorts griffige Konzepte, wie man die Potenziale von Menschen ausschöpfen kann, wenn sie nicht die (gesamte) Schulzeit in der Schweiz verbracht haben. Es beginnt beim Spracherwerb und den unklaren schulischen Noten und endet noch lange nicht bei der richtigen Begleitung während der Lehre und dem Betriebsklima. Auch Elternarbeit zur Aufklärung über das Schweizer Bildungssystem gehört hier dazu.

Im Rahmen der Integrationsanstrengungen für jüngere Asylmigrationspersonen werden in den Kantonen – finanziell unterstützt vom Staatssekretariat für Migration SEM – Kurse für sogenannte Grundkompetenzen (Lesen, Schreiben, Alltagsmathematik, bürgerliche Grundrechte) durchgeführt. Zudem werden ausserhalb der Regelstrukturen des BBG auch einjährige Integrationsvorlehren für junge Asylpersonen angeboten. Diese gelten als Vorstufe für die Aufnahme einer ordentlichen Berufslehre nach BBG.

Die schweizerische Bildungslandschaft schafft es noch nicht, soziale Ungleichheiten zu überwinden.

Wir haben bereits im 3. Kapitel – im Abschnitt «Gymnasium oder Berufslehre – eine bildungspolitische und soziologische Einordnung», die Grundproblematik der sozialen Herkunft thematisiert *(Seite 117f.)*.

Soziale Schicht und Herkunftsfamilie prägen noch viel zu sehr die Bildungsmöglichkeiten der Jugendlichen in der Schweiz. Bereits in der obligatorischen Schulzeit werden Niveaus unterschieden, was Ungleichheiten zementiert, anstatt dass es sie bekämpft. Verschiedene Studien zeigen, dass sozialer Status oft mitspielt bei den Einschätzungen der Leistungsfähigkeiten der Kinder und Jugendlichen durch die Lehrpersonen. Ganz deutlich und von der Wissenschaft vielfach bestätigt, prägt die soziale Herkunft den Zugang zum Gymnasium. Sie wird zunehmend zur Schlüsselfrage in der bildungspolitischen Wahl zwischen gymnasialem Weg und Berufslehren.

Die Durchlässigkeit des Systems scheitert bis heute da und dort an der Finanzierbarkeit der verschiedenen Bildungsmöglichkeiten. Nicht alle Möglichkeiten sind für alle gleichwertig zugänglich. Die soziale Frage besteht weiter – auch im Bildungssystem.

DIE AUTORINNEN UND AUTOREN

Rudolf H. Strahm
Der Autor ist Chemiker, Nationalökonom und Dr. h. c. der Universität Bern. Er war 13 Jahre Nationalrat und vier Jahre eidgenössischer Preisüberwacher.

Er begann seine berufliche Laufbahn mit einer Laborantenlehre in der Basler chemischen Industrie. Nach dem Technikumsstudium (Fachhochschule) arbeitete er dort weiter als Chemiker. Nach einem Zweitstudium der Nationalökonomie und Betriebswirtschaft an der Universität Bern arbeitete er in verschiedenen internationalen und nationalen Organisationen. Später, im Nationalrat, begleitete und beeinflusste er die Reformen der Berufsbildung und der Fachhochschulen, wirkte als Präsident der Parlamentarischen Gruppe für Berufsbildung.

Nebenamtlich wirkte er 25 Jahre als Dozent bei der Ausbildung von Berufs- und Laufbahnberatern/-beraterinnen an den Universitäten Bern und Freiburg und ausserdem von Berufsfachschullehrpersonen an der Eidgenössischen Hochschule für Berufsbildung EHB. Er präsidierte sieben Jahre den Schweizerischen Verband für Weiterbildung SVEB. Er publizierte mehrere Bücher zu Wirtschaftsfragen und zur Berufsbildung, wie «Warum wir so reich sind» oder «Die Akademisierungsfalle».

www.rudolfstrahm.ch | rudolf.strahm@bluewin.ch

Ea (Andrea) Eller

Ist Psychologin (lic. phil. an der Universität Fribourg) und dipl. Studien- und Laufbahnberaterin.

Sie bringt Erfahrungen aus Forschung, Personalentwicklung, Gastronomie, Film, Detailhandel, Unterricht und vor allem aus der Berufs-, Studien- und Laufbahnberatung mit. Ea Eller hat gute acht Jahre als Berufs-, Studien- und Laufbahnberaterin gearbeitet und war in verschiedenen nationalen Gremien.

Seit 2020 leitet sie den Nachdiplomstudiengang «Psychology of Career Counseling and Human Resources Management» der Universitäten Bern und Fribourg und bildet angehende Berufs-, Studien- und Laufbahnberatende aus. Ihr Podcast «Und beruflich?» ist auf allen gängigen Plattformen zu finden. Sie führt eine eigene Firma und bietet nebst Berufs-, Studien- und Laufbahnberatung auch verschiedene Kurse zu Laufbahnfragen (Standortbestimmungen) und artverwandten Themen an.

www.altefrau.ch | andrea.eller@unibe.ch

Jörg Wombacher

Prof. Dr. Jörg Wombacher ist Studiengangleiter und Dozent für Wissenschaftliches Arbeiten und Data Science an der Fachhochschule Nordwestschweiz. Sein Arbeits- und Bildungsweg führte ihn durch Unternehmen, Fachhochschulen und Universitäten im In- und Ausland.

Seine Forschungsinteressen liegen im Bereich der Arbeits- und Organisationspsychologie. Er ist Autor zahlreicher Veröffentlichungen in international anerkannten wissenschaftlichen wie auch praxisorientierten Fachzeitschriften. Als Studiengangleiter beschäftigt er sich insbesondere mit Fragen der Curriculumsentwicklung und Bildung der Zukunft.

joerg.wombacher@fhnw.ch

Rudolf H. Strahm
Die Akademisierungsfalle
Warum nicht alle an die Uni müssen

Ein Gespenst geht um in Europa – das Gespenst der Jugendarbeitslosigkeit. Jeder vierte erwerbsfähige Jugendliche in der EU ist ohne Arbeit. In der Schweiz hingegen liegt die Jugendarbeitslosigkeit auf tiefen drei bis vier Prozent. Ein wichtiger Grund dafür liegt im dualen Berufsbildungssystem der Schweiz. Die europäischen Länder ohne Berufsbildungssystem sitzen in der Akademisierungsfalle. Einerseits bilden sie an ihren Universitäten Leute aus, die im Arbeitsmarkt nicht gebraucht werden, und andererseits leiden sie unter einem dramatischen Industrieabbau, weil ihnen die qualifizierten Berufsleute fehlen. Inzwischen bedroht der Trend zur Akademisierung auch die berufspraktische Ausbildung in der Schweiz. In diesem Buch beschreibt der bekannte Ökonom, Bildungspolitiker, frühere Preisüberwacher und Altnationalrat Rudolf H. Strahm das Drama der Jugendarbeitslosigkeit in Europa und die Fallstricke einer arbeitsmarktfernen akademischen Ausbildung. In seiner gewohnt prägnanten und fundierten Art zeigt er, dass die Berufsbildung bezüglich Arbeitsmarktfähigkeit und Qualitätsarbeit der akademischen Ausbildung überlegen ist und dass es sich lohnt, die Berufsbildung zu pflegen und zu fördern. Die Journalistin und Berufsfachschullehrerin Rahel Eckert-Stauber ergänzt Strahms bildungspolitische Analyse mit zehn exemplarischen Biografien von Menschen mit ganz unterschiedlichen Ausbildungen und Berufslaufbahnen.

hep
kompetent bilden

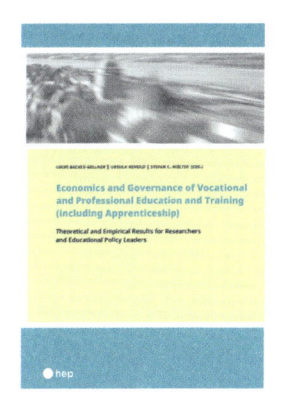

Uschi Backes-Gellner, Ursula Renold, Stefan C. Wolter
Economics and Governance of Vocational and Professional Education and Training (including Apprenticeship)
Theoretical and Empirical Results for Researchers and Educational Policy Leaders

This book provides an overview of selected research results on the economics and governance of Vocational and Professional Education and Training (VPET), particularly apprenticeship training. It compiles over 25 research articles published in leading peer-reviewed journals, places their results in a broader context – thereby making them accessible to practitioners – and refers to newer research that has not yet been published. All of this research covers the role and functions of the three most important actors in VPET: firms, individuals, and the state/institutional frameworks. Given that the decisions and interactions of these three players are critical for a successful VPET system, this book addresses both decision makers at all VPET levels and researchers interested in the economics and the management of VPET systems.

Focusing on not only the dual VPET systems of Switzerland and Germany but also other VPET systems worldwide, the research presented here analyzes and discusses the preconditions involved in all three roles. The results lay a foundation for future VPET research and for VPET practitioner and policymaker decision-making in countries with existing VPET systems. These results also help to shape policy-making in countries that are about to start or have just begun to establish VPET systems and to create an agenda for establishing VPET research.

hep
kompetent bilden